打破阅读的壁垒

全学科阅读课例分析

DAPO YUEDU DE BILEI
QUANXUEKE YUEDU KELI FENXI

李升华　米绍霞　主编

知识产权出版社
全国百佳图书出版单位
—北京—

图书在版编目（CIP）数据

打破阅读的壁垒：全学科阅读课例分析 / 李升华，米绍霞主编 .—北京：知识产权出版社，2022.12

ISBN 978-7-5130-8426-0

Ⅰ.①打… Ⅱ.①李…②米… Ⅲ.①阅读教学—教学研究—中学 Ⅳ.① G633.332

中国版本图书馆 CIP 数据核字（2022）第 200076 号

内容提要

本书呈现了陈经纶中学嘉铭分校十年来全学科阅读的研究成果。学校关于全学科阅读的实践探究始于 2012 年，从不同学科的常识性阅读、方法指导到全学科阅读资料的拓展、整理，教学实践，再到课堂教学"阅读主导教学方式"实施策略，阅读资源库的完善。嘉铭分校全学科阅读打通了课上课下的阅读壁垒，实现了课上课下的相互融合，形成嘉铭分校全学科阅读体系和教学特色。全书共收录了两年来嘉铭分校各学科教师在朝阳区、北京市和全国阅读现场会上展示的中小学全学科阅读课例 46 篇，以飨中小学教学同人和读者朋友。

本书可以作为中小学教师全学科阅读课堂教学的指导用书。

责任编辑：郑涵语　　　　责任印制：孙婷婷

打破阅读的壁垒
——全学科阅读课例分析

DAPO YUEDU DE BILEI——QUANXUEKE YUEDU KELI FENXI

李升华　米绍霞　主编

出版发行：	知识产权出版社 有限责任公司	网　址：	http://www.ipph.cn
电　话：	010-82004826		http://www.laichushu.com
社　址：	北京市海淀区气象路50号院	邮　编：	100081
责编电话：	010-82000860转8569	责编邮箱：	laichushu@cnipr.com
发行电话：	010-82000860转8101	发行传真：	010-82000893
印　刷：	北京中献拓方科技发展有限公司	经　销：	新华书店、各大网上书店及相关专业书店
开　本：	720mm × 1000mm　1/16	印　张：	22.25
版　次：	2022年12月第1版	印　次：	2022年12月第1次印刷
字　数：	360千字	定　价：	68.00元

ISBN 978-7-5130-8426-0

出版权专有　侵权必究
如有印装质量问题，本社负责调换。

本书编委会

主　编：李升华　米绍霞
副主编：孙　新　李玉良
编　委：（按照姓氏笔画顺序）

马红霞　王　芳　王　锐　王全娥　王晓晴
王鑫媛　石梦瑶　田跃辉　朱思睿　米绍霞
孙　帆　孙红艳　孙丽媛　李　凤　李　谦
李玉良　李梦嫣　杨振伟　杨海英　张　晶
张思聪　陈　蓉　郑宇航　赵玉琤　赵燕京
郝晓丽　姜海峰　宫羽婷婷　徐　晓　郭　稳
滕立立　潘堉竹

代序
阅读是各学科教与学的基础

与李升华校长结识已有多年,她在北京市名校陈经纶中学嘉铭分校担任校长期间,与全体教职员工齐心协力,狠抓教育改革,开创了全新的校园文化,不仅让学校充满书香,同时也打造了以"紫藤花"为中心意象的诗意校园文化。学校面貌焕然一新,办学内涵丰富多彩,教育教学效果良好,受到了社会各界,尤其是广大家长的好评。

近几年,李升华校长带领学校的老师全力打造阅读校园,进行"全学科阅读"的探索,取得了很好的实效,也形成了学校整体的文化氛围和优良的校风学风。她还开展了关于"全学科阅读"的课题研究,并主编了《打破阅读的壁垒——全学科阅读课例分析》一书。在这本书出版之际,她嘱我为此书写个序言,我觉得她的教育教学理念,很值得称赞,也值得各地倡导和推介,便欣然接受。

十年前,在全国各地,尤其是南方的中小学校,掀起了阅读课教学改革之风。很多学校开始重视课内阅读和课外阅读,有些学校的语文教师还开展了"整本书阅读""群文阅读""主题阅读""经典阅读"等各类阅读活动,也开展了各种阅读课的公开课和赛课活动,一时间,南方和北方,沿海和内地,阅读教学之风席卷大地。我也参加了一些学校的阅读与语文教学的指导活动,了解不少阅读活动的形式与内容,说实在话,这些阅读活动和课程也并不都是很好的,或者说,并不是都很到位。有些阅读课活动甚至偏离了阅读本身的意义和目标。我觉得有些学校和教师在开展阅读课及各类阅读活动时,并没有真正理解阅读的价值和意义。

那么,阅读的意义和价值在哪里呢?其实,学校教育靠的就是阅读,学校就是教师和学生一起读书的地方,优质的学校一定是书香校园。某种程度上,每一门课程,都是教师和学生一起读一本课本(教材,也是专业书籍)。平时的练习、测试和学校里的每门课程的考试，都是在做阅读——阅读各种题目、题型，理解和分析每一道题的含义。答题，就是一种文字和符号的表达，也是一种写作。而语文课的主要目标就是阅读和写作。语文课，实质上就是阅读课。每次教师讲解课文，就是和学生一起阅读课文、理解课文，在此基础上，培养学生的阅读理解力，从而为课后培养更为广泛的阅读兴趣并奠定能力基础。阅读不仅是学校教育最核心的要义，更重要的是，阅读也是一个人自我教育、自我提升的最好方式。任何人要感悟人生，认识生活与世界，洗礼灵魂和思想，学习更多的知识，了解更宽阔的专业领域，要节省时间、金钱和精力，最好的方式就是阅读——从书本里获得间接经验。因此，不爱阅读，疏于阅读，甚至从来不进行课外阅读的学生，不但很难顺利完成学校教育，也很难提升全面的素养，提升自己的认识能力和品格情操。正基于此，不但家庭要加强阅读文化建设，打造书香家庭，社区和社会也要形成阅读风气，而学校更要抓好阅读，把阅读变成一件最重要的事情去推动，去做好。

李升华校长及其团队紧扣学校教育即阅读的本质，不但对创建阅读校园有非常重要的意义，而且对每一个学生和他们的家庭来说，无疑也是有召唤力的。"全学科阅读"概念，是比较科学的，其符合学校教育之"阅读文化"属性。每门课程的学习都要求学生有阅读能力，有对文字和学科符号的理解力。"全学科阅读"是遵循了学校教育的规律，也是一种符合时代需要的教育理念。政府工作报告连续十多年提出"全民阅读"，倡导阅读文化。党和政府提出的文化强国、教育强国、人才强国、体育强国的战略构想，都需要落到实处，对中小学来说，就要落实到课程课堂和阅读与写作能力的培育上来。陈经纶中学嘉铭分校的做法，可谓与时代同向同行，是为未来着想。

值得肯定的是，《打破阅读的壁垒——全学科阅读课例分析》这部书内容非常好。第一章是关于全学科阅读的概述，提出了明确的观点，倡导全学科阅读，提高大家对学校学科教学与阅读的认识。第二章，分享了语文阅读课的优秀课例，展示了各年级教师精心备课，把课堂抓实，将课程内容优化的努力与成果。第三章，分享了数学阅读课的优秀课例，展示了数学教师突破传统课程模式，把课程和课堂变成真正培育和提升理解力和创造力的平台。第四章，收录了英语阅读课的优秀课例，展示了英语教师扎实推进阅读课堂，使课堂具有明确的教学目标的经验。第五章至第十七章，分享了物理阅读课、化学阅读课、道德与法治阅读课、历史阅读课、地理阅读课、生物阅读课、美术阅读课、音乐阅读课和体育与健康阅读课等优秀课例。可以说，每一位教师精心备课，用心教学，每个课例内容设计合理，把知识传授与阅读能力、想象力的提升当作重点，理论与实践相结合，认识能力和创造能力相匹配。

总而言之，李升华校长和她的团队开展的阅读校园建设、全学科阅读理念的实践，都是非常有价值的，对其他学校的办学也有启示意义。让每门课都回到阅读的本质上来，让学校的学习变成真正意义上的阅读，这是学校文化角色的回归，也是现代学校教育灵魂的坚守。

为此，我要向李升华校长和陈经纶中学嘉铭分校的全体老师致敬：你们做得好，你们坚定地走在了教书育人的正道上。

谭旭东
2022 年 5 月 8 日于上海大学

目 录

理论篇

全学科阅读概述 //2
全学科阅读的研究背景 //2
全学科阅读的解读 //5

课例篇

语文阅读课例 //16
调动思维，推想辨析，清晰表达，高阶发展
　　——统编版五年级下册《跳水》　　郑宇航　田海燕 //16
想象入情景，感悟学写法
　　——《搭石》　　朱思睿 //28
课前课中课后三段联动，让学生将阅读进行到底
　　　　张　烨　魏素文 //36
在丰富的朗读活动中，促进学生思维提升
　　——《狐狸分奶酪》　　李　京 //43
关注课堂生成，助力思维提升
　　——《带刺的朋友》　　曹艳春　王　燕 //49
破茧成蝶英雄梦，兼收并蓄愿得偿
　　——《西游记》　　王　锐 //55
《食不厌精》教学设计　　王　芳 //61
阅读刘慈欣　体悟英雄情
　　——走进刘慈欣的科幻世界群文阅读课　　张玉英 //66

数学阅读课例 // 73

乘坐火车过桥，探索数学奥秘
　　——《常见的量：速度、时间、路程》　　张思聪　孙立茹 // 73

读有意思的故事，学有意义的知识
　　——"确定事件与不确定事件"　　李　楠　杨　艳 // 81

读生活数学　创精彩课堂
　　——《邮票中的数学问题》　　杨振伟　时衍丽 // 88

阅读助力高质量数学课堂
　　——打电话中数学问题　　刘惠敏 // 95

二次函数与一次函数相遇
　　——运动变化中求参数取值范围　　陈　蓉　郭凯路 // 101

发现形数的规律　　马慧颖 // 107

我的命运谁主宰？
　　——中点四边形探究　　王全娥 // 114

英语阅读课例 // 119

外星人历险记
　　——小学英语绘本故事 Alien Trouble　　李梦嫣 // 119

探索植物的奥秘
　　——小学《英语》五年级（下册）第二单元 Plants & Us　滕立立 // 126

神奇的蘑菇世界
　　——小学英语绘本故事 Up Pops a Mushroom　　潘靖竹 // 134

创设生活情境　激发创新思维
　　——Dream Jobs　　赵玉琤 // 143

绘本阅读促小学高年级学生英语综合学力提升
　　　　王晓晴 // 150

基于小组合作与分享的英语群文阅读　　孙红艳 // 158

我的童年生活　　徐　晓　王　勇 // 165

Living With Animals
　　——人与自然之与动物共生存　　王龙君 // 177

物理阅读课例 // 185
凸透镜成像规律应用之投影仪　　　　　　　　李洪良　矫春梅 // 185

化学阅读课例 // 191
中和反应的事儿　　　　　　　　　　　　　　　　　郝晓丽 // 191

道德与法治阅读课例 // 197
红军不怕远征难　　　　　　　　　　　　　　　　　徐建军 // 197
道法拓展活动课
　　——北京冬奥会徽标之我鉴　　　　　　　　　　马红霞 // 202
用爱架起沟通心桥　　　　　　　　　　　　　　　　郭　稳 // 209
心存敬畏
　　——疫情下的生命思考　　　　　　　　　　　　王鑫媛 // 216
世界舞台上的中国　　　　　　　　　　　　　　　　孙丽媛 // 222

历史阅读课例 // 228
统一的多民族国家的建立与巩固　　　　　　　米绍霞　付宇婷 // 228

地理阅读课例 // 235
躁动不安的地球　　　　　　　　　　　　　　　　　李　谦 // 235

生物阅读课例 // 242
从血液循环谈新冠肺炎　　　　　　　　　　　　　　张　晶 // 242

美术阅读课例 // 250
笔情墨趣
　　——画梅雅趣　　　　　　　　　　　　　　　　田跃辉 // 250
长卷的"时"与"空"　　　　　　　　　　　　　　赵燕京 // 257

音乐阅读课例 // 264

在阅读中感悟新知,在演唱中提升素养
　　——《真善美的小世界》　　　　　　　　　李　茉 // 264
小麻雀飞行记
　　——小学音乐唱歌课《飞飞曲》　　　　　时　颖 // 273
别样的图画展览会　　　　　　　　　　　　　阮晓园 // 282

体育与健康阅读课例 // 288

趣学、乐学、善学
　　——篮球:行进间运球　　　　　　　　　李　凤 // 288
战在球场
　　——篮球"二攻一"配合战术　　孙　帆　刘国良 // 295
花样跳绳
　　——合作跳绳　　　　　　　　　　　　　杨晶梅 // 300

书法阅读课例 // 306

与人为善　　　　　　　　　　　　　　　　　李永苹 // 306

综合实践阅读课例 // 312

"好书推介"方案设计　　　　　　　　　　　宫羽婷婷 // 312
垃圾分类我能行
　　——综合实践主题探究活动　　　　　　　石梦瑶 // 321

信息技术阅读课例 // 327

Scratch 克隆应用
　　——三国之草船借箭　　　　　　　　　　乔丛田 // 327

劳动技术阅读课例 // 335

设计"相框挂饰"外观　　　　　　　　　　　毛红梅 // 335

后　记　　　　　　　　　　　　　　　　　　　　 // 342

理/论/篇

全学科阅读概述

全学科阅读的研究背景

  我们一直在思考并探索要建立一所怎样的学校，为孩子们提供怎样的人生发展服务。尤其对于基础教育学段的学校来说，我们的教育不仅要让孩子们学习基础知识，具备基本能力，而且要培养他们具备可持续学习的能力：使学生学会认知、学会做事、学会共同生活、学会生存，具有创新精神和实践能力，达成"立德树人"的终极目标，具有自主的学习习惯和探究的学习能力。综合特点的阅读，是从不同视觉材料中获取信息的过程，是一种理解、领悟、吸收、鉴赏、评价和探究的思维过程，其以资源的广泛性、时间的灵活性、汲取的自主性、沟通的及时性、参悟的个体性、影响的持续性成为培养学生可持续学习能力的最优化选择。此所谓"为学之道，莫先于穷理；穷理之要，必先于读书"。

  苏联教育家苏霍姆林斯基曾说："一个不阅读的孩子，就是学习上潜在的差生。"教育部制定的《义务教育课程标准（2011年版）》就明确要求教师在教育教学实践中要关注学科阅读的教学。随着中高考的改革，阅读的重要性越来越凸显，温儒敏教授在公开演讲中讲道："在未来，如果阅读能力不过关，连卷子都做不完，考试更是会吃大亏！"时任教育部部长陈宝生在2019年全国教育工作会议上提出："不会阅读就不会学习。"2021年7月24日，中共中央办公厅、国务院办公厅印发的《关于进一步减轻义务教育阶段学生作业负担和校外培训负担的意见》，对学科类培训机构进行了明确规定。"双减"政策实施后，K12教育培训机构逐渐退场，学生的自主学习能力变得更加重要。阅读可以培养学生的独立思考能力。因此，阅读的重要性越来越凸显。想要孩子学得好，就一定要重视阅读能力的培养。在这次"双减"政策中，教育部相关负责人就明确指出：学校和家长要引导学生开展阅读活动。

随着国家对中小学学生阅读教育的重视，很多学校也开展了阅读相关的工作，但效果不尽如人意。调查结果显示，目前中小学学生的阅读量和阅读时间严重不足，这种不足不仅在农村等偏远地区较为突出，甚至一些一线城市也很严峻。

近十年来，陈经纶中学嘉铭分校（以下简称"嘉铭分校"）一直在开展阅读教学改革。在进行阅读教学探索和实践的过程中，前期嘉铭分校做了多次关于阅读的调查问卷。在阅读时间方面，调查显示，72%的学生每周的阅读时间少于7小时，其中23%的学生每周阅读时间不足3.5小时。2019年发布的《中小学读写现状调研报告》显示，近7成中小学学生每天阅读时间低于1小时。很多调查结果也都显示，目前中小学学生的阅读量和阅读时间严重不足。

问卷调查显示，除了阅读时间不足，学生们也欠缺从阅读材料中提取关键信息的能力。问卷题目中有两段阅读材料题，能够准确提取关键信息的学生只占34%，多数学生反映题目太长，无法准确概括题目中的关键信息。出现这种情况的主要原因是学校欠缺将学科阅读与学生学习有机结合的方法，阅读与学生学习是割裂甚至是对立的，主要表现在以下两个方面。

一、有安排无目的

有的学校只是单纯地在课表设置中增加一节阅读课，或者只在课余时间给学生一定的阅读资料作为作业。由于阅读缺乏目的与指导，阅读内容与学科知识也缺乏联系，最终的结果是阅读课变成了休息课、自习课；阅读作业只是增加了学生的负担，甚至导致学生产生抵触情绪，不利于培养学生形成阅读的习惯。

二、重文科轻理科

提起"阅读"，目前存在的一个问题就是人们总是把它视为文学的专利或文科学习的方式，而对数学、物理、化学等自然科学课程，只是让学生埋头做海量的习题，不重视相关资料的阅读。教学实践证明，掌握科学的学习方法是学习理科的有效途径。要掌握科学的学习方法，首先要培养学生的自学能力，而自学能力的培养要从重视阅读开始。

还有一个原因，现在是多媒体时代，手机占用了学生的很多时间。我校所做的调查问卷显示，22%的学生选择课余时间使用电子产品进行游戏、社交等，占据了不少的阅读时间。另外，学生利用手机进行的阅读属于碎片化阅读，阅读内容没有选择性，阅读目的不明确，也没有持续的阅读过程。在没有阅读任务和阅读方法指导的情况下，缺乏阅读检索信息的能力。这种阅读方式缺少一定的连贯性和整体性，会造成学生对信息的掌握不够全面，不利于学生对阅读内容的整体认知，最终导致学生无法从阅读材料中提取关键信息。

阅读是一种最普遍的终身学习方式，阅读能力是为个体未来生存发展奠基的重要能力。温儒敏教授说过，语文学习"一定要让学生养成读书的生活方式"。在阅读的价值和意义得到广泛认同的当下，要提高学生的阅读素养，仅有语文学科的参与是不够的，我们需要打破学科壁垒，树立一种大阅读观，将学生阅读素养的提高置于多学科、跨学科体系中。加强阅读研究已经成为各学科课程改革的共同要求。在信息技术高速发展的今天，面对海量碎片化的信息，阅读能力和素养对学生的未来发展起到了至关重要的作用。全学科参与、多角度阅读，是提升学生核心素养的重要途径。在此背景下，"全学科阅读"应运而生。"全学科阅读"是新时代培养全面型人才的必然趋势，如何冲破学科屏障，让学生能够自主探索各学科背后的文化内涵将是学校当下及未来教学中需要思考的问题。

嘉铭分校作为一所九年一贯制的创新实验性学校，开展了全学科阅读调研，了解当前各学科阅读现状。通过系统实施全学科阅读，推动了学校教学方式的改进，凸显学科育人价值，为培养学生阅读能力、更好地服务于学生终身发展奠定了坚实基础。学校经过多年探索和实践，将阅读融入学校教育工作的各个层面，培养了学生的阅读能力和兴趣，让阅读逐渐成为学生的内在需求。

全学科阅读的解读

一、全学科阅读研究的意义

（一）政策层面

教育部关于"加强各学段教材上下衔接、横向配合"的要求，对中学生发展核心素养更加明确，提出"以人文底蕴为要素的文化基础"是学生发展的必要核心要素。人文底蕴获得的重要途径就是阅读。

（二）理论层面

（1）在学校办学过程中，学科的教学是根。不同学科存在的必要性及其课程标准的相对独立性等特点，为嘉铭分校通过学科的融合学习促进学生的全面发展奠定了基础。

嘉铭分校的"全学科阅读"，在保证国家课程基本格局的基础上，打破学科壁垒，实现学科融合，提升了学生学习力。

（2）大量文献资料表明，阅读不是一个被动、机械的过程，而是一个高度积极的过程。嘉铭分校强调在阅读的同时进行思考，主张在成人的帮助下，学生通过模仿训练，自主完成任务。

关注学生的认知发展阶段，通过阅读加强学生逻辑思维训练并贯彻到理科学习中。阅读互动理论强调，阅读是读者所具有的经验与书写符号发生联系的过程。我们在文献检索中发现，阅读方面的文献有 27 611 条，衔接阅读 1584 条，其中硕博论文只有 94 条，检索"中小学衔接阅读"的相关文献只有 32 条，理科阅读的相关教育理论只有 11 条。

（三）实践层面

通过前期对两年升入八年级学生的调研，学校初步分析了中小学衔接的顿挫问题。调研样本描述如下：2015 年、2016 年样本各 100 例，理科学习综合评价不适应的占 29.3%。问题原因设置为多选，问卷分析结果如下：学习内容难度加大的占45%，统计图表增多且复杂的占25%，现象理解不清晰的占31%，教师讲授的问题占16%，其他占11%（存在部分学生选择多种原因）。传统教学中，小学教师的认知性阅读教法，需要转向对信息感受、提取、加工能力的指导，根据学生的认知发展规律和学习心理调整教学方式方法，加强学法引导。

二、嘉铭分校全学科阅读解读

全学科阅读体系是将阅读从只关注语文学科阅读的狭隘观念中跳出来，把阅读指导纳入数学、英语、科学、音乐、体育、美术、信息技术等所有国家课程的学习过程之中，实现课堂内外的整体关联、学科之间的有机整合；将"读死书""死读书"变为"读活书""活读书"，让阅读成为更有意义的经历、体验、实践、动手活动；通过阅读实践将更广泛的学习概念，如"项目式学习""课题式探究"引入学习过程中，建立学习新思维，探求学习新方法。

（一）构建全学科阅读目标内容体系，让阅读成为学生学习的基本方式

学校的全学科阅读体系分为五大领域、两个纬度。五大领域指的是人文与社会类、科学与自然类、技术与实践类、艺术与审美类、体育与健康类。两个纬度指的是基础类与拓展类。两个纬度是课内课外的联动，让阅读成为学生的基本学习方式。基础类的阅读主要通过国家课程的三段式阅读来展开，拓展类的阅读主要通过开展一系列的主题阅读活动来展开。

表1为嘉铭分校全学科阅读目标内容体系。表1中的（一）（二）（三）（四）标示的是四个学段。

表1 嘉铭分校全学科阅读目标内容体系

领域	培养目标	阅读分类	阅读			
^	^	^	第一学段（一至二年级）	第二学段（三至五年级）	第三学段（六至七年级）	第四学段（八至九年级）
人文与社会类	具有人文情怀的文雅学子	基础类（课内）	语文、英语	语文、英语	语文、英语、思想品德、历史	语文、英语、思想品德、历史

续表

领域	培养目标	阅读分类	阅读 第一学段（一至二年级）	第二学段（三至五年级）	第三学段（六至七年级）	第四学段（八至九年级）
人文与社会类	具有人文情怀的文雅学子	拓展类（课外）	①嘉铭分校静空间 ②经典诵读 ③国学阅读 ④博物馆阅读（一）	①嘉铭分校静空间 ②经典诵读 ③国学阅读 ④博物馆阅读（二）	①嘉铭分校静空间 ②经典诵读 ③国学阅读 ④博物馆阅读（三） ⑤人生远足阅读（一）	①嘉铭分校静空间 ②经典诵读 ③国学阅读 ④博物馆阅读（四） ⑤人生远足阅读（二）
科学与自然类	具有思辨科学精神的思雅学子	基础类（课内）	数学、科学	数学、科学	数学、科学、生物、物理	数学、科学、生物、物理、化学
		拓展类（课外）	思雅阅读课（一）	思雅阅读课（二）	思雅阅读课（三）	思雅阅读课（四）、指尖上的物理
技术与实践类	具有博闻多识的博雅学子	基础类（课内）	劳动技术	劳动技术、信息、综合实践	劳动技术、信息、地理、综合实践	劳动技术、信息、地理、综合实践
		拓展类（课外）	博雅阅读课程（一）	博雅阅读课程（二）	博雅阅读课程（三）	博雅阅读课程（四）
艺术与审美类	具有多才多艺的艺雅学子	基础类（课内）	美术、音乐	美术、音乐	美术、音乐	美术、音乐
		拓展类（课外）	艺雅阅读（一）	艺雅阅读（二）	艺雅阅读（三）	艺雅阅读（四）
体育与健康类	具有强健体魄的体雅学子	基础类（课内）	体育	体育	体育	体育
		拓展类（课外）	体雅阅读（一）	体雅阅读（二）	体雅阅读（三）	体雅阅读（四）

嘉铭分校根据不同学段学生的特点，为不同学段制定了不同的学生阅读数量、阅读速度、阅读技能，如表2所示。

表2 学校学段读书评价标准

评价项目	第一学段（一至三年级）	第二学段（四至五年级）	第三学段（六至七年级）	第四学段（八至九年级）
阅读数量	①读10~20本童话、寓言、故事等图画书或文字书 ②完成不少于5万字的阅读量 ③背诵优秀诗文50篇	①读20~30本童话类、文学类、科普类等读物 ②完成读书笔记10篇以上 ③完成不少于40万字的阅读量 ④背诵优秀诗文50篇	①读30~40本中外名著和实用类书籍 ②完成不少于100万字的阅读量 ③背诵优秀诗文60篇	①课外阅读量不少于260万字 ②每学年阅读两三部名著 ③背诵优秀诗文80篇（段）
阅读速度	每分钟不少于100字	每分钟不少于250字	每分钟不少于380字	每分钟不少于500字
阅读技能	①能在他人的帮助下学习默读 ②能看图理解作品，有条理地说出图的内容 ③能读一个完整的故事	①会利用工具书帮助阅读 ②会品读重点词句，能联系上下文理解重点词句在表达情感和内在含义方面的作用 ③学会分段，了解文章主题，对重点情节的关键语句进行初步分析	①掌握基本阅读方法 ②联系上下文能够推断读物中有关词句的意思，可以与伙伴交流 ③会分析文章的结构，概括中心思想	①能根据阅读需求使用不同的阅读方法 ②阅读时能里清思路，理解主要内容，体味和推敲重要词句在语言环境中的意义，能够从多角度理解发表自己的看法 ③熟练运用略读和浏览方法，扩大阅读范围

（二）加强全学科阅读的指导，促进学习方式的变革

1. 全学科阅读实施策略——三段式阅读

学校全学科阅读通过基于图式理论的三段式阅读开展。三段式阅读是基于国家课程实施的课前、课中、课后的阅读。

课前阅读是非常重要的。在阅读过程中，读者根据已有的文化知识、生活经验去推测、理解作者的写作意图。读者并不是一片空白，就算是小学一年级学生，也是有自己的一些想法的。认知心理学把读者已经拥有的这类知识归纳为图式知识。图式理论认为，通过阅读得到的新的知识必须与图式知识相联系才会得以处理加工。但是图式知识需要被激活，激活后它将主动参与到对新知识的理解，与新知识融合后形成更新的知识。可见，学生已有的知识经验是教

师进行阅读教学的重要课程资源。如果这节课所要学习的内容，学生们已经具备了一定的图式知识，那么课前阅读就可以激活图式知识，为课中阅读和课堂学习打下基础。如果这节课学习的是完全陌生的领域，课前阅读的作用就是补充和丰富图式知识。所以，课前阅读是培养阅读能力的铺垫。

课中阅读，读者可能存在一定的误区，认为课中阅读就是再去找阅读材料并让学生们上课来读，这一方面会占用课堂时间，另一方面想找与这节课知识相关的阅读材料也很困难。其实这是误解了课中阅读。什么是课中阅读？就是在课堂上进行的阅读。语文，朗读课文；数学，阅读书上的关键定义、公式，甚至阅读一道应用题；英语，做一篇阅读理解、完形填空；化学，做一篇科普阅读理解；等等。这都是阅读。如果学生语文不会理解现代文，数学读不懂题，这都是阅读能力的欠缺。平时的课中阅读，教师要引领指导学生进行阅读练习，无形之中就培养了学生的阅读能力。课中阅读不是负担，相反，是在平时锻炼了学生阅读的能力。所以，课中阅读是阅读能力的培养。

课后阅读就是课后学生进行的阅读。学校的课后阅读从两个方面来进行。一方面是让学生阅读生活中的文字、图片等，来检验课堂学习的知识能不能用到现实生活中；另一方面是检验课堂上阅读能力的培养是否达到满意的效果。这样课后阅读就具有目的性。学生发现自己所学能为我所用，就乐于阅读，从而养成了阅读习惯。所以说，课后阅读是学生阅读能力的检验。

学校教学通过以上的途径，引导学生完成以下四个阶段的体验。

第一，通读文本，清晰认识。认真阅读学科文本，整体理解文本，提取关键信息，把握（题干、概念、描述）要点，寻找（解决、理解、判断）节点。

第二，解读过程，践行回归。重阅读体悟（自悟），重过程理解，重问题勾连，重表达（书写）明确。

第三，深读内化，丰富理解。体现问题归因，体现归类归纳，体现由此及彼。

第四，破读重塑，拓展资源。尝试问题思想，质疑提问；实践举一反三，拓展思维；联想类似问题，自我感悟。

2. 不同学科的阅读指导策略

阅读如何嵌入不同学科的课堂教学环节，不同学科不尽相同，学校一直在探索实践。现从文科、理科两个方面简要介绍。

文科阅读：

文科阅读主要包括语文、英语、历史、道德与法治等以文字语言为主要学习资源的学科。文科学习中，阅读渗透各个环节，是学习的基础。学校根据本校的特点，探索了具有本校特色的文科阅读策略，以语文、历史学科为例。

语文学科课前阅读主要是帮助学生理解作家的语言风格与写作特色。课前让学生阅读该作家的其他作品，让学生在比较中阅读探究，或者给学生一定的情境体验，得到最初的阅读感受。课中阅读，教师引导学生交流课前阅读感受，再个性化解读文本，深悟理解文本。课后阅读是通过整本书的阅读，将课堂上所学的得到更深层次的理解和内化，重在让学生发表自己的理解和想法。

历史学科课前阅读围绕教学关键，进行史料收集整理；课中阅读探究生成问题，进行史料辨析论证；课后阅读检验学习效果，根据史料建构历史解释，从而形成实证精神。

理科阅读：

理科阅读相比于文科阅读，更深刻、更立体、更科学、更具有逻辑性。理科课程中的物理、化学、生物等学科的阅读具有显著的共性，包含语言符号（文字、数学符号、术语、公式、图表等）的感知和认读、新概念的同化和顺应、阅读材料的理解和记忆等各种心理活动因素。同时，它也是一个不断假设、证明、想象、推理的积极能动的认知过程。

下面以物理、数学阅读为例，来解读嘉铭分校理科阅读的指导策略。

物理阅读目标的选择要求以激发和培养学生的阅读兴趣为先期目标，以实现对物理原理、物理规律的理解和应用为中后期目标。相应地，在培养阅读能力的起步阶段，应当选取适合他们能力特点的相对较简单易懂的阅读内容。如有关科学家对某个物理问题开展的描述、趣味性的小问题、一些简单物理现象的描述等，以提高学生对学习物理课程的兴趣。课中阅读八年级学生不知道怎样阅读物理材料，教师可以先示范，再领读，进而剖析课文中（特别是概念）的词或句，帮助学生解释问题的发生过程与已知量、未知量的关系。课后阅读是通过自主搜集材料、小制作等方式，强化课中学习的阅读任务点。

数学阅读是为了实现学生阅读效应的最大化，学校关注阅读时间的持续性，给学生充分进行阅读的时间，以适当的阅读问题激发学生的阅读思考。用学生熟悉的生活经验作为实例，展开丰富的数学课外兴趣活动，保证数学阅读实践的情趣性。数学文本阅读强调学生根据自己的生活实际，创设真实情境，增强阅读设计的情境性。教师也要协调和组织学生小组的讨论合作，生成更加丰富的理解。

（三）丰富全学科阅读活动，创造良好的阅读氛围

1. 整体规划全学科阅读活动的时间和内容

学校在课程设置上给予学生阅读时间的保障，通过晨诵、午读、暮吟，保障各学段学生每天至少一个小时的阅读时间。各年级、各教研组分别开展不同的阅读活动，激发学生的阅读兴趣，形成学校的阅读氛围。通过有效的家校共读活动，让学生的自主阅读成为一种习惯。

学段经典阅读，固本、铸魂、打底色。九个年级，十八本国学经典，从诵读到吟唱再到宣讲，国学等级达标评价让经典阅读成为嘉铭学子的必修课。

学段诗文诵读，怡情、养性、长学识。不同学段的诗词诵读和美文品读，从习作小品文到名著阅读，嘉铭分校开发的即点即评阅读文库和诵读资源库实现了阅读的最大便利化。"紫微风"是嘉铭分校编写的序列丛书之一。

学段科普阅读，益智、增能、开眼界。不同学段科普阅读是嘉铭分校校本课程特色之一，从第一学段的读科普图片到第二学段的科普小短文，再到第四学段的科技小论文、课题专著，嘉铭分校科普阅读引领了科学教育的蓬勃兴起，让科学精神促进了嘉铭学子的可持续发展。《科学大教程》是科普阅读的蓝本之一。

全学科阅读，融通、整合、促发展。全学科阅读学案、阅读时空体现了大学科学习的观念和学科融合的学习方式，让学科回归更具有依托和载体，促进了学生学科素养的提升。

2. 丰富多彩的阅读活动实践方式

（1）教师阅读引领，构建阅读氛围。学校开展一系列"紫藤花树下美丽的读书心境"教师阅读活动，包括教师的读书征文、读书感想、好书推介、读书

论坛等活动，学科教师"学科阅读讲堂"、学科阅读分享活动，让阅读成为持续的过程，以阅读提升教师素养。教师的阅读活动也影响、感染着学生，学生自发崇尚阅读，学校形成了一个整体的阅读氛围。

（2）多元组合阅读活动，延伸学习方式。嘉铭分校九年四段大教研组构建了不同学段的阅读生态群，切合学生年龄特点展开不同方式的多元组合阅读活动。

绘本阅读：是第一学段推广的阅读方式，旨在调动学生对阅读更深层次的兴趣和需要，促进学生对内容、情感的理解。

群文阅读：根据语文大纲要求，把一组文章以一定的方式组合在一起，指导学生阅读，并在阅读中提出自己的观点。

社群阅读：源自社会化生活是人类精神生活方式的理解，提高个人阅读力，需要一个人独自用心地读，又需要许多人聚集起来快乐地读。嘉铭分校社群阅读跨越学段和年级，有家长、社会参与，是一种应用较广泛的阅读形式。

行走阅读：陈经纶中学的人生远足课程，嘉铭分校把它解读为"行走阅读"，是用阅读的思想丰富学生实践。"读名山大川，读人文环境，读时光更替，读诗文情怀"，更多的是"读山读水读民族情怀，品史品文品人生真知"。

（3）打造书香校园，让阅读成为嘉铭分校人的学习方式。学校倡导把阅读作为学生最重要的学习方式，通过三味校园、三品空间等活动打造书香校园。

三味校园：校园环境建设以"书架、书廊、书屋"为主要布局；以学校阅览室、年级书吧、班级书库为阅读空间；以"朗读声、音乐声、吟唱声"为校园韵律。

三品空间：晨课读《诗经》，午读品美文，晚读赏人文，开放式的阅读时空，让读书成为嘉铭分校生活的主旋律。学校把九年十八本国学经典阅读作为嘉铭分校学生的必修课，编写并推广了《诗经》、唐诗、宋词吟唱九年教程，为学生的晨读提供素材。

（四）开发全学科阅读活动评价平台，促进阅读活动常态化

嘉铭分校"紫藤花开"阅读评价平台是对学校阅读活动的评价，主要评价

学生的阅读量、阅读的偏好性和均衡性，对各学段学生阅读的内容、数量和速度等情况进行自动化跟踪及效果评价。通过"紫藤花开"阅读评价平台，嘉铭分校做到了以下几点。

1. 形成不同学科阅读活动星级评价标准

在不同学段的评价标准的基础上，学校制定了不同阅读项目下的星级评价标准。表3为学校三、四学段语文阅读竞赛活动的星级评价标准。

表3　三、四学段语文阅读竞赛活动的星级评价标准

评价项目	评价要点	评价标准				评价等级
		五星（★★★★★）	四星（★★★★）	三星（★★★）	二星（★★）	
阅读竞赛	竞赛过程	回答问题准确，思路清楚，语言流畅，能够逻辑清楚地表达自己的理解	回答问题准确，思路清楚，语言流畅，能够较有逻辑地表达自己的理解	回答问题准确，思路清楚，语言流畅，能够表达自己的理解	回答问题准确，语言流畅，能够表达自己的理解	☆☆☆☆
	学生活动能力	小组成员自主地投入备赛活动中，积极合作与分享，有深刻的读书见解	小组成员自主地投入备赛活动中，能够合作与分享，有深刻的读书见解	小组成员投入备赛活动中，能够合作与分享，有读书见解	小组成员投入备赛活动中，不能合作与分享，没有读书见解	☆☆☆☆
		小组同学分工特别明确，活动中配合非常默契	小组同学分工比较明确，配合默契	小组成员有分工，有相互配合的意识	没有明显的分工合作，有混乱的环节	☆☆☆☆

2. 形成全学科阅读活动奖励办法

学校教师借助"紫藤花开"阅读评价平台，按照星级评价标准，进行评价，对学生及时给予鼓励，并为学生发放勋章。图1为学校勋章品类的视觉化设计示意图。

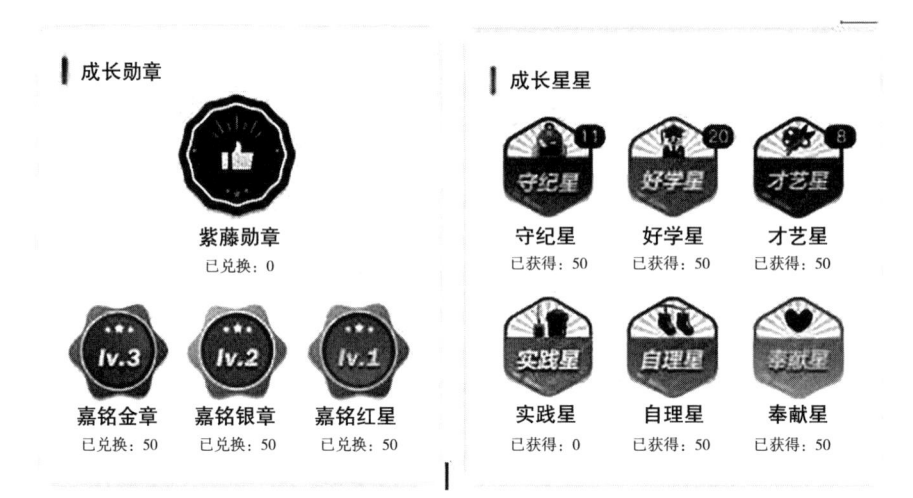

图 1　学校勋章品类的视觉化设计

经过以上途径的探索，作为一所九年一贯制学校，嘉铭分校从小学开始介入全学科阅读的理念，实现了学生阅读习惯的贯通培养，促进了学生的全面发展、健康成长。

课/例/篇

语文阅读课例

调动思维，推想辨析，清晰表达，高阶发展

——统编版五年级下册《跳水》　　　　郑宇航　田海燕

一、整体设计思路

《义务教育语文课程标准（2022年版）》（以下简称《课程标准》）中指出，思维能力是学生必备的核心素养之一，包括直觉思维、形象思维、逻辑思维、辩证思维和创造思维。其中辩证思维和创造思维对应的是高阶思维能力。而在《课程标准》的总目标中也提到，要让学生乐于探索，勤于思考，初步掌握比较、分析、概括、推理等思维方法，辩证地思考问题，有理有据、负责任地表达自己的观点，养成实事求是、崇尚真知的态度。

《课程标准》中还指出核心素养的四个方面是一个整体。语言的发展过程也是思维的发展过程，二者相互促进。在语文课程中，学生的思维能力、审美创造、文化自信都应以语言运用为基础，在学生个体语言经验发展过程中得以实现。

发展语言、提升思维的关键是由学生对知识进行主动建构。建构主义理论下的教学思想是，学习不是由教师把知识简单地传递给学生，而应该由学生自主地建构知识，学生不是简单地被动接收，而是主动地去建构知识，这种建构是无法由他人来代替的。学习的意义就是，每个学习者都以自己原有的知识经验为基础，对新信息重新认识和编排，建构自己的理解。

基于以上分析，我们确定了本次设计的主题——调动思维，推想辨析，清

晰表达，高阶发展。以此课为例，尝试以整合、推测、辨析为主要方法来落实语文核心素养，推动学生思维的高阶发展。帮助学生从能读到会读，从能想到会想，从能说到会说的转变。

这节课主要采用的教学策略是以问引思、以辩促思、以言明思。学之、问之、思之、辩之，整节课围绕你觉得他的想法怎么样、你是怎么想的、为什么这样想三个问题来调动学生的思维，引导学生推想辨析，学习他人的思维逻辑，反思自己的思维逻辑，充分调动自己的思维，清晰表达，促学生思维的高阶发展。教学中，将多种教学方法进行了优化组合，主要采用的教学方法如下：

（1）问题探究法。以核心问题链为主线，激发学生思考，引导学生主动探究文本，寻找答案。辨析他人想法，以自我想法为引领，引导学生带着问题倾听、带着问题思考、带着问题讨论。让学生积极思考，独立探究，自行发现为宗旨。

（2）直观演示法。借助板书直观演示情节发展；借助书中插图及图片等媒介还原故事情境，拉近学生和文本间的距离。

（3）合作探究法。本课的教学难点是讲故事，要想让每个学生都讲好故事，一定要让学生说充分，因此小组合作必不可少。个人的交流重在辨析，组内的交流重在整合、建构和内化，组间的评价重在反思和创造。

教学流程如图1所示：

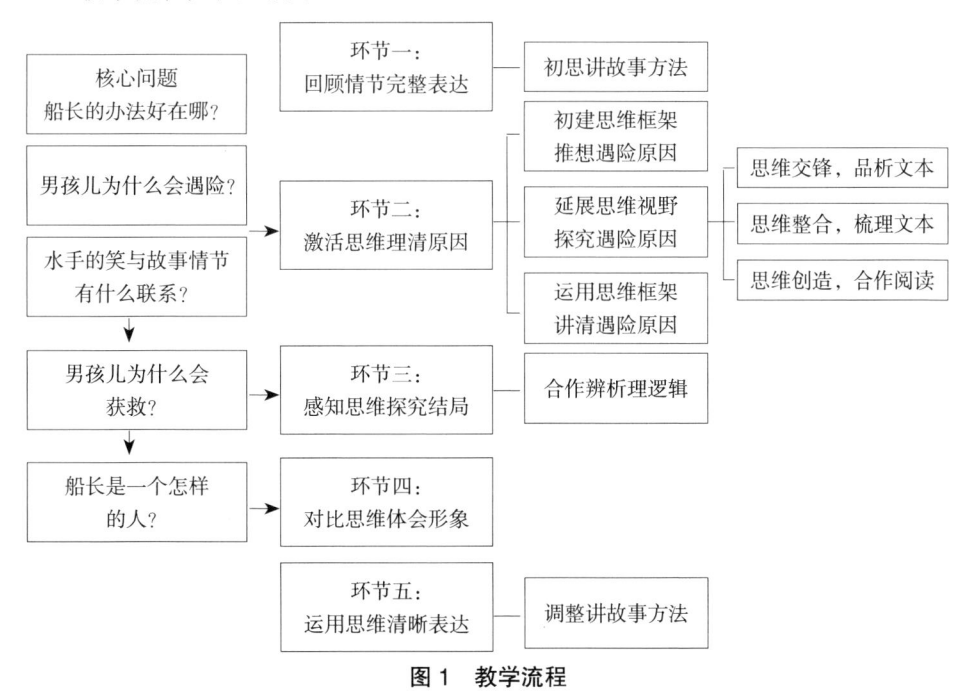

图1 教学流程

二、教学目标

（1）能借助关键语句，了解人物思维过程。
（2）能梳理故事的起因、经过和结果，并以此为线索讲述故事内容。

三、教学重点、难点

教学重点：
（1）能说出水手们的"笑"对推动故事情节发展的作用。
（2）能说出船长所用办法的好处。
教学难点：能结合人物表现，按照事情发展顺序把故事讲完整、讲清楚。

四、课前阅读资料

《跳水》这篇文章的作者是俄国作家列夫·托尔斯泰，他是俄国批判现实主义作家、思想家和哲学家。代表作有《战争与和平》《安娜·卡列尼娜》《复活》等。

托尔斯泰1828年出生于贵族家庭，1844年入喀山大学，1847年退学回故乡在自己的领地上作改革农奴制的尝试。1851—1854年在高加索军队中服役并开始写作。1854—1855年参加克里米亚战争。1855年11月到彼得堡进入文学界。1857年托尔斯泰出国，看到资本主义社会重重矛盾，但找不到消灭社会罪恶的途径，只好呼吁人们按照"永恒的宗教真理"生活。1860—1861年，为考察欧洲教育，托尔斯泰再度出国，结识赫尔岑，听狄更斯演讲，会见普鲁东。1863—1869年托尔斯泰创作了长篇历史小说《战争与和平》。1873—1877年他经12次修改，完成其第二部里程碑式巨著《安娜·卡列尼娜》。19世纪70年代末，托尔斯泰的世界观发生巨变，写成《忏悔录》。19世纪80年代创作了剧本《黑暗的势力》《教育的果实》，中篇小说《魔鬼》《伊凡·伊里奇之死》《克莱采奏鸣曲》《哈泽·穆拉特》，短篇小说《舞会之后》，特别是1889—1899年创作的长篇小说《复活》是他长期思想、艺术探索的总结。托尔斯泰晚年力求过简朴的平民生活，1910年10月从家中出走，11月病逝于一个小站，享年82岁。

列宁评价托尔斯泰是"俄国革命的镜子"，是具有"最清醒的现实主义"的"天才艺术家"。高尔基对他的评价是"不认识托尔斯泰者，不可能认识俄罗斯。"

——选自《百度百科》

五、教学过程

环节一：回顾情节，完整表达

（一）回顾故事的起因、经过、结果

起因（1）	经过（2-4）	结果（5-6）
水手拿猴子取乐	猴子逗孩子 孩子追猴子	船长逼孩子跳水

（二）借助小标题讲故事

提示：按照事情的发展顺序把故事讲完整。

教师：还记得我们前两课学过的讲故事方法吗？你们觉得怎么才能讲好这个故事呢？

（1）指名回答。

（2）把想法批注在课后第一题旁边。

预设：借助文中词，加入人物想法，讲清六要素。

过渡：接下来，我们一起走进这个故事，看看学完之后，你们的想法和刚才写的是否一样。

环节二：激活思维，理清原因

（一）初建思维框架，推想遇险原因

教师：通过之前的学习，我们知道了故事中的小男孩儿因跳水而获救，船长的办法到底好在哪呢？我们先来看看那个男孩为什么会遇险。自由朗读课文，寻找答案。

预设1：猴子的逗弄。

预设2：男孩儿因生气失去理智。

预设3：水手的哄笑。

思考：什么才是导致男孩儿步入险境的根本原因呢？

（1）指名回答。

（2）把想法及理由简单批注在课后第二题旁边。

（二）延展思维视野，探究遇险原因

1. 思维交锋，品析文本

教师：快速阅读课文，在文中画出能够证明自己想法的语句，然后全班交流。

观点1：男孩儿是因为猴子的逗弄才步入险境的。

> 相关语句1：猴子忽然跳到他面前，摘下他的帽子戴在自己的头上，很快地爬上了桅杆。
>
> 相关语句2：水手们又大笑起来，只有那个孩子哭笑不得，眼巴巴地望着猴子坐在桅杆的第一根横木上，摘下帽子用牙齿咬，用爪子撕，好像故意逗他生气。
>
> 相关语句3：猴子不但不理，还撕得更凶了。
>
> 相关语句4：他盘着绳子爬到第一根横木上，正要伸手去夺帽子，猴子比他更灵巧，转身抓着桅杆又往上爬。
>
> 相关语句5：猴子还时不时回过头来逗孩子生气。爬到了桅杆的顶端，它用后脚钩住绳子，把帽子挂在最高的那根横木的一头，然后坐在桅杆的顶端，扭着身子，龇牙咧嘴做着怪样子。

预设：猴子一边逗孩子，一边往上爬，所以才导致孩子一步步迈向险境，所以猴子的逗弄是孩子遇险的根本原因。

观点2：男孩儿因生气而失去理智，所以导致越爬越高，没有意识到危险的来临。

相关语句1：水手们笑得更欢了，孩子却气得脸都红了。他脱了上衣，爬上桅杆去追猴子。

相关语句2：孩子气极了，他的手放开了绳子和桅杆，张开胳膊，摇摇晃晃地走上横木去取帽子。

观点3：水手们的哄笑是孩子遇险的根本原因。

相关语句1：一只猴子在人群里钻来钻去，模仿人的动作，惹得大家哈哈大笑。它显然知道大家拿它取乐，因而更加放肆起来。

相关语句2：水手们又大笑起来，只有那个孩子哭笑不得，眼巴巴地望着猴子坐在桅杆的第一根横木上，摘下帽子用牙齿咬，用爪子撕，好像故意逗他生气。

相关语句3：水手们笑得更欢了，孩子却气得脸都通红了。

预设：猴子是因为水手们的笑而更加放肆，孩子也因为水手的笑而变得情绪逐渐激动。所以水手的笑是孩子遇险的根本原因。

引导：水手的笑一共出现了三次，每一次表达的情感都一样吗？

预设：猴子是因为水手们的笑而更加放肆，孩子也因为水手的笑而变得情绪逐渐激动。所以水手的笑是孩子遇险的根本原因。

引导：水手的笑一共出现了三次，每一次表达的情感都一样吗？

第一次笑→对猴子的取笑
第二次笑→对孩子的嘲笑
第三次笑→对情境的嬉笑

追问：再读一读这三次不同的笑，说一说你发现了什么？

预设：水手的笑对猴子和孩子都产生了影响。猴子因为水手的笑而越发放肆，孩子因为水手的笑和猴子的逗弄而越来越生气。

2.思维整合，梳理文本

教师：水手的笑对猴子和孩子具体产生了哪些影响呢？默读课文，尝试完成下列表格。

水手们的笑	猴子	孩子

预设答案：

水手们的笑	猴子	孩子
水手们哈哈大笑	模仿人的动作、更加放肆起来	笑得很开心
水手们又大笑起来	抢走孩子的帽子	哭笑不得
	摘下帽子来撕咬	生气
水手们笑得更欢了	撕得更凶了	气得脸都红了
	爬到桅杆的顶端，龇牙咧嘴地做着怪样子	气极了

追问1：文中有三处提到了孩子很生气，能否用三个不同的词语概括出来？为什么要这样说呢？还有其他表达方式吗？

明确：从文中的相关语句可以看出，男孩儿生气的程度显然是递增的，我们可以用生气、恼怒、愤怒这三个词来体现男孩儿情绪的变化，还可以用"火冒三丈、怒不可遏、大发雷霆"这样的四字词语来概括。

追问2：通过表格梳理，你发现了什么？水手的笑与故事情节的发展有什么关系？

预设：猴子和水手的表现，促使了孩子心情的变化，水手的三次笑推动了情节的发展。

追问3：所以促使孩子一步步走向险境的根本原因是什么？你现在的答案和理由与之前一样吗？为什么会有这样的变化？

预设：水手的笑，是促使跳水事件发生的根本原因。猴子的逗弄是直接原因。之前只是主观判断后，去寻找证明理由，没有全面分析。

小结：所以，我们在阅读时应该着眼全文，探究关联和逻辑，不能片面感知。

3. 思维梳理，合作阅读

引导：你有过和小男孩儿或水手相似的经历吗？当时你是怎么想的？

要求：联系生活体会，分角色朗读与人物相关语句，读出小男孩儿的心情变化。

（三）运用思维框架，讲清遇险原因

教师：谁能借助刚才梳理的思路，借助水手、猴子和孩子三个角色的表现，讲清楚孩子遇险的经过？

追问：你觉得他讲得怎么样？为什么？怎样讲会更好？

小结：讲故事时，条理要清楚，要学会借助理清的思路清晰表达。

环节三：感知思维，探究结局

（一）组内讨论

故事的最后，小男孩儿在船长的逼迫下，跳水获救。小组合作讨论。男孩儿为什么能获救？船长的办法好在哪里？

小组合作，探究结局。

---

1. 表达观点，说清理由
2. 评价观点，说清原因
3. 整合观点，梳理思路

（二）汇报交流

小组汇报评价
1. 表达观点是否清楚
2. 理由阐述是否合理
3. 汇报过程有无亮点

预设1：他当时肯定会想，相对于甲板，掉到水里生还的可能性最大。

预设2：现在海面风平浪静，水手们也都在身边，跳到水里最稳妥。

预设3：孩子现在很紧张，肯定也不敢往下跳，只有用枪逼迫，他才会跳下去。

追问1：你觉得他想的对吗？你的想法是什么？为什么这样想？

追问2：大家都是根据什么展开推测的？你发现了吗？

小结：从全文出发，缜密地思考会帮助我们更好地读懂故事。

环节四：对比思维，体会形象

教师：看到男孩儿遇险，刚才对孩子嬉笑的水手们全都吓呆了，有个人甚至吓得大叫。而刚从船舱里出来的船长却能迅速反应。从他们的不同表现中，你体会出了什么？从哪儿体会到的？

预设1：聚焦船长的语言，体会船长的沉着坚定。

> 正在这时候，船长从船舱里出来，手里拿着一支枪。他本来是想打海鸥的，看见儿子在桅杆顶端的横木上，就立刻瞄准儿子，喊道："向海里跳！快！不跳我就开枪了！"孩子心惊胆战，站在横木上摇摇晃晃的，没听明白他爸爸的话。船长又喊："向海里跳！不然我就开枪了！一！二！"刚喊出"三"，孩子纵身从横木上跳了下来。

预设2：聚焦"四十秒钟"的短暂，体会船长的当机立断。

> "扑通"一声，孩子像颗炮弹一样扎进了海里。二十来个勇敢的水手已经跳进了大海：四十秒钟——大家已经觉得时间太长了。

延伸园地：在我们的园地中也有类似的写法，读一读，说一说你发现了什么？

小结：船长能在短短四十秒之内进行缜密全面的思考，这得益于他丰富的航海经验和非凡的决策能力。处于同一情境下的水手截然相反的表现，也证明了思维的力量。出色的思维能力，是思考和解决问题的关键。

环节五：运用思维，清晰表达

（一）调整复述方法

教师：还记得上课之初我们在第一题旁做的批注吗？现在你觉得怎么才能讲好这个故事呢？对之前梳理出的方法有补充吗？

方法完善：

（1）借助文中词→侧重动作和心情。

（2）借助人物想法→侧重船长的思维过程。

（3）借助六要素→侧重孩子遇险的原因。

（4）可以加入对男孩儿和水手的思维过程猜想。

（二）小组接龙讲故事

要求：按照刚才的方法组内接龙讲故事。

> 小组汇报评价
> 1. 语言通顺流利
> 2. 运用方法，重点突出
> 3. 创造性思维猜想合理

总结：同学们在今天的学习中有哪些收获？这节课我们不仅推想出了船长的思维过程，也通过了解男孩儿和水手，明白了思维不同，结果则不同，有时能把人推入深渊，有时也能让人转危为安。还通过交流和对自己前后答案的反思，提升了自己的思维能力。卓越的思维能力是解决问题的关键。本单元的三个人物，从不同角度向我们展示了思维的魅力。希望同学们可以向他们学习，让思维的火花照亮我们的今天和明天。

环节六：作业布置

（一）推理故事会

搜集能体现思维能力的小故事，讲给大家听。

（二）改编漂流集

结合园地词句段运用第二题对故事略作改动，并设置一处悬念供大家猜想。

六、板书设计

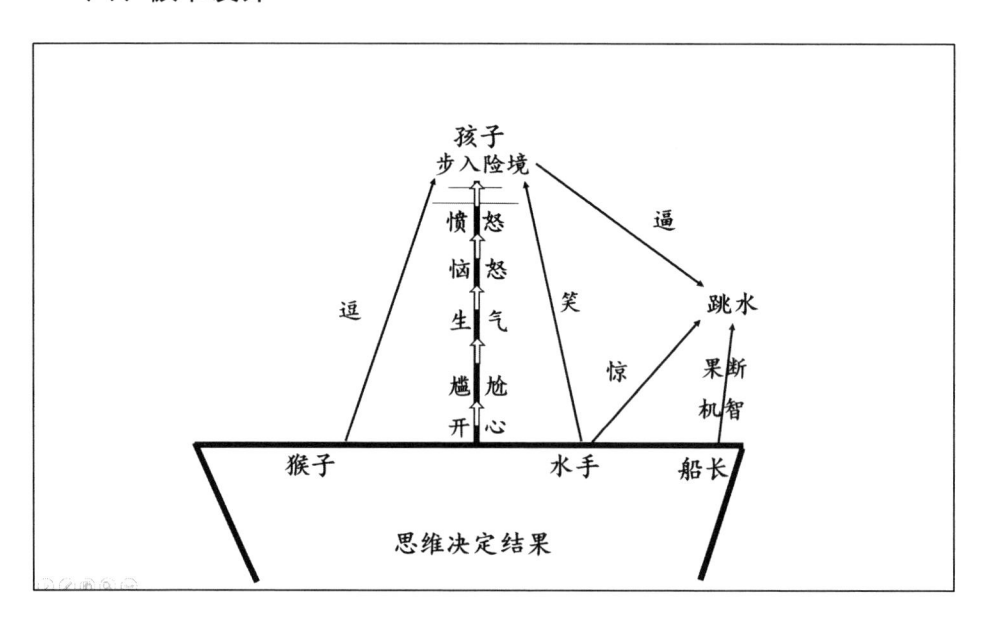

```
            孩子
           步入险境
        ↑  ↑       ↘
     愤 恼 怒         逼
     怒   生          ↘
   逗      气           跳水
            尴          果断
            开          机智
            心
    猴子        水手     船长
         思维决定结果
```

（逗、笑、惊 为箭头标注）

七、课后阅读资料

鲨鱼

【俄】列夫·托尔斯泰

我们的轮船停在非洲的海岸。中午，天气很好，海上吹着凉爽的风。

快到傍晚的时候，天气变了，开始闷热，从撒哈拉沙漠吹来的热风像是把我们闷在蒸笼里。

日落之前，上尉走到甲板上喊了一声："游水呀！"一会儿，水兵们就跳到水里。他们把帆放到水里，用它围成一个游泳池。

我们船上有两个小孩，他们最先跳到水里。他们嫌帆布圈里太憋气，想到宽阔的海里去游泳、比赛。两个人就像蜥蜴一样，用力往前游，争着游到锚上浮着水桶的那个地方。一个小孩开始赶上了他的伙伴，但接着又落后。这个孩子的爸爸是一个老炮手，正站在甲板上称赞他的儿子。当儿子落在后面时，他就大声喊："别落后哇！加油！"

突然甲板上有人叫了一声："鲨鱼！"我们一看，水里现出一个海怪的背。鲨鱼一直向着孩子们那边游去。

"往后！往后！游回来，有鲨鱼！"炮手大声喊着。可是孩子们听不见，还是一个劲地往前游。他们笑着，闹着，越游越高兴。

炮手的脸像麻布一样发白，呆呆地瞧着孩子们。水兵们放开小船，跳到里面，用力摇桨，往孩子们那边划。但是鲨鱼已经离孩子们不到二十步了，那只小船离得远远的。

孩子们起初没有听见有人叫他们，也没有看见鲨鱼，后来有一个回头看了一眼。我们都听到了一声尖叫，两个孩子立刻分开，各往一方游去。

这尖叫声好像唤醒了炮手，他急忙离开他站的地方，跑到大炮跟前。他转动了一下炮架的后尾，俯在大炮上瞄准，同时装好引火线。船上的人都吓呆了，愣在那里等待后果。大炮轰的一声，我们看见炮手仰卧在大炮旁边，用手捂着脸。这时候，谁也不知道鲨鱼和小孩怎么样，那一瞬间烟雾遮住了我们的眼睛。

水面上的水雾渐渐地散了，开始从各方传来悄悄的声音，接着声音越来越大，最后到处发出震天动地的欢呼。

老炮手露出了脸，站了起来，也往海上看。

死鲨鱼的黄肚皮随着海浪波动着。

几分钟后，小船追上孩子们，把他们送到轮船上。

想象入情景，感悟学写法

——《搭石》

朱思睿

一、整体设计思路

本节课的教学设计以阅读贯穿始终。课前，学生阅读《写作〈搭石〉的前前后后》，了解作者的写作背景和意图。通过搜寻和阅读体现人与人之间关爱的材料，让学生感受到人性之美无处不在，为学生更好地理解文章主旨做铺垫。课中，以学生最感兴趣的学习视角——"寻找美的风景"为"教学触发点"，通过抓住动作描写、想象画面和联系上下文理解词句的阅读方法，体会作者借搭石所要颂扬的人性美。通过阅读延伸，由搭石联系到自己的实际生活，从搜寻身边体现美的小事到阅读改革开放四十多年来为人类做出重大贡献的杰出人物事迹，从小爱到大爱，拓宽学生阅读视野的同时升华主题。课后，继续阅读杰出人物事迹，在大量的阅读中不断激发学生为他人奉献的热望。

根据新课程基本理念，并通过对教材的理解，教师主要采用了以下教学方法：

（1）设置情境法。通过教师设置情境，学生想象补白，引导学生进入《搭石》的情境中，理解《搭石》背后的心灵美。

（2）读书指导法。指导学生通过默读、齐读、自由读、分组读等形式，以读促悟，感悟课文。

（3）提问教学法。通过主问题，唤起学生的注意，活跃学生的思维，促进学生独立思考、积极探求。

教学流程如下：

（1）情景导入。激发兴趣，回顾搭石之美。⎧ 长者摆搭石，心系他人勤劳美。
（2）品读文本。鉴赏搭石，领会心灵美景。⎨ 众人走搭石，协调有序声影美。
（3）走出文本。透过搭石，感悟作者情怀。⎩ 两人走搭石，谦让敬老传递美。
（4）延伸阅读。留心观察，发现身边真情。

二、教学目标

（1）知识与技能目标。紧扣中心句，想象画面，感知课文，寻找由搭石构筑的风景，让学生从乡亲们摆搭石、走搭石的一幕幕情景中，发现美，感受美。

（2）过程与方法目标。能正确、流利、有感情地朗读课文，感受乡亲们默默无闻、无私奉献的精神，并从中受到情感的熏陶。

（3）情感态度与价值观目标。学习作者仔细观察、生动描写的方法，培养留心观察、用心感受的习惯。

三、教学重点、难点

教学重点：有感情地朗读课文，让学生从乡亲们摆搭石、走搭石的一幕幕情景中，体会其中的人性美。

教学难点：学习作者仔细观察、生动描写的方法，体会作者是怎样通过平凡的事物让我们感受到美的。

四、课前阅读资料

（一）感受搭石之景

写作《搭石》的前前后后

刘　章

我出生在河北省兴隆县上庄村。

那是一条十里狭长的山村，人们逐水而居。一条无名溪水的两岸，是大山、村庄、梯田和果园。

我们村有六个自然村，其中五个村的人家散落在小溪旁，我出生的那个小村是溪水的源头之一，人家散落在两条山谷里，泉水汩汩[gǔ]，下自成"溪"。

从我的祖宗开垦小村，到我这儿才六代，算来也就是一百几十年的光阴。一代又一代人，出山串亲、赶集，唯有反复跨溪而行，除此，别无选择。

小溪最窄处仅五六米，最宽处也不过30米。平时水最深处也不过1米。年年雨季过后，秋风将至之时，人们为了不涉凉水，在每一个跨溪水里摆上一排方石，这就叫"搭石"。小溪冬天结冰，人们来回走冰，只有窄处才搭小桥。夏天山洪暴发，唯有来回蹚水，或背水而叹。一年365天，有近200多天走搭石。十里路要走多少搭石，没人数过。直到1964年我岳父从山外到我家串门，出于好奇，一道道计数，十里路竟走了32道搭石。我是从1962年起当上村干部的，直到1975年到县城工作，13年间，不超过3天就要到乡镇办事一次，都是当天往返，一天要走64回搭石，总共走了千万回，对搭石的印象怎能不深刻呢？

1977年年末，我来到河北省省会石家庄工作。

当我见到人们抢着挤公共汽车的时候，见人们无序地匆匆横穿马路的时候，心里便幽幽地想到家乡的潺潺小溪，想到山里人走搭石的情景……当我见马路上有砖头或树枝，人们宁可绕着走，也不肯弯腰拾起的时候。我又想到……的情景……

噢，搭石上有新意，搭石上有美，搭石上有情。由于搭石的特殊渡水方式，长期造就和展示了山里人勤劳、热心公益、互助礼让的美德。这样，我便在1980年2月写了短文《搭石》。

——《写作〈搭石〉的前前后后》

（二）寻找身边美好的风景

2018年6月11日上午，吉林市一辆载有30多人的公交车正在大街上行驶，司机张锐忽然心脏疾病发作。危急时刻，司机连续做了三件事——刹车、拉手刹、开门，然后昏倒在方向盘上。正是他及时、准确的举措，保证了一车乘客的平安，而乘客及时救援并拨打了急救电话，最终也救回了司机的命。

现在社会都需要大家互帮互助，只有这样才能让这个社会更加的温暖。

2018年12月17日，央视《新闻直播间》播报宁波爱心店主黄小琴夫妇在冬天最冷的一个月内，为环卫工人做免费早餐的事迹。

几年前，一次关爱环卫工人的爱心活动触动了黄小琴，她想：环卫工人凌晨就要开始工作，冬天真的很冷，如果能让他们吃一顿热乎乎的早饭，一定可以暖和一点。于是她决定为环卫工人们提供免费早餐，这个决定她一直坚持到现在。

五、教学过程

环节一：情景导入，激发兴趣，回顾搭石之美

（一）情景导入

（二）回顾搭石，厘清结构

思考：课文围绕"搭石"写了哪些内容？
预设：识搭石、摆搭石、走搭石、赞搭石。
板书：识、摆、走、赞。

（三）引发思考，确立学习主题

思考主问题：搭石，构成了家乡一道（　　　　）的风景。

环节二：品读文本，鉴赏搭石，领会心灵美景

（一）出示阅读提示，自主感悟，小组交流

阅读提示：
（1）默读课文第2~4自然段，边读边想象画面，填一填"搭石，构成了

家乡一道（　）的风景"。

（2）用"＿＿"画出关键词句，批注你的体会。

（3）小组交流，填写汇报卡片。

（二）以学生汇报为主，教师随机指导

导语：相信，一幅幅画面已在你们的脑海中呈现，选择令你印象深刻的风景进行小组汇报，其他小组补充。

1. 随机指导画面一："长者摆搭石，心系他人勤劳美"

①学生汇报"搭石，构成了家乡一道（　）的风景"，抓住关键词句，想象画面，谈理解。

②教师引导学生抓住动作、连词，想象画面，感受心灵之美。

③想象补白，走进人物内心。

上了点年岁的人，可能急着赶去＿＿＿＿＿，可能急着赶去＿＿＿＿＿，还可能急着赶去＿＿＿＿＿，无论怎样急着赶路，只要发现哪块搭石不平稳，一定会停下匆匆的脚步，深情地想：＿＿＿＿＿。

◇小结：我们通过抓关键词和想象画面，体会到了一道道心灵的风景。虽然溪水里的搭石是冰凉的，但当人们稳稳地踩在上面时却能感受到背后摆搭石人温暖的心。

④朗读课文。

⑤指导写法。

教师：作者是通过什么方法展现出这些美好的品质的？

板书：具体事例。

2. 随机指导画面二："众人走搭石，协调有序声影美"

①感受走搭石的声影美。

教师：想一想，清波漾漾、人影绰绰是怎样的画面？

学生展开想象，描绘画面。

例：只见微风拂过水面，漾起层层波纹，倒映在水中的影子也随之摇晃。

②感受人们的协调美。

重点指导学生联系上下文理解"协调有序"。

◇小结：没有人指挥，只有心里想着他人才能配合默契，走出协调有序的美呀!

③变序朗读,感受语言的诗意美。

3.随机指导画面三:"两人走搭石,谦让敬老传递美"

①学生汇报"搭石,构成了家乡一道(　　)的风景",根据文字想象画面,谈理解。

②礼让走搭石,感受人情美。

学生描述相对走搭石的画面。

③背老人走搭石,感受敬老美。

重点指导学生联系上下文理解"理所当然"。

教师:请联系上下文想一想村民还把哪些事看成理所当然的事?

学生:摆搭石是理所当然的事,协调有序走搭石是协调有序的事……

◇小结:这些都是理所当然的事。一块块普通的搭石,已经构成山村淳朴的民风。让我们把这份美好,通过朗读告诉大家。

④男女生分角色朗读。

女生读:如果——(　　)。

男生读:假如——(　　)。

⑤想象拓展,补充画面,提炼情感。

假如遇到了上学的孩子走搭石,_____,人们把这看成理所当然的事。

假如遇到年轻人提着重物走搭石,_____,人们把这看成理所当然的事。

假如_____

◇教师小结,回扣中心句:是啊,这一幕幕熟悉而感人的画面就构成了家乡的一道风景。

环节三:走出文本,透过搭石,感悟作者情怀

(一)联系课前阅读材料一《写作〈搭石〉的前前后后》,感悟作者情怀

(1)简单介绍作者,了解写作背景。

(2)联系课文,对比感悟。

◇小结：每每回忆起家乡的搭石，他都要由衷地赞叹："搭石，构成了家乡的一道风景。"

（二）聚焦最后自然段，揭示文章中心、写作方法

教师：课文学到现在，你觉得这搭石还是普通的石头吗？

教师：作者不仅是赞搭石，更是赞村民。作者借搭石抒发对村民美好心灵的赞美之情，这种写法就是借物抒情。

（三）整体回顾

环节四：延伸阅读，留心观察，发现身边真情

（一）推荐格言，发现身边美

学生结合课前阅读材料二，交流身边的美。

教师：正如法国艺术家罗丹所说："生活中并不缺少美，而是缺少发现美的眼睛。"

（二）从小爱到大爱，升华主题

出示改革开放四十年杰出人物事迹。

六、板书设计

```
          5.搭石                习得方法
    识   摆   走   赞            具体事例
                                借物抒情
```

七、课后阅读资料

改革开放四十年杰出人物

——为亿万人耕耘的奉献者

袁隆平院士是中国杂交水稻事业的开创者，是当代"神农"。他始终在农业科研第一线辛勤耕耘、不懈探索，为人类运用科技手段战胜饥饿带来绿色的希望和金色的收获。截至2017年，杂交水稻在我国已累计推广超90亿亩，共增产稻谷6000多亿千克。他的卓越成就，不仅为解决中国人民的温饱和保障国家粮食安全做出了贡献，更为世界和平和社会进步树立了丰碑。

李保国是中国知名经济林专家、山区治理专家，先后出版专著5部，发表学术论文100余篇，完成山区开发研究成果28项，推广了36项林业技术，示范推广总面积1080万亩❶，累计应用面积1826万亩，累计增加农业产值35亿元，纯增收28.5亿元，建立了太行山板栗集约栽培、优质无公害苹果栽培、绿色核桃栽培等技术体系，培育出多个全国知名品牌，走出了一条经济社会与生态效益同步提升的扶贫新路。

——百度百科人物词条

---

❶ 1亩 ≈ 666.7平方米。

课前课中课后三段联动，让学生将阅读进行到底

张　烨　魏素文

一、整体设计思路

《项链》是部编版一年级上册第七单元中一篇充满童真童趣的文章。课文画面感极强，语言生动流畅，意境优美，文质兼美。本节课的设计，以"大海"为阅读主题，将"读"贯穿始终。

课前阅读，为学生安排了绘本《我想去看海》。让学生从一只小鸡第一次见到大海的视角来了解大海，感受追求自己梦想的艰辛和快乐，激发学生学习兴趣。课前阅读与课中教学并不脱节，除了内容上的关联，课上专门安排了共读、交流环节，让学生的阅读不仅停留在读过的基础上，而且有了思考和交流。

在进行课文教学时，教师引导学生以读为本，通过动作演示、多媒体再现情景、表演、配乐朗读、师生合作朗读等多种方法，帮助学生品味课文；引导他们在读中展开想象，在想象中感受快乐，再用读的方式表达出对美的感悟。

课后阅读，依然以"大海"为主题进行阅读推荐，鼓励学生从不同角度、不同方面了解大海，激发学生的阅读兴趣，让学生将阅读进行到底。

课前—课中—课后三段阅读的教学模式，促进了课内、课外阅读资源的有效结合，对于促进学生阅读水平与阅读能力的提高有着非常重要的作用，进而促进学生更好地发展。

二、教学目标

（1）会写"又""和"两个字。

（2）正确、流利地朗读课文，了解课文内容，知道"大海的项链"是什么，体会小朋友在海边玩耍的快乐。

（3）通过课外阅读书目的导读、交流，激发学生阅读的兴趣。

三、教学重点、难点

教学重点：在语言环境中，初步体会动词运用的准确性。
教学难点：感受大海的美丽和小朋友海边玩耍的快乐。

四、课前阅读资料

阅读绘本故事《不一样的卡梅拉》之《我想去看海》这本书。

书中讲述了卡梅拉这只小鸡，因为听说过很多关于海的故事，所以不想下蛋，想去看大海，它把自己的想法告诉爸爸妈妈后，爸爸妈妈不同意，于是卡梅拉就独自悄悄地走了……最后，它终于看到了大海，并且有了一段很有趣的经历。

五、教学过程

环节一：复习巩固，导入新课

（一）词句复检，巩固旧知

借助第一课时的板书，进行复习巩固，边读边摘板书词条。

（二）朗读全文，导入新课

环节二：细读文本，体会美好

（一）学习第一自然段，体会景美

1. 读第一自然段，数句子并标上序号

学生反馈，教师订正。

2. 读出大海、沙滩的美

教师：现在，我们一起来到了大海边，谁愿意给大家读一读课文中描写大海和沙滩的句子，让我们听清大海和沙滩分别是什么样的。

指几名学生朗读。

3. 学习小浪花一句

①指几名朗读句子，其他同学边听边想象，你仿佛听到了什么？仿佛看到了什么？之后反馈交流。

②品读"笑""涌"。

A. 借助视频，教师导语理解"笑""涌"两个动词。

教师：快听听，这就是浪花的笑声——播放视频——哗哗的，多高兴啊！

图像解说：浪花涌向沙滩什么样？快看，小浪花一浪接着一浪，特别高兴地、争先恐后地涌上沙滩，想和你们做游戏呢！谁能把哗哗笑着的小浪花争先恐后涌上沙滩的样子读出来？

B. 读出自己的理解。

③品"撒"。

A. 借助图片、教师的动作理解"撒"。

教师：你们看，沙滩上的贝壳这一个、那一个。这就是——撒下（如图1所示）。

B. 读出自己的理解。

小结：你们看（"笑""涌""撒"这三个词变红并圈圈），老师把几个词变红了。标红的这些词呀，都是能做出动作来的，是小浪花的动作呢！小浪花的这些动作多可爱呀！跟老师再来读读这几个词语。

④圈动词。

把表示小浪花动作的词语圈在语文书上。

学生反馈，教师订正。

4. 配乐朗读第一自然段

（二）学习第二自然段，体会快乐

1. 读第二自然段，想一想：课文提到了几串项链，分别是谁的？

学生反馈交流。

2. 学习小娃娃的项链

教师：小娃娃的项链是怎么来的？找找文中小娃娃的动作，你就能知道项链是怎么来的了。

①圈动词：圈一圈小娃娃动作的词语。

反馈交流，教师订正（动词有：笑、迎、捡、穿、挂）。

②理解"迎"。

A. 读句子：谁能把小娃娃穿项链的过程读给大家听？

教师：小娃娃看到沙滩上漂亮的贝壳后，是怎么做的？当然是——迎上去。

B. 理解动作"迎"。

教师：什么叫"迎"，谁来表演一下？

解说：小娃娃是面朝着大海——快速地、高兴地——跑过来！我就是大海，你特别高兴地跑过来！这就是"迎"，多热情啊！能读出来吗？

③情感朗读。

教师：小娃娃拥有了漂亮的贝壳项链，多高兴啊！谁能把这种高兴的心情读出来？

3. 学习大海的项链

①图片引导理解。

教师：你看看，小娃娃在穿项链的过程中，在沙滩上留下了什么？出图——留下了快乐的脚印。你们现在知道"大海的项链"是什么了吗？谁来说说？

②小结：是呀，原来"大海的项链"就是小娃娃留下的这一串快活的脚印！

4.情感朗读

教师：大海送来的贝壳和海螺做成了小娃娃的项链，小娃娃快活的脚印做成了大海的项链，他们两个多高兴啊！大自然就像我们的好朋友，陪伴着我们快乐地生活！

哪位同学愿意再完整地朗读第二自然段？让我们再感受一下这份快乐。

（三）朗读全文，升华情感

教师：大海、沙滩、浪花是那么美，小娃娃和大海是那么快乐，同学们再来美美地读一遍《项链》这篇课文，把这份美好留在我们心间。

（四）认识作者，渗透方法

教师：同学们，课文中这美好的画面是谁经过细心观察、用动人的文字把它描绘出来的呢？她就是夏辇（niǎn）生奶奶。老师是怎么知道的呢？在语文第98页下面有作者介绍。我们读书、读课文时，也应该了解一下作者！

（五）阅读连接，拓展课堂

1. 交流《我想去看海》

教师：课前，大家都读了《我想去看海》这本书，咱们一起来读一读书中第19、20页的内容吧。看看，在卡梅拉眼中大海又是什么样子？

出示：（　　）的大海。

教师：听老师读第19页，一会儿看看你能否说出卡梅拉眼中的大海是什么样？

教师读完一页，引导学生交流一页。

2. 推荐图书

《海洋》《神奇校车——海底探险》。

（六）指导书写，写好生字

（1）出示"又"。

（2）扩词：又一个、又一次、又来。

（3）学写"又"。

①自己学：按照先看笔顺再读帖的方法，自己先看看"又"这个字。

②教师讲：谁来给大家讲讲这个字？

③师范写，生书空。

教师：和老师一起写"又"。写"又"的时候，捺起笔时要和横撇空开一段距离，横撇和捺的交叉点在横竖中线的交叉点靠下一点的位置。

④生练写。

（4）学写"和"。

①读生字并扩词：和气、和平、温和。

②按照先看笔顺再读帖的方法，自己学习"和"字。

③教师提示：大家刚才看得特别认真，那我来考考大家——"和"的第五笔是什么？点，禾做偏旁，捺要变点。

④指名讲这个字。

⑤师范写，生书空。

教师：和老师一起来写写"和"。写"和"的时候，左高右低，禾木旁为了给右侧的口让地方，所以横变短，捺变点。右侧的口，起笔在禾的横收笔处的右下方。

⑥生练写。

六、板书设计

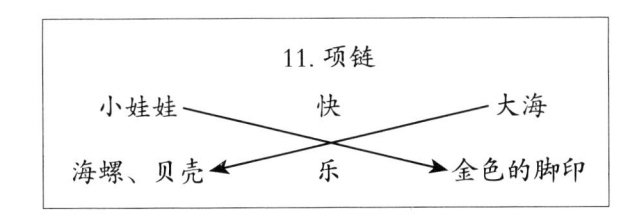

```
        11. 项链
小娃娃          快          大海
              ╳
海螺、贝壳       乐         金色的脚印
```

七、课后阅读资料

我们从《项链》的课文中了解了大海，从卡梅拉眼中也了解到了大海。去

过大海边的同学，相信你们心中也有自己了解的大海吧！大海呀，能带给我们很多不同的感受。大海，还有更丰富的内容呢，如果你想了解更多，可以读读《什么是什么·AR增强现实奇趣互动百科·海洋》《神奇的校车——海底探险》这两本书。

在丰富的朗读活动中，促进学生思维提升

——《狐狸分奶酪》

李 京

一、整体设计思路

《义务教育课程标准（2011年版）》指出："阅读教学是学生、教师、教科书编者、文本之间对话的过程。"这种对话首先是读书实践，让学生充分地读，在读中整体感知，在读中有所感悟，在读中培养语感，在读中受到情感熏陶。

《狐狸分奶酪》是统编版语文教材二年级上册第八单元第二课。本单元围绕"相处"这个主题编排了四篇课文。以单元视角不难看出，本单元旨在引导学生掌握阅读方法并进行自主阅读。

课前阅读：二年级学生阅读理解的层次较为浅显、零散，不能很好地对语言文字进行整合理解。所以，课前阅读作为学生阅读能力的铺垫，通过对狐狸的介绍帮助学生读懂故事内容。

课中阅读：围绕本篇课文的课后题展开，以课中阅读培养学生的阅读能力。第一题：分角色朗读课文。分角色朗读课文是在正确流利朗读课文基础上的提升，也是为有感情地朗读做好铺垫。分角色朗读课文指向的语文要素是读好对话，通过读好对话，学生掌握了一定的方法，这为本节课分角色朗读课文打下基础。第二题：通过对狐狸的说法作出判断，理解课文内容，再通过角色代入，初步表达自己的想法。进一步落实语文要素，提升语言和思维的核心素

养。第三题：积累词语。

　　课后阅读：《狐狸分奶酪》是一则来自匈牙利的民间故事，以中国成语故事《鹬蚌相争》作为课后阅读，激发学生阅读兴趣、拓宽阅读面、增大阅读量，并且作为学生阅读能力的检验。

　　叶圣陶先生认为语文教学最基本最好的方法就是读。本节课通过三段式阅读，力求达到"以读代讲""以读促学""以读悟情"的教学效果，帮助学生理解语言、体验情感、提升思维。

二、教学目标

（1）会写"奶、咬"两个字。
（2）分角色朗读课文。
（3）借助对话和提示语，体会人物的心情变化，懂得伙伴之间要团结互让，不能斤斤计较的道理。
（4）读懂故事内容，对狐狸的说法做出判断，初步表达自己的想法。

三、教学重点、难点

教学重点：分角色朗读课文。
教学难点：对狐狸的说法做出判断，初步表达自己的想法。

四、课前阅读资料

　　狐狸是食肉目犬科动物。它们灵活的耳朵能对声音进行准确定位，嗅觉灵敏，修长的腿能够快速奔跑，最高时速可达50km/h。实际上狐狸是民间对这一类动物的通称，其种类繁多，分北极狐、赤狐、银黑狐、沙狐等。狐狸性格机敏、胆小，生活在森林、草原、半沙漠、丘陵等地带，居住于树洞或土穴中，傍晚外出觅食，到天亮才回家。狐狸能捕食各种老鼠、野兔、小鸟、鱼、蛙、蜥蜴、昆虫等，也食用一些野果。因为它主要吃鼠，偶尔才袭击家禽。当它们猛扑向猎物时，毛发浓密的长尾巴能帮助它们保持平衡，尾尖的白毛可以迷惑敌人，扰乱敌人的视线。

英国防止虐待动物协会（RSPCA）提醒大家，不要忘记狐狸仍是肉食动物，需谨慎对待。

五、教学过程

环节一：读词复检，回顾课文

导入：今天我们继续学习《狐狸分奶酪》，齐读课题。

（1）读词复检：教师出拼音，学生举词卡朗读。

（2）借助词卡，讲一讲《狐狸分奶酪》的故事。

（预设：哥俩 → 捡到　奶酪 → 狐狸　帮助 → 不匀 → 吃光）

环节二：以读促思，理解课文

（一）以读悟情，了解狐狸第一次分奶酪的过程

过渡：这块奶酪到底是怎么分的呢？

第一层：默读课文第五、六段，分别画出小熊兄弟和狐狸说的话。

【设计意图】培养学生提取信息的能力。

第二层：说说狐狸和小熊兄弟心里的想法，理解它们此时的心情。

（1）圈出狐狸的语言、动作和神态，说说它现在想什么？

（2）点名读，读出狐狸见到奶酪后惊喜及狡猾的语气。

（3）圈出小熊兄弟的语言、动作和神态，并思考小熊兄弟在想些什么。

教师：它们真是斤斤计较，斤斤计较指的是过分在意无关紧要的小事，一般用来嘲笑把自己的私利看得很重的人。

（4）指名朗读，读出小熊的斤斤计较。

【设计意图】通过人物描写感知角色形象。

第三层：分角色朗读。

（ ）1 同桌合作读。

（2）小组合作读。

自我评价、生生互评、教师点评。

（3）分角色表演读。

过渡：我们刚才运用怎样的学习方法来学习第五、六自然段？试着总结一下。

第四层：总结学法。

（1）读一读（默读）。

（2）画一画。

（3）说一说。

（4）读一读（分角色）。

（二）教扶相长，明白狐狸分奶酪的后续过程

第一层：小组合作学习第七、八自然段。

用刚才学习第五、六自然段的方法小组学习第七、八自然段。用我们刚才的学习方法在书中进行批画，然后小组进行交流。

分角色进行朗读：

（1）小组读。

（2）小组赛读；小组汇报。

【设计意图】通过前面的学习，归纳出学习方法，为之后学习"扶"和"放"做铺垫。

第二层：自主学习第九至十一自然段。

自主学习第九至十一自然段后，个人进行汇报交流。

分角色进行朗读，教师点名读。

环节三：以读明理，续编故事

过渡：是呀，小熊的心情从着急变为生气，狐狸的心情从高兴转为得意。

（一）回归整体，全文分角色朗读

（1）师生合读。

（2）男女生合读。

（3）全班读，一人旁白。

（4）加上动作、神态表演读。

星级评价：★正确星　★流利星　★有感情星。

【设计意图】多种形式的朗读和星级评价，既能让学生保持浓厚的学习兴趣，又让学生在读书过程中不断地探索文本，不断地体会情感，不断地生成感悟。

（二）总结提升，感悟道理

（1）狐狸说，它分得很公平，谁也没多吃一口，谁也没少吃一口。你同意狐狸的说法吗？为什么？

预设：不同意。两只小熊上当了，狐狸很狡猾，它把帮助小熊分奶酪当作理由，自己吃了奶酪。这样的结果是因为两只小熊总吵嚷着分得不匀，谁都不愿意少吃。

【设计意图】通过课文的主问题，引导学生拓展思维训练，促进学生思维的提升。

（2）第二年，小熊兄弟又捡到了书本、手机和钱，它们会怎么做？

预设：我们自己分；发现狐狸的诡计。

追问：如果分不匀怎么办？（要学会谦让）

【设计意图】创设情境，丰富学生的想象，引导学生续编故事，帮助学生提高思维和语言表达能力，同时，凸显了人文主题——"和谐相处"。

环节四：指导汉字、规范书写

小熊兄弟捡到的奶酪（出示"奶"）被狐狸不停地咬着（出示"咬"）吃光了。"奶、咬"这两个字，是我们这节课要学习的生字。

出示"奶、咬"两个字。

（1）小组合作讨论五步写字法：看、描、写、比、练。

（2）教师范写。

（3）学生描一个，写两个，教师巡视指导。

（4）三星评价：★正确星　★美观星　★不涂改星。

【设计意图】学生在小组合作中积极主动地观察汉字的结构、笔画、笔顺、占格，享受自主发现获得新知愉悦的同时，提高规范书写的能力。

语文阅读课例　47

环节五：拓展阅读，丰富积累

《狐狸分奶酪》是一则来自匈牙利的民间故事，其实我们中国这样的故事也不少。读读成语故事：《鹬蚌相争》。

【设计意图】在走进课文的同时，还要从课文中走出来，不仅使学生在语文实践中提高语文能力，也沟通语文与生活以及与其他学科间的联系。

六、板书设计

```
                22. 狐狸分奶酪
                              互相谦让
   狐狸      笑了笑  瞧了瞧    狡猾           读
              高兴→得意                      画
   小熊兄弟       嚷         斤斤计较         说
              着急→生气
```

七、课后阅读资料

鹬蚌相争

一只蚌正张开壳晒太阳，鹬鸟飞过来，伸出长长的嘴巴来啄食它的肉。蚌一下子合住双壳，把鹬鸟的嘴紧紧地夹住了。

鹬鸟对蚌说："今天不下雨，明天不下雨，就会把你干死！"

蚌对鹬鸟说："今天不放你，明天不放你，就会把你饿死！"

它俩各不相让，谁也不肯放谁。这时，一个打渔的老人过来，一下子把它们都捉走了。

——《战国策·燕策》

关注课堂生成，助力思维提升

——《带刺的朋友》

曹艳春　王　燕

一、整体设计思路

众所周知，语文学科核心素养四大维度之一就是学生思维的发展与提升。同时，《义务教育语文课程标准（2021年版）》第二学段目标中指出："能复述叙事性作品的大意，初步感受作品中生动的形象和优美的语言，关心作品中人物的命运和喜怒哀乐，与他人交流自己的阅读感受。"

《带刺的朋友》这篇课文是部编版语文三年级上册第七单元的第三篇课文，本单元语文要素是：感受课文生动的语言，积累喜欢的语句。因此，将"体会语言的生动"和"用自己的话讲述刺猬偷枣的过程"这两个目标定为本节课的重点，将"通过三次称呼的变化，体会作者对小刺猬的喜爱之情"作为本课的难点，关注学生课堂生成，着力学生思维的提升。

二、教学目标

（1）正确、流利地朗读课文，通过学习刺猬偷枣的内容，抓关键词，体会语言的生动。

（2）能以"小刺猬偷枣的本事真高明"为开头，用自己的话讲述刺猬偷枣的过程。

（3）通过品读三次不同的称呼，体会作者对刺猬的喜爱之情，培养学生对于小动物的关注与喜爱。

三、教学重点、难点

教学重点：通过品读小刺猬偷枣过程的关键词语，体会文章语言的生动。以"小刺猬偷枣的本事真高明"为开头，用自己的话把刺猬偷枣的过程讲清楚、讲生动。

教学难点：通过品读三个称呼的变化，体会作者对小刺猬感情的变化，培养学生对于小动物的关注与喜爱。

四、课前阅读资料

刺猬属于哺乳动物，体形肥矮，爪子锐利，眼睛小，毛发短，浑身有短而密的刺。在夜间活动，以昆虫和蠕虫为主要食物，一晚上能吃掉200克的虫子。遇敌害时能将身体蜷曲成球状，将刺朝外，保护自己。

五、教学过程

环节一：复习导入，走进偷枣读生动

（一）复习词语

教师：今天继续学习《带刺的朋友》。回忆带刺的朋友是谁？它做了什么事？

复习重点词。

（二）回顾问题

教师：上节课，我们发现作者对小刺猬的称呼有三次变化，为什么会有这样不同的称呼呢？这节课，我们就带着这个问题深入研究。

环节二：细读文本，聚焦偷枣悟生动

（一）圈动词

教师：默读第二到十自然段，回顾偷枣过程，圈出小刺猬偷枣动作的词。
点名汇报、补充。（预设：爬、摇、掉、拢、滚、扎、驮、跑）

（二）贴动词

提问：为什么贴这里？（预设：按动作发生先后顺序贴）有不一样的意见吗？

【设计意图】《语文课程标准》指出："语文教学要注重激发学生的好奇心、求知欲，发展学生的思维，培养学生发现、分析和解决问题的能力。"三年级的小学生喜欢丰富多彩的活动。让一名学生到黑板上贴动词，其他学生思考是否合理并主动发现问题，解决问题。学生进一步梳理小刺猬偷枣的过程，思维更有条理。

（三）讲故事

同桌互讲，点名讲。

（四）悟生动

教师：偷枣的过程你们只讲了一小段话，书上却用好几段来写，里面还藏着许多生动的内容。仔细默读第二到十自然段，用直线画出生动的句子，圈出生动的词语，批注感受。
小组交流，汇报。

1. 重点品读【缓慢地、诡秘地】
出示相关语句。
"缓慢地、诡秘地"贴黑板上。教师讲故事，学生做动作。
教师：在一天晚上，朦胧的月光透过树枝，斑斑驳驳地洒在地上。我刚走到后院的枣树旁，忽然看见一个圆乎乎的东西，正缓慢地往树上爬。
随机采访1：小刺猬，你为什么爬得这么慢？（预设：往上爬比较费力，我又怕被发现）

教师：我非常惊讶，注视着它的一举一动。那个东西一定没有发现我在监视它，仍旧诡秘地爬向老树杈……

随机采访2：小刺猬，你为什么缩着脖子？（预设：我得谨慎小心点儿，别被发现了）

此时，作者称它为"那个东西"是因为作者对它的感觉是：陌生。

配乐读。

【设计意图】通过配乐、插图及生动的朗读，让学生走进情境，想象小刺猬偷枣的动作，使学生体会到修饰性词语的生动性。通过采访，使学生走进小刺猬的内心世界，活泼有趣的形式调动了学生的积极性，也活跃了学生的思维。

2. 重点品读【用力摇、哗哗作响、噼里啪啦】

出示相关语句。

教师：你脑中浮现出什么画面？

这样模拟自然界声音的词叫"拟声词"，书中还有一个这样的词，快找找看。

3. 重点品读【噗的一声】

出示相关语句。

对比读：去掉这个词，比较效果。（预设：不好，这个词生动地写出摔得很重，让人仿佛看到小刺猬摔下来的一瞬间，心疼它）

教师：它上树时是缓慢地爬，这次为什么直接摔下来？

【设计意图】教学生用"做动作、想象画面、对比阅读"等多种方法体会语言的生动，学生对文章的理解越来越深刻，对小刺猬的认识更加全面，思维也由浅入深。

教师：作者对它的感情由原来的陌生，到变为喜爱、亲切，所以，称它为"那个家伙"。

继续交流。出示第十段。

（预设：学生抓住"急火火"等关键词谈体会）

教师：小刺猬，你上树的时候那么缓慢，现在又为什么急火火地跑了？

（预设：为了不被别人逮住）

教师：难怪作者说——我暗暗钦佩：聪明的小东西，偷枣的本事可真高明啊！此时，作者对它的感情是——钦佩！

教师：小刺猬偷枣高明在哪儿？（预设：办法巧，时机巧）

环节三：回顾过程，积累词语讲生动

教师：用上刚才学的词句，把故事绘声绘色地讲一讲。

（1）小组合作。

（2）推荐汇报。

（3）互相评价。

【设计意图】语文四大核心素养之一就是语言运用与建构，本节课安排两次口语训练：第一次梳理偷枣动作的先后顺序，把过程讲清楚；第二次用上"修饰性词语"和"拟声词"，讲生动。学生在这两次训练中，提升口语表达能力，思维再一次得到锻炼。

环节四：关注称呼，情感变化蕴生动

总结：从称呼的变化看出感情的变化。（陌生—亲切—钦佩）这些富有感情色彩的称呼，多么生动！

【设计意图】从称呼的变化体会感情的变化是本课的难点。引导学生通过多种方式体会修饰性词语和拟声词的生动，学生就能感受到作者情感的变化，水到渠成，突破难点。

环节五：总结收获，拓展阅读抄生动

出示最后一个自然段。

教师：这一串的问号代表着"我"对小刺猬无穷的惦记、牵挂。你想不想知道，后来"我"有没有再遇到这个带刺的朋友？到文章中找找答案。

（1）抄写生动语句：阅读学习单，抄写生动的语句，说理由。

（2）学生小结收获。（预设：知识方面的、学习方法的、学习习惯的等）

（3）推荐阅读。

《带刺的朋友》里一共写了小刺猬一家6个故事。读读这本书，感受大自然赐予我们的礼物吧！

六、板书设计

```
                    15.带刺的朋友
   小刺猬      偷枣      高明      办法巧         修饰词
                                时机巧         拟声词
         陌生—亲近—喜爱（钦佩）
```

七、课后阅读资料

带刺的朋友（节选）

宗介华

我在草棚里慢慢地搜寻着。墙角草堆里，传来窸窸窣窣的声音。仔细一瞧，两只大刺猬，团成大刺球，紧紧挤在一起哩。它们一动也不动，背上长长的硬刺，根根竖起来，时刻准备刺向来犯的敌人。在两只大刺猬的腹部，蠕动着四个白乎乎的小刺球。呀，这不是小刺猬吗？怪不得大刺猬那样匆忙地去寻食，原来是为了这四个可爱的小宝宝……

"嗡"的一下，我的脑袋仿佛涨大了好几圈，心里感到一阵内疚。刺猬妈妈夜里出去找吃的，我倒把它吓了回来。没有吃的，小家伙还不饿？再说，听爸爸讲，刺猬一旦发现有人找到了它的住处，它们就要搬家了。眼下，携儿带女的，搬到哪儿去呢？安个家多不容易呀。望着它们身边铺着的碧绿的树叶子、鲜嫩的青草，以及从房背阴处扯来的一撮撮绿茸茸的苔藓，我仿佛看到了它们安家的艰辛。猛地，手指尖触到鼓囊囊的衣兜。对，带来的礼物还没拿出来呢。我忙把衣兜里的红枣儿——这是我从树上一个一个挑着摘的——大把大把地掏出来，轻轻地放在它们的身边。（有删改）

阅读完成：将文中写得生动的词语或句子各抄写2个，和小伙伴说明其原因。

破茧成蝶英雄梦，兼收并蓄愿得偿

——《西游记》

王　锐

一、整体设计思路

（一）学情分析

七年级学生喜欢孙悟空这一形象，但是因对"大闹天宫"中孙悟空的印象太过深刻，以致对这一人物形象的认识比较片面和狭隘。既然是要重读经典，便该扭转这一局面，希望在全面而深刻地理解人物形象方面，能够帮助学生打开思路，并从语文学科核心素养的四个层面（语言、思维、审美、文化）的培养出发，引导学生阅读名著由浅层阅读不断走向深入。

学生对整本书已经完成了较为细致的阅读。对《西游记》中的很多情节、对孙悟空这一人物已经产生了诸多疑问。不愤不启、不悱不发，此时恰是解惑的良机。但是解惑的切入点不好把握，最终决定从文化层面来解读人物。通过活动的设计，任务的驱动，激发学生思维，引导学生理解孙悟空是在多家思想的影响和锻造下成长起来的英雄形象。期待学生能够从中获得更多的有益的人生启示，也为学生深入阅读《西游记》打开一扇小窗。

（二）整本书阅读流程设计

（1）学生完成《西游记》原著阅读，并做好圈画批注。

（2）学生梳理并展示孙悟空在不同人生阶段的具体经历。

（3）每组展示在阅读整本书过程中出现的关于孙悟空的疑问。

（4）通过活动的设计，进行任务驱动，从语文学科核心素养的四个层面出发，引导学生进行整本书的深度阅读。

二、教学目标

（1）通过小组合作、代表展示等方式，通过排序、名句积累等形式，引导学生全面回顾小说情节，全面认识孙悟空，并进一步了解孙悟空形象背后的文化渊源，为帮助学生深入阅读《西游记》打开一扇小窗，进而激发学生喜欢孙悟空的热情、热爱祖国传统文化的自豪感。

（2）通过仿写苏轼《江城子·密州出猎》，引导学生从孙悟空身上获得有益的人生启示，引导学生养成我笔写我心的意识和习惯，并进而引导学生的表达逐步走向深入。

三、教学重点、难点

教学重点：

（1）如何通过给不同时期孙悟空送有颜色的礼物这一活动，激发学生思维，引导学生深度细致阅读，从而帮助学生全面把握人物品性。

（2）通过圈画关键词，设计开放性思考题、选取多方阅读材料，引导学生得出自己的结论，从而把学生对孙悟空的形象分析引导到文化层面上来。

教学难点： 通过仿写苏轼《江城子·密州出猎》，引导学生践行孙悟空的精神，走好自己的成长之路。

四、课前阅读资料

（1）阅读《西游记》原著
（2）学习苏轼《江城子·密州出猎》

江城子·密州出猎

苏　轼

老夫聊发少年狂，左牵黄，右擎苍。锦帽貂裘，千骑卷平冈。为报倾城随太守，亲射虎，看孙郎。

酒酣胸胆尚开张，鬓微霜，又何妨？持节云中，何日遣冯唐？会挽雕弓如满月，西北望，射天狼。

五、教学过程

（一）课中阅读

【材料1】孙悟空在不同人生阶段的几个主要事件。

（1）幽冥界内尽除名。
（2）偷吃仙桃仙丹、偷喝御酒。
（3）为群猴找到安家之所。
（4）漂洋过海访师学艺，得了法名孙悟空。
（5）五行山下得自由，谁料带上"紧箍咒"。
（6）半夜三更学神通，却因卖弄本事，被赶下山。
（7）尸魔三戏唐三藏，圣僧恨逐美猴王。
（8）黄风岭唐僧有难，半山中八戒争先。
（9）除妖乌鸡国，救活真国王。
（10）比丘国解救婴儿，败退妖邪。
（11）三借芭蕉扇，翻越火焰山。
（12）车迟国斗法降三怪，救出众多僧人。

【材料2】《论语》中的儒家经典教义。

（1）见义不为，无勇也。与朋友交，言而有信。

（2）樊迟问仁。子曰："爱人。"问知。子曰："知人。"

（3）樊迟问仁，曰："仁者先难而后获，可谓仁矣。"

（4）子夏问孝。子曰："色难。有事，弟子服其劳；有酒食，先生馔。曾是以为孝乎？"

（5）曾子曰："士不可以不弘毅，任重而道远。仁以为己任，不亦重乎？死而后已，不亦远乎？"

【材料3】孙悟空获得的大神通。

（1）有灵性，眼运金光，有84 000根能变猴子的毫毛——天生的。

（2）筋斗云、七十二变、修习过长生不老法术——菩提老祖。

（3）金箍棒——东海龙宫。

（4）消掉生死簿上的名字，得长生不老的寿命——幽冥界。

（5）金刚不坏之身——吃了仙桃、御酒、仙丹和在太上老君炼丹炉中炼制。

（6）火眼金睛——太上老君的炼丹炉。

（7）三根救命毫毛——观音菩萨。

（8）定风丹——灵吉菩萨。

【材料4】《西游记》中关于孙悟空两位师傅的描述。

一日，祖师登坛高坐，唤集诸仙，开讲大道，真个是天花乱坠，地涌金莲。妙演三乘教，精微万法全。慢摇麈（zhǔ）尾喷珠玉，响振雷霆动九天。说一会道，讲一会禅，三家配合本如然。开明一字皈诚理，指引无生了性玄。

三藏见他意思，实有好心，真个像沙门中的人物，便叫："徒弟啊，你姓什么？"猴王道："我姓孙。"三藏道："我与你起个法名，却好呼唤。"猴王道："不劳师父盛意，我原有个法名，叫作孙悟空。"三藏欢喜道："也正合我们的宗派。你这个模样，就像那小头陀一般，我再与你起个诨名，称为行者，好吗？"悟空道："好！好！好！"自此时又称为孙行者。

（二）教学环节

环节一：明身份

【任务1】

（1）阅读【材料1】中提到孙悟空在不同人生阶段的几个主要事件，请你为它们做一个简单的排序。

（2）回忆一下，他在自己不同的人生阶段分别扮演了哪些不同的身份？

【设计意图】

回顾情节，对人物身份有一个全局的把握，为下一个环节分好角度，为全面分析人物形象做准备。

环节二：析品性

【任务2】

针对不同时期的孙悟空，分别送他一个具体的有颜色的礼物，请结合人物性格及原著中的2~3处细节来说明送这一礼物的理由。

具体句式：我喜欢 _____ 这一时期的孙悟空，因为他是一个 _____ 的人，我想送他一个 _____（彩色礼物），因为 _____ 。

【设计意图】

（1）激发学生思维，调动学生深入思考的兴趣，引导学生养成言之有物、言之有理、自圆其说的表达习惯。

（2）全面理解人物品性，为下一环节探索人物精神实质做准备。

环节三：探实质

【任务3】

（1）请学生看板书（教师针对任务2中学生发言时的关键词语，随时做好板书），圈画出这些性格特点中的核心特点，出示【材料2】《论语》中的儒家经典教义，从中你可以得出什么结论。

（2）出示【材料3】和【材料4】，请你按照孙悟空获得大神通时间的先后，为这则材料做一个简单的排序，同时仔细阅读这两则材料，思考孙悟空在成长的路上，还受到哪些思想的影响？

（3）有人把儒释道三家思想比作中国传统文化的三驾马车，你觉得就孙悟空的经历来看，哪架马车对他的成长影响最大？为什么？结合原著简述理由。

【设计意图】

（1）以多方材料做支撑，引导学生得出自己的结论。

（2）引导学生尝试从文化层面探讨《西游记》中的人物，进而了解孙悟空受人喜爱的文化层面的思想根源。

（3）理解孙悟空的艰辛，从而激发学生喜欢孙悟空、热爱传统文化的热情。

环节四：树榜样

【任务4】

仿写《江城子·密州出猎》下阕并完成作品展示。二选一：①以孙悟空的口吻仿写；②以自己的口吻写。

【设计意图】

（1）引导学生践行孙悟空精神，走好自己的成长之路。

（2）引导学生养成我笔写我心的意识和习惯，并进而引导学生的表达逐步走向深入。

六、板书设计

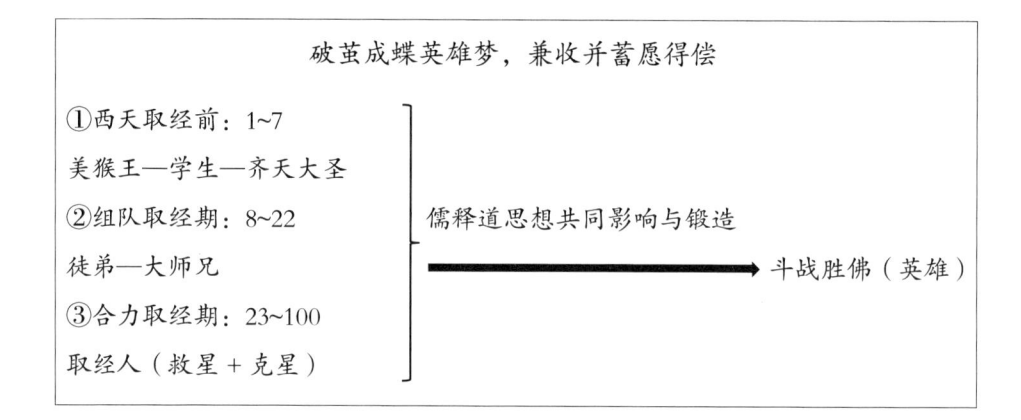

```
                破茧成蝶英雄梦，兼收并蓄愿得偿

①西天取经前：1~7      ⎫
美猴王—学生—齐天大圣   ⎬
                      ⎪
②组队取经期：8~22     ⎬  儒释道思想共同影响与锻造 ——→ 斗战胜佛（英雄）
徒弟—大师兄           ⎪
                      ⎬
③合力取经期：23~100   ⎪
取经人（救星+克星）    ⎭
```

七、课后阅读资料

阅读影视作品《西游记后传》的故事梗概，思考：

（1）你觉得这个后传续得好吗？结合故事梗概和原著具体谈谈你的看法。

（2）在故事梗概中，请你添加或是修改成符合人物身份的细节。

《食不厌精》教学设计

王 芳

一、整体设计思路

（一）学习任务分析

《论语》是我国古代文献中的一部巨著，是中华民族优秀的文化遗产，对我国几千年的政治、思想、文化产生了巨大的影响。即使在今天，其精华部分依然为我们所效法。《论语》以其丰富的语言精华和深刻的思想精髓，对于心理发展正处于萌芽状态的初中生来说，具有十分重要的教育意义。这篇《食不厌精》是《中华优秀传统文化》读本的首篇文章，它肩负着两项重要任务，作为文言文可以对七年级学生学习《论语》起到辅助作用，作为中华经典它又是七年级学生了解中华优秀传统文化的载体。

（二）具体学情分析

对于刚进入初中的七年级学生来说，文言文学习无疑是摆在他们面前的一座大山。在懵懵懂懂的小学阶段，他们只是接触了一些简单易懂的古诗词，面对从未接触的文言文，他们头脑中毫无概念可言，除了《百家姓》《三字经》这一类耳熟能详的文言作品，学生很少再接触到更深层次的课外文言读物。学生阅读量较少，所掌握的课外文言知识也就非常有限，让学生主动去阅读晦涩难懂的文言文就更加困难了。但是七年级学生，他们思维活跃，善于质疑，喜欢以合作的方式解决问题。所以，教学时应注重培养学生学古文的兴趣，并要求他们通过学习，自主地发现问题并解决问题，掌握一些浅显的文言文基础知识，打好扎实基础，从而为今后的文言文学习奠定基础。《论语》内容言简义丰，博大精深，学生理解存在一定困难，需要教师有效地指导。

课堂设计的主要流程如下所示：

环节一：一读孔子　了解形象
↓
环节二：二读孔子　概述形象
↓
环节三：三读孔子　理解形象
↓
环节四：畅所欲言　体会经典

二、教学目标

（1）引导学生反复诵读，要求读准字音，注重节奏与语气，并在诵读中体会其内在含义。

（2）结合注释解读与之相关的语录内容，培养学生阅读理解文言文的能力。

（3）引导学生联系自身的学习生活经历，深入理解孔子修身的思想境界，培养学生的人文情怀。

三、教学重点、难点

教学重点：通过反复诵读及结合注释理解《食不厌精》的文意。

教学难点：结合注释解读与之相关的语录内容，培养学生阅读理解文言文的能力。

四、课前阅读资料

杨伯峻的《论语译注》

五、教学过程

环节一：一读孔子　了解形象

活动1：朗读课文，圈点重要词语，结合背景知识，说说你读出了哪些内容。

活动2：再读文章，结合注释说说你看到了一个怎样的孔子。

【设计意图】指导学生朗读《食不厌精》，根据注释理解文义，分析孔子在食物上的要求，初步了解孔子的形象。

环节二：二读孔子　概述形象

活动1：在《论语》中孔子也提到"贤哉，回也！一箪食，一瓢饮，在陋巷，人不堪其忧，回也不改其乐。贤哉，回也！"为什么孔子在提到"食"的问题时，会出现这种看似绝对对立的表述？结合你对孔子的了解，说说你的看法。

活动2：作为大思想家的孔子是不是仅仅想告诉我们关于吃的讲究呢？结合材料再读文本，你还看到了怎样的孔子？

资料：

1. 孔子的"孝"

材料一：孟武伯问孝，子曰："父母唯其疾之忧。"

材料二：身体发肤，受之父母，不敢毁伤，孝之始也。

——《论语译注》

2. 孔子的"礼"

材料一：朝，与下大夫言，侃侃如也；与上大夫言，訚訚如也。君在，踧踖如也，与与如也。

材料二：君召使摈，色勃如也；足躩如也。揖所与立，左右手，衣前后，襜如也。趋进，翼如也。宾退，必复命曰："宾不顾矣。"

材料三：乡人饮酒，杖者出，斯出矣。

材料四：乡人傩，朝服而立于阼阶。

材料五：问人于他邦，再拜而送之。

——《论语译注》

【设计意图】指导学生对比阅读孔子《论语》中的语录，找出矛盾点，训练学生的逻辑思维能力；指导学生阅读资料深入了解孔子。

环节三：三读孔子　理解形象

活动：结合材料和文本，你对孔子还了解到哪些内容？

资料：

1. 时代背景

孔子生于公元前551年，卒于公元前479年，时为春秋后期。春秋时期周王的势力减弱，群雄纷争，齐桓公、晋文公、宋襄公、秦穆公、楚庄王相继称霸，史称"春秋五霸"。周平王东迁以后，一些诸侯国经过长期休养生息发展了起来，而王室的力量却逐步衰微，渐渐丧失控制诸侯的能力。强大了的诸侯，不再对周王室唯命是从，他们有的蚕食周的土地，有的攻伐别的诸侯国。这时周王的地位已经严重下降，只是还保存着天下共主的虚名罢了。比较大的诸侯国凭借其实力，用战争来扩充领土，迫使弱小国家听从他的号令，并互相争夺，形成了诸侯争霸的局面。传统礼法秩序受到猛烈冲击，违背周礼行为司空见惯。

2. 孔子的思想——"仁"

材料一：樊迟问仁。子曰："居处恭，执事敬，与人忠。"

材料二：仲弓问仁。子曰："……己所不欲，勿施于人。"

材料三：颜渊问仁。子曰："克己复礼为仁。"

【设计意图】再给资料引导学生了解孔子生活的背景，以及孔子"仁"的思想，从而理解语录的内涵。

环节四：畅所欲言　体会经典

活动：学习了这篇课文，你有什么收获？

【设计意图】引导学生理解在两千多年的封建社会，儒家学说备受人们的推崇，对中国的文化产生了巨大的影响，已成为中华民族的宝贵遗产，我们要批判地继承吸收儒家思想的精华，成长为具备人文情怀与世界眼光的现代人。

六、板书设计

```
        仁
    食   礼
        精
```

七、课后阅读资料

（1）周国平的《孔子的洒脱》
（2）诵读《论语》礼篇

阅读刘慈欣　体悟英雄情

——走进刘慈欣的科幻世界群文阅读课　　　　张玉英

一、整体设计思路

经过前期调查，班级学生中读过刘慈欣小说的人很少，个别读过的也只是单纯被情节吸引，对于刘慈欣科幻小说的艺术特色感受不强，阅读科幻小说的方法也有所欠缺。《带上她的眼睛》是部编教材七年级下册第六单元的第三篇课文，是一篇科学幻想小说，作者刘慈欣。该文想象奇特，构思巧妙，作品中有依据科学原理的大胆猜想和假设，又有充盈丰沛的人文关怀精神。因此设想以该文本为主，以刘慈欣其他短篇小说为辅，带领学生开展群文阅读，帮助学生体验刘慈欣科幻小说的艺术特色，从而把握阅读科幻小说的一般方法。

具体教学流程如下：

导入新课 ⟶ 教学新课 ⟶ 拓展延伸
　　　　　　　｛单篇阅读，感知英雄形象
　　　　　　　　群文阅读，梳理英雄群像
　　　　　　　　读写结合，感悟英雄精神

二、教学目标

（1）通过浏览课文及助读资料完成相关学习任务，能够归纳出刘慈欣小说中人物具有献身精神的特点。

（2）能用语言表达出对于这些人物精神的感佩之情，获得阅读科幻小说的一般方法，进而产生继续阅读刘慈欣其他小说的愿望。

三、教学重点、难点

教学重点：归纳刘慈欣小说中人物具有献身精神的特点。
教学难点：能对这些人物的英雄精神产生感佩之情并用文字进行表达。

四、课前阅读资料

宇宙送给我们一个刘慈欣，刘慈欣送给我们无数宇宙。九届银河奖得主——单枪匹马将中国科幻提升到世界水平。全球首位同时入围世界科幻最高奖"雨果奖""星云奖"决选的非英语国家作家。

——《科幻世界》封面评语

他用一系列强有力的作品，让科幻突破了传统的势力范围，让科幻文学拥有了更广阔的生存空间。他用一部经典让西方世界领略到中国幻想的强悍，让中西方科幻交流从此由单向变成了平等的双向。他用一座"雨果奖"奖杯重塑了中国科幻，史无前例、功勋卓著。

——第 26 届银河奖颁奖词

他（指刘慈欣）有一种执拗的、属于上上个世纪的英雄气。

——韩松

提示：同学们，阅读完以上内容，你是否对刘慈欣其人、其文产生了浓厚的兴趣呢？那就让我们一起走进刘慈欣的科幻世界去了解一下吧！

五、教学过程

环节一：导入

教师活动：

屏显：《朝闻道》节选材料。

排险者说："你们现在看到的影像是在更新世末期拍摄的，距今37万年，对我们来说，几乎是在昨天了。"

镜头继续拉近，一个雪原充满了画面……

镜头继续拉近，一双深陷的眼睛充满了画面，黑暗中的瞳仁中有一些银色的光斑，那是映在其中的变形的星空。

图像定格，一声尖利的鸣叫响起，排险者告诉人们，预警系统报警了。

"为什么？"总工程师不解地问。

这个原始人仰望星空的时间超过了预警阈值，已对宇宙表现出了充分的好奇。

引导语：自从地球上的高级智慧生命体——人类诞生以来，就从未停下过对包括星空在内的一切未知进行探索的脚步，然而探险过程是充满艰难险阻甚至有时候是要付出生命的代价的，即便如此，"总有一些人仰望星辰"，今天就让我们认识一群这样的人。

学生活动：学生轮流读材料。

【设计意图】带领学生初步感知刘慈欣小说的英雄情怀。

环节二：学习新课

（一）单篇阅读，感知英雄形象

学习任务一："绘制"英雄肖像。

教师活动：阅读完课文《带上她的眼睛》，你的脑中形成了一幅怎样的关于"她"的画面呢？请结合课文内容描述一下。

学生活动：读课文，结合课文描述画面。

屏显：《带上她的眼睛》被语文书删节资料。

沉重的心理压力像毒蛇一样撕裂着"落日六号"地航员们的神经。一天，船上的地质工程师从睡梦中突然跃起，竟打开了他所在的密封舱的绝热门！虽然这只是四道绝热门中的第一道，但瞬间涌入的热浪立刻把他烧成了一段木炭。指令长在一个密封舱飞快地关上了绝热门，避免了"落日六号"的彻底毁灭。他自己被严重烧伤，在写完最后一页航行日志后死去了。

【设计意图】帮助学生初步感知英雄形象。

小结：现在我们已经形成了一些关于"她"的初步认识，那么大家想不想进一步了解"她"呢？

（二）群文阅读，梳理英雄群像

学习任务二：梳理英雄群像。

（1）教师活动：请结合助读资料《地球大炮》和课文相关内容，完成"她"的档案梳理。

```
姓名：
性别：
职业：
家庭关系：
主要事迹：
```

学生活动：整合课文和助读材料内容，完成"她"的档案梳理，小组讨论完善。

【设计意图】帮助学生理清沈家群像。

（2）教师活动：沈家三代献身科学，英雄精神辉映千古，这样的人物刘慈欣的笔下还有很多，请阅读下面材料。

屏显：《朝闻道》节选。

当八十六个火球从真理祭坛上升起时，方琳眼前一黑倒在草地上，她隐约听到文文的声音：

"妈妈，那些哪个是爸爸？"

…………

十五年之后的一个夜晚，在已被变成草原的昔日的塔克拉玛干沙漠上，有一对母女正在交谈。……女儿是一位苗条的少女，大而清澈的双眸中映着晶莹的星光。

母亲在柔软的草地上坐下来，两眼失神地看着模糊的地平线说："文文，你当初报考你爸爸母校的物理系，现在又要攻读量子引力专业的博士学位，妈都没拦你。你可以成为一名理论物理学家，甚至可以把这门学科当作自己唯一的精神寄托，但，文文，妈求你了，千万不要越过那条线啊！"

文文仰望着灿烂的银河……

文文双眼仍凝视着星空，一动不动。

学生活动：阅读，思考，交流。

【设计意图】帮助学生感受文文父女的英雄情怀。

（3）教师活动：你还知道刘慈欣的科幻小说中有哪些具有英雄情怀的人物吗？请结合文章内容简要分析其英雄情怀体现在何处。

学生活动：调动积累，结合作品内容回答。

【设计意图】帮助学生梳理刘慈欣其他小说中的英雄群像。

（三）读写结合，感悟英雄精神

学习任务三：感悟英雄精神

教师活动：为了纪念科学家们在科学发展过程中做出的杰出贡献，科技馆布置了"群星闪耀"的展览。沈家三代、文文父女等由于其特殊贡献被设立为一个展览单元，参观完此单元后，你会在留言簿上写下怎样的感想呢？

学生活动：思考，写作，交流。

【设计意图】帮助学生触摸英雄们的精神世界。

总结："科幻文学是英雄主义和理想主义的最后一个栖身之地，就让它们在这里多待一会儿吧。"以上是引自刘慈欣本人的一段话。以"民族复兴"为己任的英雄情怀是刘慈欣科幻小说的重要看点之一，另一个重要看点是新科技。

屏幕显示：

民族复兴——刘慈欣小说重要看点之一

（1）作品往往洋溢着英雄主义的情怀，笔下人物有为科学献身的精神。

（2）在人物关系方面，赋予父子关系以新的价值。

①既是血缘的延续——表达人生的延续和感情的延续。

②更是事业的延续——科学和宇宙所代表的力量的延续。

新科技——刘慈欣小说重要看点之二

《地球大炮》中的"南极庭院工程"是一个什么样的工程呢？其中包含了哪些新科技？

《朝闻道》中文文的爸爸是为了追求怎样的"真理"而走上"祭坛"的呢？

【设计意图】帮助学生形成对刘慈欣科幻小说艺术特色的整体认识。

环节三：拓展延伸

（一）拓展世界科幻小说的八大看点

屏显：知识卡片

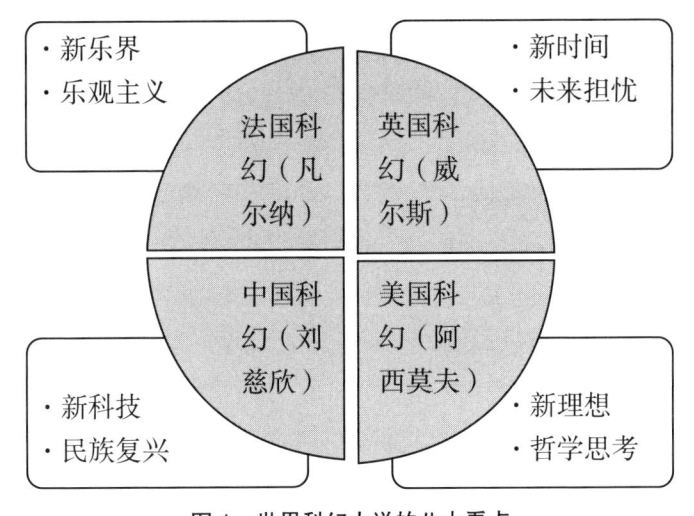

```
        ·新乐界              ·新时间
        ·乐观主义            ·未来担忧
           ┌──────────┬──────────┐
           │ 法国科幻 │ 英国科幻 │
           │ (凡尔纳) │ (威尔斯) │
           ├──────────┼──────────┤
           │ 中国科幻 │ 美国科幻 │
           │ (刘慈欣) │ (阿西莫夫)│
           └──────────┴──────────┘
        ·新科技              ·新理想
        ·民族复兴            ·哲学思考
```

图1 世界科幻小说的八大看点

引导语：同学们，科幻的世界版图这么大，你不想带上你的眼睛去看看吗？

（二）《三体》延伸阅读

引导语：《北京日报》曾经有文章进行过这样的评价："《三体》以气势宏大的故事架构、瑰丽新奇的科学想象、浓郁朴素的人文反思，写成了一部带有崇高意蕴的太空史诗。"真诚地呼吁大家拿起书本，走进刘慈欣的科幻世界，去阅读刘慈欣，去认识他笔下的一位位传奇英雄，更是去感受他本人作为中国作家以笔为武器、以民族复兴为己任的英雄主义情怀。

【设计意图】帮助学生获得阅读科幻小说的一般方法，进而让学生产生进一步阅读刘慈欣小说的强烈愿望。

六、板书设计

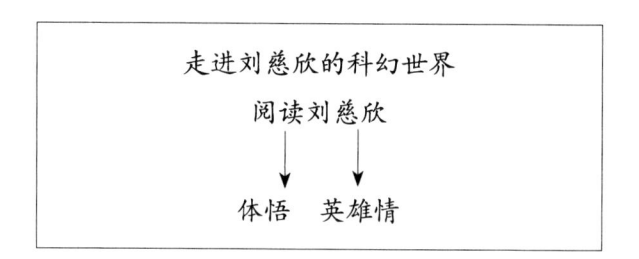

```
走进刘慈欣的科幻世界
    阅读刘慈欣
     ↓    ↓
    体悟  英雄情
```

七、课后推荐阅读资料

《三体》
《三体Ⅱ·黑暗森林》
《三体Ⅲ·死神永生》

数学阅读课例

乘坐火车过桥，探索数学奥秘

——《常见的量：速度、时间、路程》　　张思聪　孙立茹

一、整体设计思路

苏霍姆林斯基曾说："一个阅读能力不好的学生就是一个潜在的差生。"所谓数学阅读，即指阅读者以原有的认知结构、思维方式为基础，通过对数学问题及相关数学材料进行感知、理解、创造、加工、反思等一系列的思维活动，来认知、理解、感受数学文化。

为此，本节课结合教材中《常见的量——速度、时间、路程》，选用绘本阅读材料《马小跳玩数学》，借助绘本中贴合学生实际生活情境的有趣的问题设计情境，充分利用学生已有经验和知识为学生提供阅读、探究的空间。学生通过阅读文字、算式、线段图等，精准捕捉数学信息，理清数量之间的关系。借助小组合作，阅读同学间不同的语言、思维表达方式，交流质疑，从而提高学生的数学思维能力，促进问题的解决。

二、教学目标

（1）学生通过自由读、默读和浏览等多种形式进行数学阅读，借助圈、画、批注等形式准确提取信息，感悟数学阅读方法。学生在阅读、画图、操作

等活动中理解关键信息，突破难点。在解决问题的过程中，巩固速度、时间和路程的概念及三种量的关系，并在解决"火车过桥"问题中提升认识，灵活运用常见的量解决实际问题。

（2）学生在对比、变化、抽象中，经历建构"火车过桥"的数学模型的学习过程，逐步建立几何直观，体会"过桥"的意义，加深对速度、时间和路程，特别是"过桥路程"意义的理解。

（3）学生在解决问题的过程中，感受数学阅读的方法与策略，养成积极思考、乐于表达自己的良好习惯。借助多种表征，使学生在辨析中提高操作、推理、迁移及表达能力，发展基本的数学素养，养成良好的学习习惯，体会数学与生活的密切联系。

三、教学重点、难点

教学重点：在解决"火车过桥"这类生活实际问题中，巩固速度、时间和路程这三个常见量的概念及关系，提升认识，灵活运用常见的量解决问题。

教学难点：在解决"火车过桥"问题的过程中，学生经历画图、操作、对比、抽象等活动，逐步建立模型思想、几何直观，感悟知识本质，提升学生解决问题的能力。

四、课前阅读资料

1. 斐波那契数列

在上海举行的第二届世界顶尖科学家论坛上，15岁的上海高一学生谈方琳是最小的参会者，她被媒体称为"最年轻的科学家"。初中阶段的她就凭借课题"斐波那契数列与贝祖数的估计"获得了许多国内大奖。斐波那契在《计算之书》中提出了一个有趣的兔子问题……

2. 特色班级阅读书目展示《我眼中数学知识的样子》

五、教学过程

环节一：激趣导入，走进阅读

在图1这份数学小报中，你们看到哪些知识，谁能介绍一下？这些都是我们学过的常见的量，他们之间有什么关系呢？

```
一辆车速度是 70km/h，4 小时行多少 km？
4×70=280（km）用时间 4 小时 × 速度 70km/h 就是路程了！
一个人骑车速度是 225m/min，10 分钟行多少 m？
225×10=2250（m）用时间 10 分 × 速度 225m/min 就是路程了！
```

图 1 数学小报

在速度、时间、路程一系列的行程问题上，马小跳有了新的探索和发现，你们想了解一下吗？

环节二：探究交流，落实阅读

（一）马小跳乘车旅行——初步探究过桥问题

第一层：阅读理解

1. 创设情境（阅读马小跳趣味故事）

> "十一"长假时，爸爸妈妈带着马小跳坐上了开往西昌的火车，去参观卫星发射基地。马天笑先生说："儿子，你能运用课堂所学，算出我们乘坐的这列火车有多长吗？火车一会儿要经过大桥，我们应该能看到桥的长度，所以只要记录下火车通过桥的时间，就能大概知道火车的长度了。"于是，马小跳跟着爸爸来到了第二节车厢，马天笑先生告诉儿子："我们不可能计算得很准确，只能进行一个初步的估计。我们就把第二节车厢当

> 作车头来看。妈妈会在最后一节车厢打电话通知我们火车尾部通过桥的时间。"
>
> "叔叔您好，我想知道这列火车的速度。"马小跳问。"大约每分钟900米哦。"乘务员叔叔笑着告诉马小跳。半个小时后，火车要通过一座大桥，马小跳远远地就看到标志牌上写着"2400米"，马上记在记事本上。"注意了，马小跳，我们准备计时了。"爸爸认真地看着手表，马小跳拿着手机，准备随时和妈妈通话。"时间到！"妈妈在电话里说。爸爸说："儿子，火车完全通过这座桥大约3分钟。走，回我们的车厢去。"马小跳打开记事本，记录下他了解的数学信息和问题。"儿子，你可要注意了，这个3分钟是火车的车头上桥到车尾离开桥的时间哦。"爸爸提醒着。"知道，知道……我已经有想法咯！你们等我的好消息吧！"马小跳开始聚精会神地写写画画、想想算算了……
>
> ——《马小跳玩数学》

2.提出阅读要求：自己读读（出示PPT）

①一边读一边想，故事里发生了什么事？

②请你帮助马小跳在记事本里记录下他了解的数学信息和问题。

追问：谁来说说进行阅读时要做哪几件事？

请你们带着这样的要求开始阅读吧！

阅读展示与评价（投影学生的阅读材料）。

①故事讲了什么事？

②你帮马小跳记录哪些数学信息和问题呢？

小结：有些同学阅读的同时还进行了圈画批注，在了解故事内容的同时还捕捉到了数学信息，是非常好的数学阅读习惯，希望大家向他们学习！

③阅读理解并质疑：关于这些信息，你有什么疑问吗？

如果有疑问，则研讨：你是怎样理解完全通过的？（爸爸的话或者生活经验）

第二层：解决问题

1.提出要求

你们能帮助马小跳一起挑战吗？你可以在空白处写一写、画一画、算一算，看谁能帮他解决这个问题!

2.展示交流

预设1：画图，理解有误（图2）。

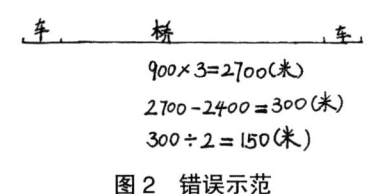

$$900 \times 3 = 2700（米）$$
$$2700 - 2400 = 300（米）$$
$$300 \div 2 = 150（米）$$

图2　错误示范

监控问题：你们同意他的想法吗？

那你们可以结合他的算式和图猜猜他是怎么想的吗？分析你和他的观点哪里不一样？

操作理解：对路程的理解不同，谁来前边演示火车怎样才算通过桥？

找准一点作为开始，表示出火车过桥的路程。（车头、车尾、车身）

监控问题：观察火车过桥的路程，你有什么发现？（路程 = 桥长 + 车长）

谁来调整这位同学的图？

预设2：画图，正确（图3）。

$$900 \times 3 = 2700（米）$$
$$2700 - 2400 = 300（米）$$

图3　正确示范

监控问题：谁能结合他的图和算式再来说说，如何求出火车的长度？（学生说，教师板书）

第三层：回顾反思

1.质疑

让我们再次回到火车上，思考马小跳求出的车长和实际的车长一样吗？为什么？（不一样，因为他们是站在第二节车厢测量的）

2.评价、提升

马小跳趣味故事中的问题我们帮他解决了。回顾整个过程，我们通过阅读文字、画批理解，还借助画图和动手操作理解题意，厘清熟练关系。结合课堂知识和生活经验，帮助马小跳解决了他的问题，多棒啊！

（二）马小跳的数学课——深入理解过桥问题

（1）创设情境：马小跳回到班里为班级做了一次游学分享，同时出了这样一道数学题：

一辆客车长12米，每秒行驶20米，经过一座长795米的大桥，40秒能通过吗？为什么？用你喜欢的方式说明理由，图4为同学安琪儿和夏林果的计算方法。

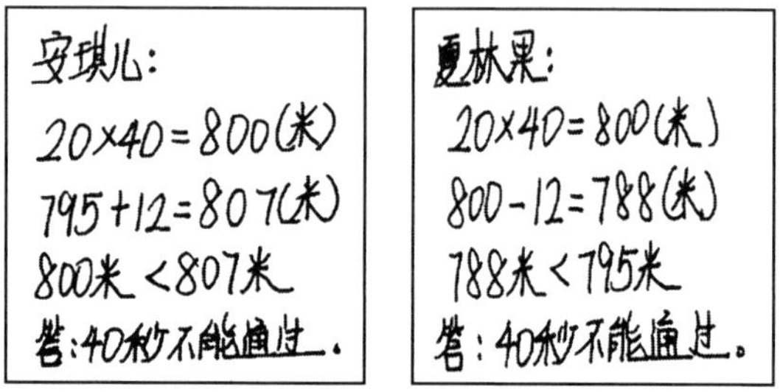

安琪儿：
20×40=800（米）
795+12=807（米）
800米＜807米
答：40秒不能通过。

夏林果：
20×40=800（米）
800−12=788（米）
788米＜795米
答：40秒不能通过。

图4 计算方法

（2）提出要求：安琪儿和夏林果分别做出了解答，你同意谁的做法呢？请在正确的同学名字旁边画√。

（3）独立尝试解答，集体用手势出示判断。

（4）小组合作进行交流。

（5）以小组为单位进行汇报。

（6）组织研讨：

①你们同意这组同学的说法吗？

②安琪儿和夏林果都有相同的一步，他们在求什么？

③他们都关注到了车长，怎么一个加上车长，一个却减去车长呢？（比的内容不同）

（7）总结提升并出示阅读资料。

总结：今天，我们一起研究了火车过桥的行程问题，也用到了一般行程问题里的数量关系，只是有一个量变得复杂了点儿（路程＝桥长＋车长）。桥长加上车长才是火车完全通过桥所走的路程。

质疑：为什么火车过桥时的路程要考虑车自身的长度呢？教师给大家准备了一份阅读材料，请你们读一读，有感悟的地方也可以画一画。（默读阅读资料）

提出问题：通过读资料，你有什么收获吗？

环节三：*总结收获，启迪阅读*

总结提升：这节课我们一起研究了火车过桥的行程问题，它其实并不神秘，只是由于火车本身的长度不能被忽略，所以要想让火车通过桥，除了要走一个桥长，还要走一个火车自身的长度。这样一想，火车过桥行程问题里的数量关系是不是就变得清晰了？

课后阅读导语：行程问题的本质不变，但是生活中遇到的问题是千变万化的，教师还给大家准备了关于生活中其他的行程问题，课后选择以小组或个人的方式去阅读课后学习单，探索更多行程问题吧！

六、板书设计

```
              常见的量——解决问题

火车的速度大约是每分钟900米         时间 × 速度 = 路程
桥长 2400 米                          路程 ÷ 时间 = 速度
完全通过这座桥大约 3 分钟             路程 ÷ 速度 = 时间
这列火车有多长？
3×900=2700（米）
2700-2400=300（米）
                                  完全通过    火车长 + 桥长
```

七、课后阅读资料

课后阅读：行程问题——"火车过火车"行程问题。

对于两车相遇问题，可以把其中一辆车看成一座桥，路程是特殊的"桥长"+ 车长 = 两车长，因为是相遇错车，所以速度是两车的速度之和（相向），或两车速度之差（同向）。

过车问题的一般数量关系是：

过车的路程 = A 车长 + B 车长

相向过车的速度 = A 车速度 + B 车速度

相向过车时间 =（A 车长 + B 车长）÷（A 车速度 + B 车速度）

同向过车的速度 = A 车速度 – B 车速度

同向过车时间 =（A 车长 + B 车长）÷（A 车速度 – B 车速度）

挑战一下！

（1）某列火车长 88 米，速度为每秒 22 米，这列火车与另一列相向行驶的长 72 米，速度为每秒 18 米的列车错车而过，问需要几秒钟？

（2）某列火车长 88 米，速度为每秒 22 米，这列火车与另一列同向行驶的长 72 米，速度为每秒 18 米的列车错车而过，问需要几秒钟？

读有意思的故事，学有意义的知识

——"确定事件与不确定事件"

李 楠　杨 艳

一、整体设计思路

阅读不是语文学科学习的专有方式，阅读是每一门学科都提倡的学习方式，数学学科也是如此。阅读是未来公民的核心素养，越来越多的国际大规模学力测评中，都有大量的证据证明阅读与数学学业成就正相关，也就是说会阅读的人成就会更高。数学阅读材料可以帮助学生提前预习，激发学生的学习兴趣，学生还可以在阅读中了解课堂数学知识背后的知识，拓展数学学习的视野，熟练掌握数学基本技能，理解解决问题背后的数学思想方法。

"确定事件与不确定事件"属于统计与概率方面的教学内容，概率的基础是随机现象，这就涉及确定事件与不确定事件。五年级学生对统计与概率已经有了一定的体验，并具备了一定的活动经验，但概括能力还需要提高，推理能力也有待发展，很大程度上还需要依赖具体形象的阅读材料来理解抽象的逻辑关系。精选的阅读材料可以激发学生的学习兴趣，引发学生的深度思考。学生通过数学阅读和数学活动能够感受事件发生的可能性，丰富对确定事件与不确定事件的体验。

二、教学目标

（1）通过阅读数学故事，初步体验有些事件的发生是确定的，有些则是不确定的，并能正确使用"一定""可能""不可能"描述生活中一些事情发生的可能性。

（2）经历阅读、观察、猜想、验证、交流的数学学习过程，提高阅读理解和合作探究能力。

（3）在阅读数学故事的过程中激发学习兴趣，引发深度思考，获得丰富的情感体验。

三、教学重点、难点

教学重点：学生能够通过阅读感悟到事件发生的确定性和不确定性，并能进行描述与运用。

教学难点：培养学生简单的逻辑推理和表达能力。

四、课前阅读资料

国王的阴谋

古代有个国王阴险而多疑，一位正直的大臣得罪了他，当场被判处死刑。

这个国家世代沿袭着一条奇特的法规：凡是死囚，在临刑前都要抽一次"生死签"（写着"生"或"死"的两张纸条），犯人当众抽签，若抽到"死"签，则立即处死；若抽到"生"签，则当场赦免。

国王很阴险，一心想处死这位得罪他的大臣，于是他想出一条毒计：暗中让执行官把"生死签"都写成"死"。

有个好心的知情人把这个情况悄悄地告诉了这位大臣。国王的计谋虽然周全，然而在断头台前，大臣迅速抽出一张纸条放进嘴里，等到执行官反应过来，纸条早已吞下，大臣故作叹息道："我听天意，将苦果吞下，只需看剩下的签是什么字就能知道我的处罚结果是什么了。"

剩下的纸条当然写着"死"字，国王怕犯众怒，只好当众释放了大臣。国王"机关算尽"，想让大臣死，可他没想到大臣如此机智，成功地死里逃生。

——《有趣的数学文化》

五、教学过程

环节一：谈话引入

教师：同学们，课前我们阅读的小故事中，大臣经历了从"可能生，也可能死"到"一定死"再到"不可能死"的过程，这是大臣用自己的智慧赢得了生机。

揭示课题：生活中的事情就像故事中的一样，有些我们不能肯定它的结果，有些则可以肯定它的结果，类似的例子还有很多。今天我们就一起来研究确定事件与不确定事件。

环节二：探究新知

（一）认识"可能""一定""不可能"

教师：在这个国家的法律中，大臣被处死是随机事件，也就是"可能"事件。在国王的阴谋中，大臣被处死是必然事件，也就是"一定"事件。在大臣的对策中，大臣被处死是"不可能"事件。

1. 认识"一定"

教师：箱子中有一些彩球，红色是幸运球，谁愿意抽一个，看看能抽到幸运球吗？

（两个箱子，一个内装10个红球，一个内装10个绿球）

学生参与活动并在活动中意识到摸出球的颜色与运气无关，与箱子中球的颜色有关。

教师：你们猜想一个箱子中都是红球，但在我打开之前你们确定吗？

（不确定）

教师将箱子打开展示箱内红球。

教师：现在摸出一个，会是什么颜色？（红色）确定吗？（确定）可以怎样说？（一定是红色）还可以怎样说？（绝对、肯定……）

教师：大家的词汇非常丰富，词语不同，但都表达了同一意思，数学中我们称为"一定"。

2. 认识"不可能"

教师展示另一个箱子，箱内全是绿球。

教师：可能摸出红色球吗？（不可能）当结果确定时，还可以用"不可能"来表述。

3. 认识"可能"

教师将两个箱子中的球混合在一个箱子中。

教师：现在摸出一个球会是什么颜色？确定吗？（不确定）

不确定可以怎么说？（可能是红色，也可能是绿色）

还可以怎么说？（也许、不一定……）

教师：大家说得都对，当结果不确定时，就可以用"可能"来表述。

（二）探究"结果是否确定与谁有关"

出示装有10个红球的箱子。

教师：摸出一个球会是什么颜色？（一定是红色）摸出不再放回。再去摸，是什么颜色？（一定是红色）球再变少，结果还能确定吗？（能）

增加一个绿球。

教师：现在还能确定吗？（不确定）

小组讨论：为什么球的数量减少了可以确定，增加一个球反而不能确定了呢？摸出球的颜色能不能确定与什么有关？

结论：摸出球的颜色与球的多少无关，而是与球的颜色种类有关。箱子中有几种颜色的球，摸出的颜色就有几种可能。

（三）认识"可能"与"一定"之间的转化关系

排除不可能的情况，把"可能"转化为"一定"。

出示：骰子（6个面上分别标有1~6）。

教师：1的对面是几？

学生根据已知条件进行判断。

课件演示转动的正方体，分析出1的对面一定是几。

结论：排除所有不可能的情况，"可能"就转化成了"一定"。

环节三：巩固练习

（一）基础练习：用"可能""不可能"或"一定"填空

（1）太阳（　　）从西方升起。

（2）明天（　　）是晴天。

（3）哥哥的年龄（　　）比弟弟大。

（二）逆向练习：根据要求设计箱子中应放球的颜色和数量

（1）摸出的一定是绿色。
（2）摸出的可能是绿色。
（3）摸出的不可能是绿色。
交流展示。
教师评价。

（三）阅读《阿凡提抛金币的故事》

　　一天，阿凡提和富人打赌赢来一袋金币，路上碰见了老财主。老财主听说阿凡提赢了一袋金币，就拦住了阿凡提说："阿凡提，你把袋子里的金币全部抛向空中，落地后不要让我看到金币的反面，我就再给你一袋金币，不然的话，你就别想拿走金币，金币就要全部归我所有。"阿凡提想了想，说道："好吧。"

　　阿凡提打开袋子把金币的两个反面都粘在了一起，这样再抛金币只能看到金币的正面，老财主一看哑口无言。只好赔了金币，让阿凡提回家了。

通过阅读故事，学生再次感知确定事件和不确定事件在一定条件下是可以相互转化的，可以应用所学知识解决生活中的实际问题。

环节四：课后小结

这节课我们通过阅读数学故事和参与数学活动，了解确定事件与不确定事件相关的知识。希望同学们把今天学到的知识运用到生活中去。

数学阅读课例　85

六、板书设计

```
            确定事件与不确定事件
   确定（一定、不可能）
   不确定（可能）
```

七、课后阅读资料

掷骰子的奥秘

《重要的艺术》一书的作者是意大利医生兼数学家卡当，他曾经进行过大量的掷骰子实验。他在掷骰子打赌时研究怎样才会不输的方法，实际是概率论的萌芽。

卡当曾把两个骰子掷出去，以每个骰子朝上的点数之和作为打赌的内容。已知骰子的六个面分别是1~6个点，那么，赌注下在多少点上最有利？

	1	2	3	4	5	6
1	2	3	4	5	6	7
2	3	4	5	6	7	8
3	4	5	6	7	8	9
4	5	6	7	8	9	10
5	6	7	8	9	10	11
6	7	8	9	10	11	12

图1 骰子面数总和

两个骰子朝上的面共有36种可能，点数之和可分别为2~12，共11种。从图1中可知，7是最容易出现的和数，它出现的概率是1/6。卡当曾预言下注押7最好。现在看来这个想法是很简单的，可是在卡当的时代，应该说是很杰出的思想方法。

在那个时代，虽然概率论的萌芽有些进展，但并没有出现真正的概率论。17世纪中叶，法国贵族德·美黑在用骰子打赌时，由于有急事必须中途停止，要靠对胜负的预测把资金进行合理的分配，但不知用什么样的比例分配才算合理，于是就写信向当时法国著名的数学家帕斯卡请教。正是这封信使概率论向前迈出了第一步，于是一个新的数学分支——概率论登上了历史舞台。现在它在许多领域发挥着越来越大的作用。

——《有趣的数学文化》

读生活数学　创精彩课堂

——《邮票中的数学问题》　　　　　　　　杨振伟　时衍丽

一、整体设计思路

《义务教育数学课程标准（2011年版）》指出：学生将通过数学活动了解数学与生活的广泛联系，学会综合运用所学的知识和方法解决简单的实际问题，加深对所学知识的理解，获得运用数学解决问题的思考方法，并能与他人进行合作交流。因此，在本节课教学中，通过让学生课前阅读《邮票的故事》、搜集世界各国邮票、调查资费标准等数学活动，建立"分段计费"的数学模型，综合应用乘法、除法、组合等知识，引导学生发现问题、从不同角度解决问题，以动手实践、自主探索、合作交流的学习方式参与数学探究，培养学生应用数学的意识和综合运用所学的数学知识解决问题的能力。

本节课属于综合应用教学，教材选取寄信活动为素材，通过探究如何确定邮资、如何根据邮资来确定支付方式等活动，一方面巩固所学的组合知识，另一方面培养学生归纳、推理能力。苏霍姆林斯基的《给教师的建议》一书中强调了教师培养学生阅读能力的重要性，他说："必须教会少年阅读！凡是没有学会流利地、有理解地阅读的人，就不可能顺利地掌握知识。"现实中许多学生并没有寄信和使用邮票的经验，所以课前安排了数学阅读《邮票小知识》，还安排了以小组为单位的课前搜集邮票和邮资的调查作业。课后又结合学习内容安排课后阅读，引出分段计费的其他数学问题。这些阅读安排都是给学生一种主动探究的环境，让学生在阅读活动中学数学、用数学，体现以生为本的思想，恰当选择教学起点，培养学生的创新精神和实践能力，逐步建立数学模型。

二、教学目标

（1）阅读了解邮票的作用，理解、掌握支付邮寄信函资费的方法，能根据实际需要设计满足支付需求的邮票面值。

（2）经历确定邮资、支付邮资、设计邮票面值等活动，培养学生归纳、推理及解决问题的能力，发展学生实践能力和创新精神。

（3）感受数学在生活中的价值，提高学生应用数学的能力，增强学生对数学学习和数学阅读的亲近感。

三、教学重点、难点

教学重点：通过阅读邮资收费标准理解并掌握计算信函资费的方法。
教学难点：探究合理的邮资支付方式，根据实际需要设计满足支付需求的邮票面值。

四、课前阅读资料

邮票小知识[1]

邮票，供寄递邮件贴用的邮资凭证，一般由主权国家发行。邮票的方寸空间，常体现一个国家或地区的历史、科技、经济、文化、风土人情、自然风貌等特色，这让邮票除了邮政价值还有收藏价值。邮票也是某些国家或地区重要的财源。收藏邮票的爱好叫集邮，世界上最早的邮票是英国罗兰·希尔爵士发明的黑便士。"黑便士"票幅小，没有齿轮，

---

[1] 百度百科［EB/OL］.（2021-06-21）.http://baike.baidu.com/ifem/%E9%82%AE%E7%A5%A8%/165420.

使用的时候需要一枚一枚剪开，因为邮票整体是黑色的，当时不管信封要寄到哪里都只收一便士，因此得名"黑便士"。中国最早的邮票是清朝的大龙邮票。

邮票的雏形最早出现于17世纪中期。1653年，法国国王路易十四把在巴黎地区开办邮政的物权赐给维拉叶。维拉叶在巴黎设立了"小邮局"，还在街道设立了邮政信箱，每天收取、投递信件。维拉叶采用一种名为邮资付讫证的标签，出信给用户。寄信人把邮资付讫证套在或贴在信封上，写上寄信日期，把信件放入信箱。邮局收取信件以后便把邮资付讫证撕毁，然后把信件投送给收信人。这种邮资付讫证的标签，可以说是邮票的前身。这种标签随用随撕毁，没有留传下来。

现在世界上发行的邮票用材和造型多种多样，邮票图案五彩缤纷。小小的邮票何以常常被人们称为"国家名片"，那是因为邮票通常印有邮政所属国家或发行机构的铭记，印有面值或相当于邮政资费效用的标志，印有相关主题图案或文字。

五、教学过程

环节一：阅读分享，引入新课

（一）课前阅读成果分享

分小组汇报课前阅读和调查的有关邮票的知识。

（二）根据课前调查提出数学问题

学生自由提问。

（三）引入新课

邮票是邮资的凭证，邮政部门按什么标准收取邮资？我们又该如何正确支付邮资呢？下面我们就带着这些问题一起来探究邮票中的数学问题。

环节二：问题驱动，探究新知

（一）理解确定邮资的方法

（1）理解信函收费标准。出示并阅读"国家邮政局关于信函邮资的收取标准"（表1），交流了解信函邮资的相关知识并提出不懂的问题。

表1 国家邮政局关于信函邮资的收取标准

业务种类	计费单位	交费标准/元	
		本埠资费	外埠资费
信函	首重100克内，每重20克（不足20克按20克计算）	0.80	1.20
	续重101~2000克，每重100克（不足100克按100克计算）	1.20	2.00

学生提出不懂的问题。

出示资料，理解"首重、续重、本埠、外埠"。

（2）利用北京市地图理解本埠和外埠。

（3）初步感受计算信函收费标准所需要的两个因素：信函地址、信函质量。

（二）实践活动：自主探究合理支付邮资的方法

实践活动1：确定邮资。

借助"国家邮政局关于信函邮资的收取标准"，计算下面两封信所需的邮资。

活动情境：同学们，这是哪儿呀？今年我们学校有什么喜事？（建校100周年）是啊，今年我们中学建校已经100周年了，张校长亲自手写邀请信，要把这一喜讯告诉我们的老校友郎平教练并邀请郎平教练来参加咱们的校庆，这封信重45克。同时我们也把这一喜讯告诉了和我们手拉手的新疆墨玉二小的师生们，并给他们邮寄了咱们同学原创的庆祝建校100周年编写的诗歌总集，这封信重308克。同学们，你们能借助"国家邮政局关于信函邮资的收取标准"算一算，这两封信要贴多少钱的邮票吗？快把你们的想法记录在学习单上吧。

（1）学生自主探究计算贴邮资的方法。

（2）小组交流研讨。

（3）集体汇报研讨。

预设：

第一封信：可精算，可估算

45÷20=2（个）……5（克）

0.8×3=2.4（元）

第二封信：

100÷20=5（个）

5×1.2=6（元）

308-100=208（克）

208÷100=2（个）……8（克）

6+3×2=12（元）

（4）贴邮票：这封信要付12元的邮资，我们可以在信封上怎样贴邮票呢？

（5）教师总结：大家想出了这么多种贴邮票的方法，真是善于动脑筋的孩子。普通邮票的面值非常多，接下来我们就从经济合理的角度来解决一下下面这个问题。

实践活动2：支付邮资。

（1）出示问题：如果邮寄不超过100克的信函，最多只能贴3张邮票，只用80分和1.2元的邮票能满足需要吗？

（2）审题，分析每句话的含义。

（3）学生采用自己喜欢的方法自主探究和小组内交流。

（4）汇报交流。

预设：

1~3枚邮票组合，计算资费，再比较。

表格法：把不同质量的信函所需费用罗列出来，再比较。

枚举法：用举例子的方式计算出所需费用，再比较。

（5）教师总结并及时评价。

实践活动3：设计邮票。

（1）提出设计要求：通过同学们的研讨交流，发现4、4.8、6元的邮资不能仅用80分和1.2元的邮票支付。现在请你再设计一张邮票，看看多少面值的邮票能刚好满足这三种资费的需要。

（2）小组设计邮票。

（3）逐一验证，发现面值是 2 元、2.4 元或 4 元的邮票能满足支付需要。

（4）总结：同学们考虑得很全面，设计出了满足需要的三种邮票。

环节三：课堂回顾，小结收获

（1）教师总结：随着社会的发展和通信技术的普及，原来只有鸿雁传书、邮寄书信的交流形式，现在我们可以用电子设备发送邮件，可以视频电话，可以微信语音，每一种联系方式都有自己独特的功能。亲笔书信，不仅可以传达自己的思想感情，而且能给受信人以"见字如面"的亲切感，包含着丰富的礼仪内容，具有中华民族浓厚的文化色彩。所以书信这种交流形式一直延续至今。

（2）这节课我们学习了邮票中的一些数学问题，你有什么收获？

学生总结本节课收获。

六、板书设计

邮票中的数学问题		
邮寄地址	信函质量	资费
本埠	45 克	2.4 元
外埠	308 克	12 元
		首重 + 续重

七、课后阅读资料

分段计费问题

邮票中的数学问题属分段计费问题，现实生活中的分段计费有很多，如出租车计费、乘坐地铁计费、阶梯电费、阶梯水费等问题都是分段计费的数学问题。

"阶梯水价"是对使用自来水实行分类计量收费和超定额累进加价制的俗称。"阶梯水价"充分发挥市场、价格因素在水资源配置、水需求调节等方面的作用，拓宽了水价上调的空间，增强了企业和居民的节水意识，避免了水资源的浪费。阶梯式计量水价将水价分为两段或者多段，每一分段都有一个保持不变的单位水价，但是单位水价会随着耗水量分段而增加。"阶梯水价"的基本特点是用水越多，水价越贵。例如，有的城市将居民的生活用水水价设定两个水量的分界点，从而形成三种收费标准：用水15吨以内为人民币0.6元/吨，15~20吨为1.4元/吨，20吨以上为2.1元/吨。缺水城市可实行高额累进加价制。

　　2020年7月，北京出租车收费标准为：3千米以内收费13元，基本单价2.3元/千米，燃油附加费1元/次，23：00至次日5：00运营时，基本单价加收20%的费用。时速低于12千米时，早晚高峰期间每五分钟加收2千米租价，其他时段加收1千米租价。

　　预约叫车服务费：提前4小时以上预约每次6元，4小时以内预约每次5元。空驶费：单程载客行驶超过15千米部分，基本单价加收50%的费用；往返载客不加收空驶费。合乘收费：合乘里程部分，按非合乘情况下应付金额的60%付费。

　　生活中还有很多分段计费的数学问题，同学们可以搜集相关资料，对更多的分段计费问题进行研究。

阅读助力高质量数学课堂

——打电话中数学问题 　　　　　　　　　　刘惠敏

一、整体设计思路

本节课以阅读主导教学的方式和数学学科融合的教学发展为理念，使课内数学阅读与课外阅读资源相结合。

课内，对于"打电话通知多人，如何通知用时最少"这一问题的挑战，学生在探索中陷入思维误区的迷茫、最优方案的纠结、思维定式的干扰，教师在解题方向、思维误区、思维转化和蜕变提升处适时点拨。学生在经历图形语言转化的过程中，最终能够发现规律，建构模型；在设计最优方案的过程中，能够运用所学的知识和方法解决问题，通过不断地调整设计，积累丰富的数学经验，体会数形结合、推理、优化、模型等数学思想，提高解决问题的能力。

课外，教师提供精选数学阅读材料，实施课内外阅读资源整合，拓展学生数学学科学习的视野，使学生进一步体验数学与生活的密切联系及优化思想在生活中的应用，激发学生对数学的热爱。

二、教学目标

（1）从解决问题的多种方案中，寻找"打电话"的最优方案，发现事物隐含的规律。

（2）通过画图、表格等方式，自主探究、合作交流，培养学生归纳推理和应用数学知识解决实际问题的能力，让学生体会化繁为简、数形结合、优化、对应的数学思想。

（3）在课外阅读和课内实践活动中，培养学生乐于探究的学习态度，使学生感受几何倍增的神奇魔力，进一步体验数学与生活密切联系及优化思想在生活中的应用。

三、教学重点、难点

教学重点：经历探究多种方案及发现最优方案的过程。
教学难点：辨析各个方案，从中优化出最好的方案，并发现事物隐含的规律，建构最优模型。

四、课前阅读资料

有一个皇帝的女儿不幸落水，被一个农夫救上来。皇帝问农夫想要什么以报答他的救女之恩。农夫指着旁边的一个国际象棋棋盘，对皇帝说：您在第一个格子里放一粒大米，在第二个格子里放2粒，在第3个格子里放4粒，在第4个格子里放8粒，以此类推，每一个格子里的大米粒数都是前一格的两倍。就这样把这64个格子都放好了，我就要这么多粒大米。皇帝听后，觉得农夫的要求很容易满足，就笑着满口答应下来……

——《能断金刚》

皇帝笑着满口答应了，同学们怎么想？大米要真就这么放下去，到底要装多少啊？

五、教学过程

环节一：导入新课，引入研究课题
在上周末学校德育处教师有一件紧急的事需要通知五年级全体同学，大家想想，教师能采用什么方式通知？（电话、微信）那你准备怎么用微信通知？同学们的生活经验很丰富，但有些时候有些事情是要求我们打电话来传达消息的，这节课我们就一起研究打电话中的数学问题。

环节二：创设情境，确定研究路径

学校德育处王老师有一件紧急事情，需要尽快通知五年级的每一个学生。五年级共 374 名学生，如果用打电话的方式，每分钟通知 1 人，至少需要多长时间才能全部通知完？

教师：你能从这段文字中得到哪些数学信息？我们大家猜猜需要多长时间？

预设：374 分钟；100 分钟……

追问：猜少于 374 分钟的同学，你们时间节约在了哪里？

预设：相互转告，几个人同时打。

追问：同时打是什么意思？

预设：让知道消息的人都不空闲，同时打电话通知。

教师：那好，我们开始研究这个问题吧。

预设：但是要通知到 374 人，人数太多了，数据太大了，不利于我们研究，将数据调小来进行研究。

追问：你想调到多少比较便于我们找规律呢？100，35，20，10……

教师：为了我们全班同学一起研究的方便，老师也说个数，我们一起来研究好吗？我们先来研究通知 3 人。

环节三：探究方案，寻找变化规律

学生活动一：独立在学习单上设计一个打电话方案。

第一层：关注用符号更加简洁明了，这种研究方式在数学上叫几何直观。

第二层：还有更少的时间吗？

第三层：追问时间节省在哪里？预设：同时打，不空闲。（本环节深入体会同时的含义）

教师小结：2 分钟最多可以通知 3 人。

刚刚我们研究得出：通知 3 人至少用 2 分钟，那通知 6 人，那到底需要几分钟呢？自己试试，画一画。

学生活动二：独立在学习单上画一画，再小组讨论，把你的想法表达出来。

第一层：暴露资源不是最优方案。

追问：有更省时的吗？你是怎么打的，用几分钟？时间怎么省下的？

预设：还是同时打起的作用。

第二层：还有人想说什么？为什么呢？

预设：有人闲着也能省时间啊！那说明……（3分钟不仅能通知6人，还能多通知1人，最多7人）

追问：你从哪儿看出还能多通知一人？

教师小结：看来知道消息的人同时打，3分钟能通知7人呢！

借助课件回顾3分钟最多能通知7名学生。

学生活动三：请学生和老师合作在黑板上把这种3分钟最多能通知7名学生的最优方案，一边展示一边再给大家讲解一遍。（关注流程图与记录之间的联系）

学生活动四：4分钟呢，我们能通知几人？同桌展示，通过摆一摆来验证答案。

如果再增加一分钟，这时知道消息的一共有多少人？（32人）一共通知了多少名学生？（31名）算得那么快，看来里面存在着一些规律。

学生活动五：找一组学生到黑板上填，说说发现了什么。

追问：现在找到规律了吗？可以解决问题了吧！

学校德育处王老师有一件紧急事情，需要尽快通知五年级每一个学生。五年级共374名学生，如果用打电话的方式，每分钟通知1人，至少需要多长时间全部通知完？大家算一算。（学习单）

教师：同学们，我们的问题解决了吗？怎么解决的？

化繁为简，寻找规律，利用规律解决问题。通过刚才的研究，我们知道短时间内可以利用翻倍的规律，打电话通知很多同学。

环节四：应用规律，加强数感意识

其实我们发现的这个规律在生活中有很多，回顾课前阅读材料。追问：皇帝笑着满口答应了，你们怎么想？大米要真就这么放下去，到底要装多少啊？

追问：你有什么感觉？

教师小结：后一次的米粒数都是前一次米粒数的 2 倍，这就是爱因斯坦称为"世界第八大奇迹"的几何倍增。几何倍增让我们看似微小的变化，经过倍增变成天文级数字，这就是几何倍增的力量，数学的力量。

环节五：课堂总结，提升数学素养

学到这里，你明白我们为什么要研究"打电话"的事情了吗？

在研究打电话的过程中，化繁为简的策略让我们得以在短时间内不断寻找规律，运用规律解决一个复杂问题；同时数形结合的几何直观也让我们理解问题更加具体直观；而正因为多种方案的比较才有了最优的方案。今天谁的发言让你印象最深？

六、板书设计

打电话

时间	过程	知道消息的总人数	知道消息的学生人数
1	1-1	2	1
2	2-2	4	3
3	4-4	8	17
4	8-8	16	15
5	16-16	32	31

七、课后阅读资料

（1）几何倍增学。

市场倍增学又叫网络学，是世界文化宝库中的一颗瑰宝。

几何倍增学用在商业上也可称为市场倍增学，用在数学上也就是基数密的形式，笼统地说就是鸡生蛋，蛋孵鸡，鸡再生蛋，蛋再孵鸡，一枚鸡蛋就可以变一个农场。"春种一粒粟，秋收万颗子"，这都是几何倍增原理的体现。

（2）运用。

一份工作，假如有两种薪资报酬，如下。

A：一个月给你 30 万元，每天给你 1 万元。

B：按天发放，第一天给你 1 分钱，然后，后一天是前一天的 2 倍。

如果是你，是选择 A，还是选择 B？选择 B 将会出现下面的结果：

第 1 天　给 1 分钱　　第 2 天　给 2 分钱

第 3 天　给 4 分钱　　第 4 天　给 8 分钱

第 5 天　给 0.16 元　　第 6 天　给 0.32 元

第 7 天　给 0.64 元　　第 8 天　给 1.28 元

第 9 天　给 2.56 元　　第 10 天　给 5.12 元

第 11 天　给 10.24 元　第 12 天　给 20.48 元

第 13 天　给 40.96 元　第 14 天　给 81.92 元

第 15 天　给 163.84 元 第 16 天　给 327.68 元

第 17 天　给 655.36 元 第 18 天　给 1310.72 元

第 19 天　给 2621.44 元　　第 20 天　给 5242.88 元

第 21 天　给 10 485.76 元　第 22 天　给 20 971.52 元

第 23 天　给 41 943.04 元　第 24 天　给 83 886.08 元

第 25 天　给 167 772.16 元　第 26 天　给 335 544.32 元

第 27 天　给 671 088.64 元　第 28 天　给 1 342 177.28 元

第 29 天　给 2 684 354.56 元　第 30 天　给 5 368 709.12 元

30 天合计：10 737 418.23 元

这就是几何倍增的原理，也就是几何倍增的魅力所在。

——《保险自媒体联盟》

二次函数与一次函数相遇

——运动变化中求参数取值范围　　　　　陈　蓉　郭凯路

一、整体设计思路

通过课前阅读，了解运动变化中求参数取值范围的题型特征，复习相关知识和方法，为课堂学习奠定基础，培养学生自主学习能力；课中注重阅读分析，让学生体会数形结合的方法，将抽象问题具体化，复杂问题简单化，感受到化繁为简、化难为易的效果，助力学生思维的培养和解题能力的提高；课后阅读进一步帮助学生梳理，鼓励学生细心审题，认真思考，积累经验和方法，充满信心地学习。小组合作学习模式让学生在和谐友善的氛围中互帮互助，共同提高。

二、教学目标

（1）会熟练求二次函数解析式，能准确画出一次函数和二次函数的图像，根据题目要求做出相应的图形变换。

（2）探究在图形的运动变化中满足条件的临界状况，以形解数，以形助数，计算临界值，从而确定参数取值范围的方法。

（3）体会数形结合的方法，培养学生自主阅读、直观想象和数学运算能力，感受和谐友善、互帮互助的学习乐趣。

三、教学重点、难点

教学重点：通过阅读分析画出图形，找临界位置，计算临界值，确定取值范围。

教学难点：画出临界位置图，准确确定取值范围。

四、课前阅读资料

1. 课堂内容早知道

（1）二次函数与一次函数相结合是代数综合部分的重点题型，考查了学生数形结合的运用能力及将图像信息转换为代数方程的能力。

（2）本类题型题目往往题干会较长，对图像会做一些变换，一定要根据题意，题干要求干什么，就跟着对图形做什么变化，只要把图形成功地画出来，再结合其他条件来解决就水到渠成了。所以学会数形结合的方法，在本题型中显得尤为重要。数学家华罗庚说过："数缺形时少直觉，形缺数时难入微，数形结合百般好，隔离分家万事非。"

（3）解决本题型需要熟练掌握的知识，包括一次函数和二次函数基本图像及其性质；待定系数法确定解析式；二次函数图像的对称性；函数图像的平移与翻折及结合图像获取一定区间内的函数取值范围等。

（4）这类题主要是利用图形的运动变化来找到满足条件的临界状况，再由临界点这一条件求出临界状况的参数值，最后由临界状况时的参数值确定满足已知条件的参数的取值范围。

2. 求二次函数解析式的方法

用待定系数法可求出二次函数的解析式，确定二次函数一般需要三个独立条件，根据不同条件选择不同的设法。

（1）设一般式：$y = ax^2 + bx + c(a \neq 0)$。

若已知条件是图像上的三个点，则设所求二次函数为 $y = ax^2 + bx + c(a \neq 0)$，将已知条件代入解析式，得到关于 a、b、c 的三元一次方程组，解方程组求出 a、

b、c的值即可。

（2）设顶点式：$y=a(x-h)^2+k(a\neq 0)$。

若已知二次函数图像的顶点坐标（h,k）或对称轴方程（$x=h$）与最大值（或最小值）k，设所求二次函数为$y=a(x-h)^2+k(a\neq 0)$，将已知条件代入，求出待定系数a即可。

（3）设交点式：$y=a(x-x_1)(x-x_2)(a\neq 0)$。

若已知二次函数图像与x轴的两个交点的坐标为$(x_1,0)$ $(x_2,0)$，设所求二次函数$y=a(x-x_1)(x-x_2)(a\neq 0)$，将已知条件代入，求出待定系数$a$，化为一般形式。

3. 寻找二次函数图像的对称轴的方法

（1）从函数表达式中寻找对称轴：二次函数$y=ax^2+bx+c(a\neq 0)$图像的对称轴是直线$x=-\dfrac{b}{2a}$。

（2）从函数图像中寻找对称轴，如图，若点$A(x_1,y)$、$B(x_2,y)(x_1\neq x_2)$都在抛物线上，它们的纵坐标相等，那么这个函数图像的对称轴是直线$x=\dfrac{x_1+x_2}{2}$。

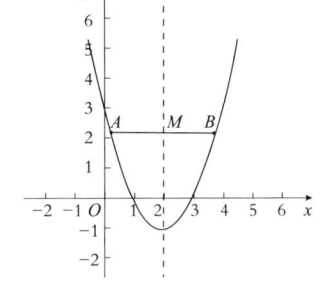

（3）从表格中寻找对称轴：二次函数$y=ax^2+bx+c(a\neq 0)$中，函数y与自变量x之间的部分对应值如下表所示。

x	……	x_1	x_2	x_3	x_4	……
y	……	y_1	y_2	y_3	y_4	……

若纵坐标$y_m=y_n$，则抛物线的对称轴是直线$x=\dfrac{x_m+x_n}{2}$。

例如：某二次函数y与自变量x之间的部分对应值如下表所示。

x	……	0	1	2	3	……
y	……	3	2	1	2	……

因为当$x=1$和3时，y的值都是2，所以这个二次函数图像的对称轴是直线$x=\dfrac{1+3}{2}=2$。

4. 判断两函数图像交点个数的方法

求二次函数与一次函数交点的个数，先将两个函数解析式联立，再整理成一元二次方程，最后通过 Δ 来判断两个函数图像交点的个数：Δ＞0 时有两个交点；Δ=0 时有一个交点；Δ＜0 时没有交点。

（5）确定取值范围时常用知识

（1）直线 $y = kx + b(k \neq 0)$ 的 k 值就是直线的斜率，$|k| = \tan \alpha$（α 为直线与 x 轴的夹角），因此 $|k|$ 越大，直线越靠近于 y 轴。

（2）抛物线 $y = ax^2 + bx + c(a \neq 0)$ 中的 a 决定抛物线的开口大小，$|a|$ 越大，开口越小。

五、教学过程

环节一：课前练习反馈

二次函数 $y = ax^2 + bx + c\,(a \neq 0)$，图像上部分点横坐标 x、纵坐标 y 的对应值如下表。

x	……	−2	−1	0	1	2	3	4	……
y	……	−5	0	3	4	3	0	−5	……

阅读以上表格，完成下列问题：

（1）求这个二次函数的表达式。

（2）在右图中画出此二次函数的图像。

环节二：取值范围探究

问题1：若将上抛物线 $y = -x^2 + 2x + 3$ 在 x 轴下方的部分沿 x 轴翻折至 x 轴上方，图像的剩余部分不变，得到一个新的函数图像 G，那么直线 $y = x + b$ 与此新图像的交点个数的情况有（　　）

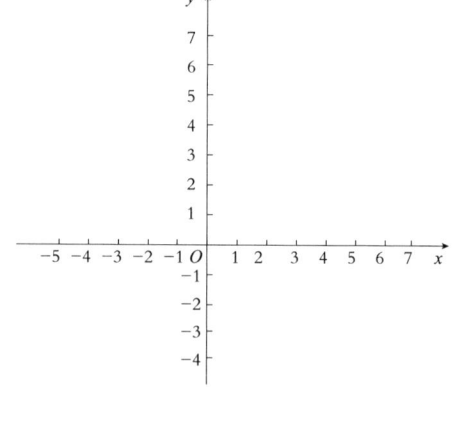

A. 6 种　　　B. 5 种　　　C. 4 种　　　D. 3 种

问题2：若直线 $y=x+b$ 与问题1中新图像 G 只有2个公共点，则 b 的取值范围为_____。

环节三：*阅读材料分析*

问题3：设点 $M(p,q)$ 为抛物线 $y=-x^2+2x+3$ 上的一个动点，当 $-1<p<2$ 时，点 M 关于 y 轴的对称点都在直线 $y=kx-2$ 的上方，求 k 的取值范围。

以下是小明同学的解题过程，请你阅读并分析，帮助他纠正问题。

解：将抛物线 $y=-x^2+2x+3$ 上 $-1<x<2$ 部分沿 y 轴翻折，得到新图像 G。

直线 $y=kx-2$ 经过定点 $(0,-2)$，则

当 $k<0$ 时，直线过图像 G 上点 $(-2,3)$，代入直线解析式计算，$-2k-2=3$，得 $k=-\dfrac{5}{2}$

$\therefore k<-\dfrac{5}{2}$

当 $k>0$ 时，直线过图像 G 上点 $(1,0)$，

代入直线解析式计算，$k-2=0$，得 $k=2$

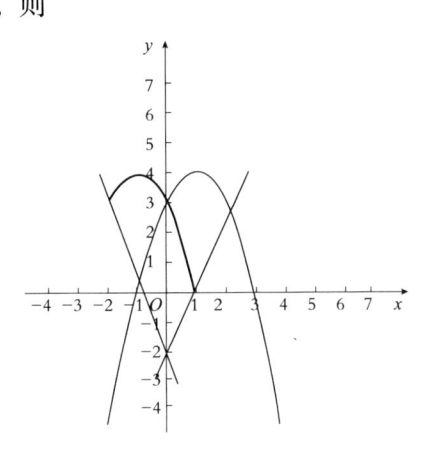

$\therefore k>2$

$\therefore k<-\dfrac{5}{2}$ 或 $k>2$

环节四：*课堂收获交流*

回顾本节课，请总结梳理你学习的最大收获和大家进行分享。

六、板书设计

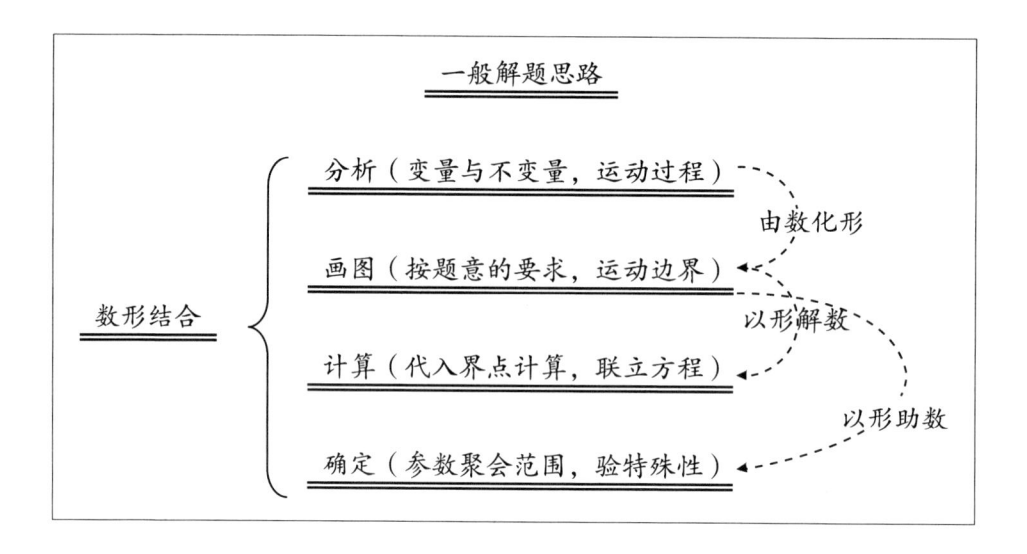

```
                    一般解题思路

             ┌ 分析（变量与不变量，运动过程）┐
             │                              │ 由数化形
             │ 画图（按题意的要求，运动边界）◀┘
   数形结合 ┤                                 以形解数
             │ 计算（代入界点计算，联立方程）◀┐
             │                              │ 以形助数
             └ 确定（参数聚会范围，验特殊性）◀┘
```

七、课后阅读

  一次数与二次函数相结合的问题，难度较高的最后一问其实只要按照题意画好图形，数形结合，将几何图形结论转化为代数结论，即可解决。涉及的动直线、动点问题，如果感觉无法下手，那就随便找一条直线、随便选一个点，研究一下题干到底让做什么，往往都能找到思路——并解决动起来后的问题。

  另外在做这部分的题目时，有一点很重要，那就是审题。在压轴题这部分，如果发生低级错误将是致命的。因为不仅不能够解决本题，还会严重占用时间（浪费时间），容易产生焦虑，对后面的考试产生巨大的影响。所以在这一部分做题时一定要万分仔细！

  从压轴题开始，要积累一些常见的条件及其应该想到的结论、思想和方法。比如，点在二次函数上，那么就应该很自然地想到把点坐标代入函数解析式中可以得到一个方程；又如，一次函数与二次函数有交点，那么就可以联立两个函数解析式得到方程组并进行求解等。

  要想提高解决压轴题的能力，总结、练习缺一不可。

发现形数的规律

马慧颖

一、整体设计思路

《义务教育数学课程标准（2011年版）》中的课程基本理念明确提出：认真听讲、积极思考、动手实践、自主探索、合作交流等都是学习数学的重要方式。故本节课通过自主探究、小组合作，发现解决形数规律的主要思维过程是：从已知条件开始→探索查找规律性→综合归纳→猜想得出结论→验证结论，在探索过程中体会数学中的归纳、猜想的思考方法和转化的数学思想，让学生在经历独立研究数学问题的过程中，逐步提高学生的数感和创造性思维能力。

二、教学目标

（1）经历探索数量关系的过程，运用符号表示规律。

（2）学会用代数式表示简单问题中的数学规律。

（3）在解决问题的过程中体验类比、转化数学思想，培养学生良好的思维品质。

（4）认识知识来源于生活，体会数学就在身边，激发学生的探究热情，体验数学活动的探索性及创造性，培养学生实事求是的科学态度，在学习过程中获得成功的体验。

三、教学重点、难点

教学重点：能够发现具体情境中的数学规律，并用适当的代数式表达发现的数学规律。

教学难点：用字母、运算符号表示一般规律。

四、课前阅读资料

万物皆数的数学哲学[1]

数学是研究数量、结构、变化及空间等概念的一门学科。哲学是关于世界的本质、发展的根本规律、人的思维与存在的根本关系的理论体系。这两者从概念上来说似乎有点风马牛不相及，但是毕达哥拉斯却并不这么认为。

毕达哥拉斯认为每一个数字并不是简单的一个符号，都有它特定的意义："1"是数的第一原则，万物之母，是智慧；"2"是对立和否定的原则，是意见；"3"是万物的形体和形式；"4"是正义，是宇宙创造者的象征；"5"是奇数和偶数、雄性与雌性结合，也是婚姻；"6"是神的生命，是灵魂；"7"是机会；"8"是和谐，也是爱情和友谊；"9"是理性和强大；"10"包容了一切数目，是完满和美好。

但究竟怎样解释万物皆数呢？在毕达哥拉斯派看来，数为宇宙提供了一个概念模型，数量和形状决定一切自然物体的形式，数不但有量的多寡，而且也具有几何形状。在这个意义上，他们把数理解为自然物体的形式和形象，是一切事物的总根源。因为有了数，才有几何学上的

---

[1] 百度百科.毕达哥拉斯［EB/OL］.（2022-03-04）.https://baike.baidu.com/ifem/%E6%AF%95%E8%BE%BF%E5%93%A5%E6%8B%89%E6%96%AF/3282182?fr=daddin.

点，有了点才有线、面和立体，有了立体才有火、气、水、土这四种元素，从而构成万物，所以数在物之先。自然界的一切现象和规律都是由数决定的，都必须服从"数的和谐"，即服从数的关系。

用现在的观点来看，从抽象的摸不着的数字实体化形成世间万物虽然有点牵强，但确实也不失为一种对世界究竟由什么组成的这一问题的积极探索和认识，同时也对理念论和共相论的产生起到了推动作用。即有了可理喻的东西与可感知的东西的区别，可理喻的东西是完美的、永恒的，而可感知的东西则是有缺陷的。这个思想被柏拉图发扬光大，并从此一直支配着哲学及神学思想。

五、教学过程

环节一：音乐欣赏
从课前就开始播放竖琴演奏的《天空之城》。

环节二：介绍数学家
2500年前的一天，古希腊数学家、哲学家毕达哥拉斯外出散步，经过一家铁匠铺，发现里面传出的打铁声响，要比别的铁匠铺更加协调、悦耳。他走进铺子，量了量铁锤和铁砧的大小，发现了一个规律，音响的和谐与发声体体积的一定比例有关。后来，他又在琴弦上做试验，进一步发现只要按比例划分一根振动着的弦，就可以产生悦耳的音程：如1:2产生八度，2:3产生五度，3:4产生四度等。就这样，毕达哥拉斯在世界上第一次发现了音乐和数学的联系。

环节三：认识形数
这位著名的数学家认为"万物皆数"，数是万物之"本"，只有通过数字才能对自然现象进行解释。从毕达哥拉斯那个年代开始，古希腊的数学家们就对一些形数进行了研究。

图1是一些三角形数和四角形数（或叫正方形数）。

图1 三角形数和正方形数

对于我们来说，数字是抽象概念，而事物是实际存在的。但我们已经得到了一种数字的抽象，而早期的毕达哥拉斯学派却并未完全做到。在他们看来，数字是点或微粒。他们提到三角形数、正方形数、五边形数时，想到的是点集、晶状体或点状物体，如图2的五边形数和六边形数。

图2 五边形和六边形数

倡议：今天就让在座的同学们当一回数学家，继续研究"形数"吧！

环节四：探索、交流

表1 三种形数对比

名称		1	2	3	4	……	n
三角形数	形	·	 ··	 ···	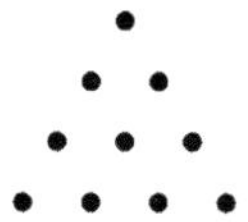 ····	……	
	数	1	3	6	10	……	
正方形数	形	·	··	 ···	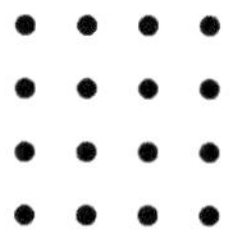 ····	……	
	数	1	4	9	12	……	
五边形数	形	·	 ··	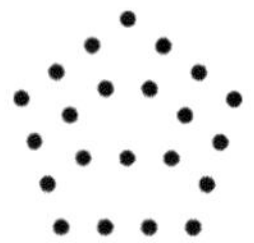 ···	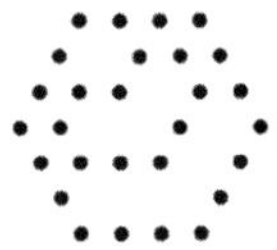 ····	……	
	数	1	5	22	29	……	

1.由规律比较容易找到的三角形数和正方形数入手，带领学生找到找规律的途径

数数之间；

数形之间；

形形之间。

2.让学生类比正方形数找规律的方法去找五边形数的规律

3.组内交流问题

①你是如何发现规律的？

②发现规律时用了哪些方法？

③形数间有联系吗？

环节五：反思、交流

1.回顾本节课的活动

2.分享发现形数规律的心得体会

六、板书设计

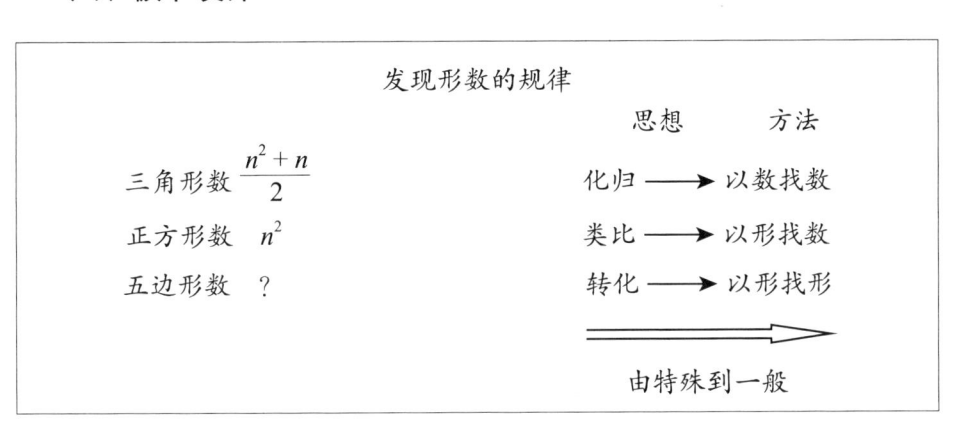

发现形数的规律

		思想	方法
三角形数	$\dfrac{n^2+n}{2}$	化归 ⟶	以数找数
正方形数	n^2	类比 ⟶	以形找数
五边形数	?	转化 ⟶	以形找形

由特殊到一般

七、课后阅读资料

毕达哥拉斯的成就[1]

1. 2500 年前的巨人

在意大利科多拿城中,曾经的巨人静静地躺在馒头式的坟墓中,不觉间已经过去了 20 多个世纪。

沧海桑田,物是人非。然而,斯人已逝,风范长存,毕达哥拉斯学派的思想深深影响着后世的哲学家们。下面就让我们更加具体地了解一下这位名垂青史的哲学家、数学家吧。

2. 演绎推理

说到勾股定理,相信没有人不会知道,其实它在西方还有另外一个名字,即毕达哥拉斯大定理。这个定理并不是毕达哥拉斯第一个发现的,早在公元前 1000 年左右古巴比伦人就发现了这个关系,在中国古代大约公元前 2 世纪到前 1 世纪成书的数学著作《周髀算经》中也有相应的记载:"……故折矩,勾广三,股修四,经隅五。"不过最早的证明可要归功于毕达哥拉斯,他利用演绎法证明了直角三角形斜边平方等于两直角边平方之和。

虽然毕达哥拉斯并未有著作流传于世,毕达哥拉斯学派也太过神秘,我们今天无法得知毕达哥拉斯利用演绎推理证明的具体过程,但是毕达哥拉斯证明这个定理的事实在西方已经得到了广泛认可,这种推理方式为后来亚里士多德和欧几里得提出的更加完整的演绎推理体系起到了重要的启示作用。

除此之外,其学派中的一个成员希帕索斯发现边长为 1 的正方形的对角线长度,既不能用整数表示,也不能用分数表示,这一发现直接导致了第一次数学危机。从某种程度上来说,正是有了毕达哥拉斯大定理的出现,才促成了无理数的发现。

---

[1] 同 108 页。

3. 美学的研究

除了上述的数学哲学，毕达哥拉斯在美学和音乐方面也有贡献。

毕达哥拉斯学派是西方美学史上最早探讨美的本质的学派。他们认为数是万物的本原，事物的性质是由某种数量关系决定的，万物按照一定的数量比例而构成和谐的秩序，由此他们提出了"美是和谐"的观点。

毕达哥拉斯学派还认为，外在的艺术的和谐同人的灵魂的内在和谐相合，产生所谓"同声相应"，认为音乐大致有刚柔两种风格，对人的性格和情感产生陶冶和改变，强调音乐的"净化"作用。

具体来说，毕达哥拉斯学派偏重美的形式的研究，认为一切平面图形中最美的是圆形，一切立体圆形中最美的是球形。据说毕达哥拉斯学派最早发现了所谓"黄金分割"规律，而获得关于比例的形式美的规律。

总而言之，毕达哥拉斯学派的美学观点是客观唯心主义的，对柏拉图、新柏拉图主义及文艺复兴时期的艺术家产生了深远影响。

我的命运谁主宰？

——中点四边形探究

王全娥

一、整体设计思路

《义务教育数学课程标准（2021年版）》中的课程基本理念明确提出：认真参与、阅读提取信息、自主探索、合作交流等都是学习数学的重要方式，在学生的数学学习过程中都应该关注并积极落实。所以本节课通过自主阅读、独立探究、小组合作，经历并体会研究几何图形性质的一般方法：自主阅读、了解定义→探究新知、合理猜想→小组合作交流、证明猜想→应用结论、解决问题，在探索过程中体会几何学习中的方式方法，感受几何的严谨；同时体会小组合作中大家的互帮互助，促进大家共同进步，养成独立思考、互相分享、勇于探究的精神。

二、教学目标

（1）了解中点四边形的定义。
（2）理解中点四边形形状的决定因素是四边形对角线的数量和位置关系。
（3）会利用中点四边形形状的决定因素解决相关的问题。

三、教学重点、难点

教学重点：中点四边形形状的决定因素。
教学难点：中点四边形形状的决定因素的探究。

四、课前阅读资料

定义：如图 1，E、F、G、H 分别为四边形 $ABCD$ 的四边的中点，顺次连接 EF、FG、GH、HE 得到四边形 $EFGH$，我们把这种四边形叫作中点四边形。

问题：请你结合中点四边形的定义，尝试写出中点四边形的符号语言。

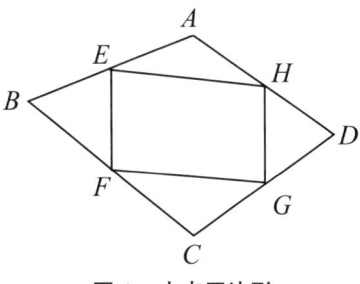

图 1　中点四边形

五、教学过程

环节一：探究中点四边形的形状

四边形 $ABCD$ 的中点四边形 $EFGH$ 是什么图形？请你画出图形，给出猜想并证明。

总结归纳：四边形的中点四边形是 _____。

学生独立完成探究过程，尝试用不同的方法进行探究，确定中点四边形的形状并给出规范的书写过程。研究一般四边形的中点四边形的形状，经历几何研究的过程，完成猜想、证明，形成结论，并初步感知中点四边形的探究转化为四边形对角线。

环节二：探究中点四边形的形状的决定因素

学生结合环节一的探究过程，独立完成探究过程，然后进行小组合作、沟通、交流，确定中点四边形的决定因素，并以小组为单位进行全班展示。

归纳总结：中点四边形形状的决定因素是：＿＿＿＿＿＿＿＿＿＿＿＿＿＿。

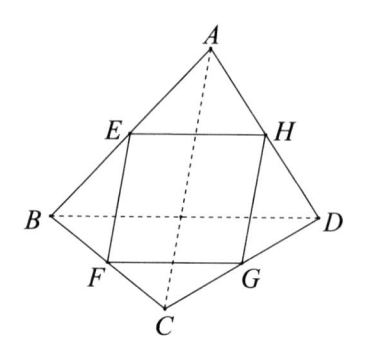

图2 中点四边形

原图形满足条件	中点四边形
$AC \perp BD$	矩形
$AC=BD$	菱形
$AC \perp BD$ 且 $AC=BD$	正方形

在小组展示后，结合上图，完成表格的梳理，对中点四边形的决定因素更加明确。

环节三：探索、交流

请结合刚刚探究的过程及相关的结论，完成下面问题的挑战！（相信你能行）

如图3，点 A，B，C 为平面内不在同一直线上的三点，点 D 为平面内的一个动点，线段 AB，BC，CD，DA 的中点分别为 M，N，P，Q。在点 D 运动的过程中，有下列结论：

①存在无数个中点四边形 $MNPQ$ 是平行四边形。
②存在无数个中点四边形 $MNPQ$ 是菱形。
③存在无数个中点四边形 $MNPQ$ 是矩形。
④一定存在两个中点四边形 $MNPQ$ 是正方形。

图3 探索、交流图

所有正确结论的符号是：_____。

学生独立思考后，小组合作释疑，然后班内展示，教师点评。重点关注学生能否将问题转化为中点四边形形状的决定因素来解决问题，以及学生对于题目的理解和面对综合问题时处理问题能力的积累。

环节四：反思、交流

（1）回顾本节课的基本环节。

（2）分享研究几何图形性质的方法、体会。

六、板书设计

我的命运谁主宰？
——中点四边形探究

1. 中点四边形定义。
2. 中点四边形的形状。

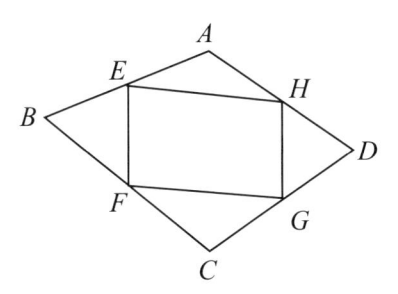

3. 决定因素：原四边形对角线的数量关系和位置关系。

七、课后阅读资料

如图，四边形 $ABCD$ 中，$AC=a$，$BD=b$，且 $AC \perp BD$，顺次连接四边形 $ABCD$ 各边中点，得到四边形 $A_1B_1C_1D_1$，再顺次连接四边形 $A_1B_1C_1D_1$ 各边中点，得到四边形 $A_2B_2C_2D_2$……如此进行下去，得到四边形 $A_nB_nC_nD_n$。

（1）证明：四边形 $A_1B_1C_1D_1$ 是矩形。

（2）请你判断四边形 $A_2B_2C_2D_2$ 的形状并说明理由。

（3）请你求出四边形 $A_1B_1C_1D_1$ 和四边形 $A_2B_2C_2D_2$ 的面积。

（4）请你求出四边形 $A_nB_nC_nD_n$ 的面积。

（5）请你研究四边形 $A_1B_1C_1D_1$ 和四边形 $A_2B_2C_2D_2$ 周长的关系。

（6）请你研究四边形 $A_nB_nC_nD_n$ 的周长与四边形 $A_1B_1C_1D_1$ 周长的关系。

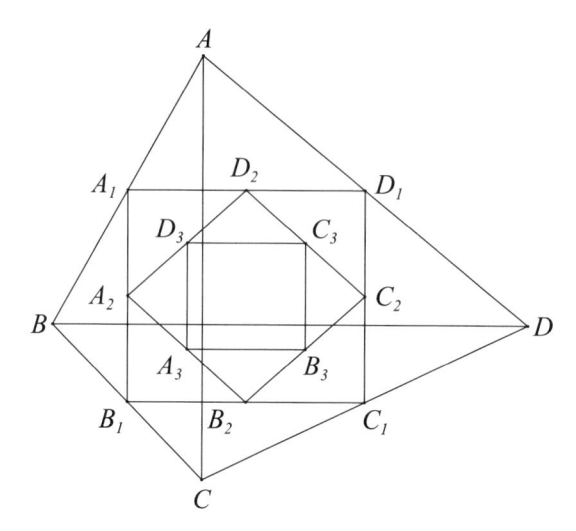

图 4　四边形

英语阅读课例

外星人历险记

——小学英语绘本故事 *Alien Trouble*

李梦嫣

一、整体设计思路

（一）指导思想与理论依据

《普通高中英语课程标准（2017年版）》提出了核心素养六要素整合的英语学习活动观。英语学习活动观是指学生在主题意义引领下，通过学习理解、应用实践、迁移创新等一系列体现综合性、关联性和实践性等特点的英语学习活动，使学生基于已有的知识，依托不同类型的语篇，在分析问题和解决问题的过程中，促进自身语言知识学习、语言技能发展、文化内涵理解、多元思维发展、价值取向判断和学习策略运用。英语学习活动观的提出旨在促进学生的深度学习，提升教与学的效果，也为小学英语绘本阅读教学提供了理论指导。

根据以上认识，基于英语学习活动观开展英语绘本阅读教学，本节课教师将实现以下目标。

（1）主题意义的探究成为本节课英语学习活动设计的主线。

（2）英语学习活动观倡导真实的学习情境，因此本节课尊重学生的已有认知并在此基础上引导学生提出问题并解决问题。

（3）英语学习活动观注重学生思维培养，教学活动应关注学生思维的层次性和递进性。因此，本节课的设计基于学生的认知方式，分层制定教学目标，逐层设计教学活动，最终实现学生的语言—文化—思维协同发展。

（二）单元整体设计思路

本节课出自《多维阅读》第九级，用于北京版小学《英语》六年级上册第三单元补充绘本教学。本单元由 5 个课时组成，本节课为第五课时。第三单元的主题为 "Get a nice trip"，通过三个对话的学习及阅读拓展语篇，学生能够在谈论旅行经历的过程中学会描述旅行时间、地点、出行方式、特殊事件等，同时了解旅行过程中的一些建议和守则。本单元由 5 个课时组成，单元课时内容设计如下。

单元主题：Get a nice trip

Lesson 9：本课时以 Mike 在杭州旅行时将护照遗落在宾馆、导致误机的事件作为主线，在谈论旅行经历中学习如何询问和表达出行地点及出行方式。

Lesson 10：本课时以 Mike 与爷爷视频交流杭州游览过程中的活动和交通方式的选择为主线，在谈论旅行经历中学习如何询问和表达出行的交通方式。

Lesson 11：本课时以对比古今出行方式的特点为主线，了解古代的交通工具是如何发展成为舒适、安全、快捷的现代模式，学习如何询问和表达那些伟大发明的发明者。

Lesson 12：本课时在完成教材中各板块语言练习的过程中，描述梳理过去事件的维度，如时间、地点、方式等，尝试全面、有条理地介绍自己的旅行经历。

Story Time：本课时是阅读课。挑选与本单元主题相关的绘本作为补充资料进行学习，对单元主题进行迁移。

本单元是六年级上学期的第三单元，第一单元从谈论暑假经历开始，本单元通过谈论周末安排、旅游方式等对第一单元的话题进一步延伸，因此对于学生来说无论是从生活经验还是从学习积累，本单元话题都不陌生。本册教材的前几个单元均是以一般过去时作为教学重点内容，因此在延伸阅读的选择上，也寻找了与教材重点语言和时态贴近的资料。该书是一本故事类读物，讲述了三个外星人来到地球后发生的故事。该书约有 300 个词，体裁为记叙文，以场景变化为顺序，分三个场景讲述故事。该书主要使用一般过去时讲述故事，涉及的动词过去式与课本关联较为紧密。

二、教学目标

（1）学生通过本节课的学习能了解旅行中需要遵守的规则。
（2）学生能够理解故事大意，梳理概括出故事发展的脉络。
（3）学生能够有感情地朗读、表演自己喜欢的段落。

三、教学重点、难点

教学重点：学生能够有感情地朗读、表演自己喜欢的段落，理解故事大意，梳理概括出故事发展的脉络。
教学难点：学生能够通过对故事的理解，对人物做出评价并提出合理建议。

四、课前阅读资料

My Summer Holiday

I like summer holiday so much. I look forward to summer holiday every year. Last summer, I went to Shenzhen for my holiday, which is also a city of seashore like Haikou. I enjoyed having a walk along the beach after supper or having a swim in the afternoon. The sky is blue, the air is fresh. Wherever you go, you can always see the green trees, the neat grass and the colorful flowers. They were usually wonderful. Shenzhen has a lot of tall buildings, and it is a modern city.

I am planning to spend my summer holiday on sports this year. Playing basketball is always my favorite, so some of my classmates and I will form a team and play basketball together. Sometimes we may have a match against some other teams and I do enjoy the sense when we win the game.

If you ask me what my favorite summer holiday will be like, traveling is the only answer. I hope that one day I could meet different people and visit different places of interest.

I wish I could have two long holidays in a year.

——《第三学段英语课外阅读（上册）》

Think & Discuss：

（1）How did you spend your summer holiday?

（2）How can you have a wonderful holiday?

五、教学过程

Pre-reading

1. 激活已知，预热话题

（1）Talk about the bad behaviors during travel.

Q1：Are they good travelers?

Q2：What should they do?

（2）Make predictions and raise questions.

Q1：What do you know from the cover?

Q2：What do you want to know about the story?

【设计意图】通过学生对旅途中不文明行为的评价，思考和提出自己的想法及建议，引出本课的主题，并引导学生观察封面，通过封面展示的线索，大胆猜想主人公的旅行情况及遇到的问题和麻烦，同时引导学生展开想象，针对故事提出自己的问题。

While-reading

2. 阅读绘本，深化内涵

（1）Understanding the trouble the aliens made.

学生自主阅读故事，回答问题，提取故事的主要内容。

T：Please read the book to answer the following question.

Q：What trouble did the aliens make?

【设计意图】学生完整观看绘本，整体感知绘本内容并提取故事的主要内容。

（2）Jigsaw reading.

学生通过拼图阅读、小组合作完成任务，提取各部分细节信息。

Home Group

Task 1：

① Read your own part by yourself.

② Try to finish the tasks on the worksheet.

Expert Group

Task 2：

① Talk with the classmates who have the same tasks.

② Try to perfect the answer.

Home Group

Task 3：

Share the part with group members.

【设计意图】学生通过拼图阅读的方式，提取细节信息深入思考并在组间进行分享，进一步加深对故事的理解，同时提高学生的阅读策略的运用能力及表达能力。

（3）Summary.

学生通过小组合作，梳理概括出故事发展的脉络并提高自己的思考能力。

Work in groups and try to give the answers.

【设计意图】学生通过小组合作，对故事进行整理和提炼，并进行汇报，进一步提升表达能力。

3. 表演体会故事情感

听读、模仿绘本故事，小组合作展示交流。

T：Now let's listen and try to imitate. Then you can choose one plot to act or retell with your group members.

【设计意图】在对故事的听读、模仿、表演或复述过程中，帮助学生进一步理解绘本，达成正确理解、朗读绘本的目标。

Post-reading

4. 评价反思故事人物

引导学生对故事中外星人的行为发表自己的看法。

Q1：What do you think of the aliens?

Q2：Are they good travelers?

【设计意图】通过引导学生对故事中人物行为的点评，强化文明旅客的观念，培养学生的批判性思维能力。

5. 内化知识，发散思维

引导学生制作"出门条"（图1），对本课内容进行整理思考。

```
Exit Ticket
· 3 words I learned
_____  _____  _____
· 2 sentences I like
_____
_____
· 1 thing I want to know
_____
```

图 1　出门条

T：After reading, what have you learned from the story? Try to finish the "exit ticket" and share it with your group members.

【设计意图】通过引导学生完成"出门条"，发散学生思维，将知识内化运用。

6. 发挥想象，续写故事

T：What else do you want to know?

T：Can you guess what happened next?

【设计意图】通过引导学生对故事展开联想，激发学生想象力，培养学生创新思维。

7. 家庭作业

（1）Read the story.

（2）Think about the ending and continue writing the story.

六、板书设计

	Alien Trouble		
Trouble	rode the kids' bike away	rode in the middle of the road	made big scribbles and ran off
Rules	You can't take something away that is not yours.	You should follow the traffic rules.	You shouldn't make scribbles on the paper or climb out of windows

七、课后阅读资料

Travel around the World

For hundreds of years, people have wanted to go around the world.

The first person to go around the world was from Spain. His name was Magellan. He went by boat with 18 other sailors. They sailed for 3 years. They finished their trip in 1522. Joshua Slocum was the first person to sail around the world alone. He was Canadian. He went in a very small boat. It was only 11 meters long. He started the trip in 1895 and finished it in 1898. That's a long time in a boat!

When the airplane was invented, people wanted to fly around the world. In 1924, three American airplanes were the first to fly around the world. They stopped in 61 cities. They flew for 175 days. In 1929, a zeppelin（齐柏林飞艇）from Germany went around the world in 21 days. That's much faster.

In 1961, a Russian astronaut went around the world by spaceship. His name was Yuri Gagarin. He went around the world in 108 minutes. He was surprised at the beauty of our world.

Today, people can travel around the world on vacation. Would you like to travel around the world?

——《第三学段英语课外阅读（上册）》

探索植物的奥秘

——小学《英语》五年级（下册）第二单元 Plants & Us　滕立立

一、整体设计思路

（一）指导思想与理论依据

程晓堂（2009）指出，语言总是在一定的情景中使用的。如果学生能在相对完整、真实的情景中接触、体验、理解和学习语言，那么他们就能够更好地理解语言的意义和用法，也能更好地掌握语言的形式。

为此，在进行《英语》五年级（下册）第二单元的教学时，根据学生已有的知识储备及乐于探索大自然奥秘的这一特点，结合单元主题 Plants & Us，我们整体思考和安排教学内容，把单元每节课中共同具有的细碎零散的语言知识点和语言能力点进行有效衔接，最终形成一个系统的有意义的整体，并根据学生认知发展的特点来设置单元课，以此帮助学生更好地理解单元主题，掌握单元语言知识，提升语言运用能力。

（二）整体单元设计思路

本单元的主题为 Plants & Us，它属于人与自然主题语境中人与动植物的内容。围绕 Plants & Us 的主题，教师与学生一起探索植物的奥秘。我们将教材原有的内容及补充拓展内容进行整合，重新规划教学内容和教学活动。以参观植物博物馆为主题情景，让学生在参观的过程中，先学习植物各部分名称的英文表达，然后再进一步学习植物各部分的作用，并在此基础上拓展阅读，丰富学生有关植物的相关知识。在本单元的第四课时中，通过与科学相结合，学习叶子生长的条件。在本单元的最后一课时，设置了知识分享展示，学生小组合作，进行分享交流。这样的设计凸显了主题情境的整体性和连贯性，将语言学习和学生生活实际相联系，将学习、思考、探究有机结合，助力学生语言能力、思维品质以及学习能力的共同发展。

具体单元框架如图 1 所示：

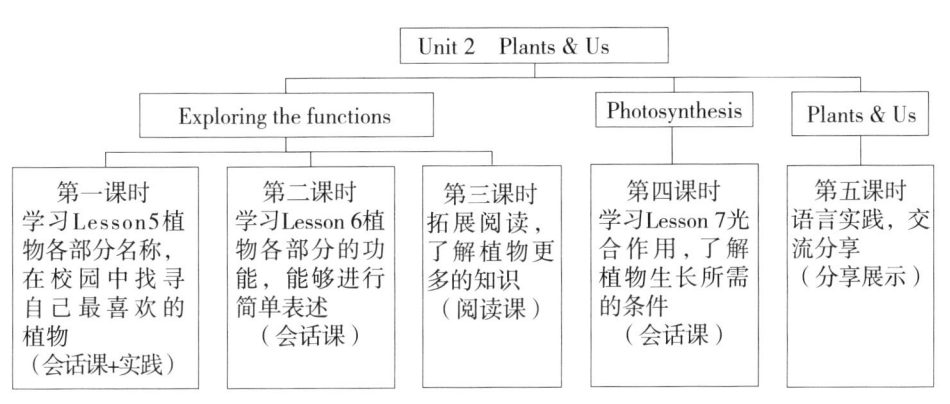

图 1　单元框架

二、教学目标

（1）学生在与 Baobao、Sara 一起逛博物馆的情境中，学习并理解相关植物各部分的名称，并且能够在植物图上正确标记出来。

（2）学生在理解课文和动画视频的基础上，通过学习单个任务、role-play 等练习活动，能够借助关键词的提示运用所学语言介绍植物各个部分的功能。理解植物与人的关系，学会爱护大自然。

（3）能够利用思维导图等总结提炼有关植物的关键信息，并能够对某种植物的各部分名称和相应的功能进行完整的描述。

（4）学生能够在分享小组植物知识的活动中，拓展丰富的植物知识，进一步了解校园里的植物，引导学生关注身边的绿色植物，同时培养学生小组合作意识。

三、教学重点、难点

教学重点：学生能够通过听、读相结合的方式提取核心信息，与教师共同建立植物导图。

教学难点：学生能够用英文准确表述植物各部分的名称及功能。

四、课前阅读资料

Seeds

Hoes make rows.

Fingers plant seeds.

Rain is what our garden needs.

Sprouts push up small green leaves.

Sunshine warms.

Hands pull weeds.

Flowers bloom and buzz with bees.

Fuzzy vines twines and lead to striped watermelons with small black seeds.

——Charlotee Gunnufson

Think and Discuss：

How do the seeds grow up to be watermelons?

五、教学过程

Step 1：Warming up（7 minutes）

Activity 1：Free talk

预设引导问题：

T: Hello boys and girls. Last time we went around the school and found different plants. Can you tell us what your plant is?

T: I think you have already found something about the plants. Can you share it with us?

Activity 2: Review and introduce the topic

预设引导问题：

T: Do you remember where Baobao and Sara went last weekend?

S: They went to the Plant Museum.

T: What did they learn there?

S: They learned the different parts of plants.

T: Do you know the English name of the different parts of plants? Here is the task.

① Finish the tasks on the worksheet: mark the parts of a plant/tree in the picture in English.

② Check the answers.

【设计意图】

（1）通过和学生之间的自然交流，引导学生关注校园里的植物，进而感受大自然的美好，为引出话题奠定基础。

（2）重温主题情景，通过 quick review 的方式，帮助学生复习本单元第一课时所学知识，为学习新知做铺垫，进而引出本课主题。

Step 2: *Presentation & Practice* (*23 minutes*)

Activity 1: Listening for general idea

Show the main picture and ask:

Baobao and Sara are following the guide to go on their visiting. Do you know what they are talking about?

【设计意图】

（1）观察课文主题图，了解对话主人公及对话背景。

（2）通过初听课文对话，体会主题语境，整体感知对话内容。

Activity 2: Listening for details

Question: What's the function of each part of a plant?

① Watch a video and finish the task on your worksheet.

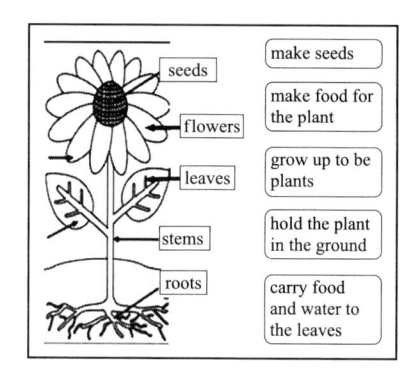

```
seeds        — make seeds
flowers      — make food for the plant
leaves       — grow up to be plants
stems        — hold the plant in the ground
roots        — carry food and water to the leaves
```

② Check the answers and finish the blackboard design with students.

【设计意图】学生通过再听对话文本，梳理细节信息，共同建构板书内容。

Activity 3: Quick game

T: Let's play a game. The first round is easy. I say the function, and you say the part of the plant.

T: Let's try the difficult one. I say the part of the plant, and you say its function.

【设计意图】通过这种游戏，帮助学生强化植物各部分功能的表达。

Activity 4: Practicing the dialogue

① Listen and repeat.

② Show time: choose one way to practice the dialogue: Role-play or presentation about different functions of the parts of a plant.

【设计意图】

（1）通过静听画批、跟读模仿，明确意群、声调，培养学生优美地道的语音语调。

（2）学生自主选择喜欢的练习和展示方式，满足不同学生的需要。

（3）学生通过角色扮演或演讲的方式来操练文本，提升学生用英语交流的能力。

Step 3：*Production*（*10 minutes*）

Activity 1：Making a summary

Summarise different functions of parts of a plant on the blackboard.

【设计意图】巩固复习本节课所学的重点内容。

Activity 2：Talking about the favorite plant

T：Before the class, you drew your favorite plant or took a photo of it. Now it's your turn to introduce it. You can write down some keywords to help you if you need.

【设计意图】

（1）学生通过展示，再次对本课内容进行巩固复习。

（2）从实际出发，让学生在生活中找寻自己最喜欢的植物与大家交流，让学生有话可说，提高他们英语表达能力。

Activity 3：Discussion

T：Boys and girls, today we have learnt more about plants. Here are some pictures for you. What do you think of the plants? Are they important for us? What should we do for them?

【设计意图】通过图片，引导学生关注植物与人的关系，培养学生爱护植物，热爱大自然的品质。

六、板书设计

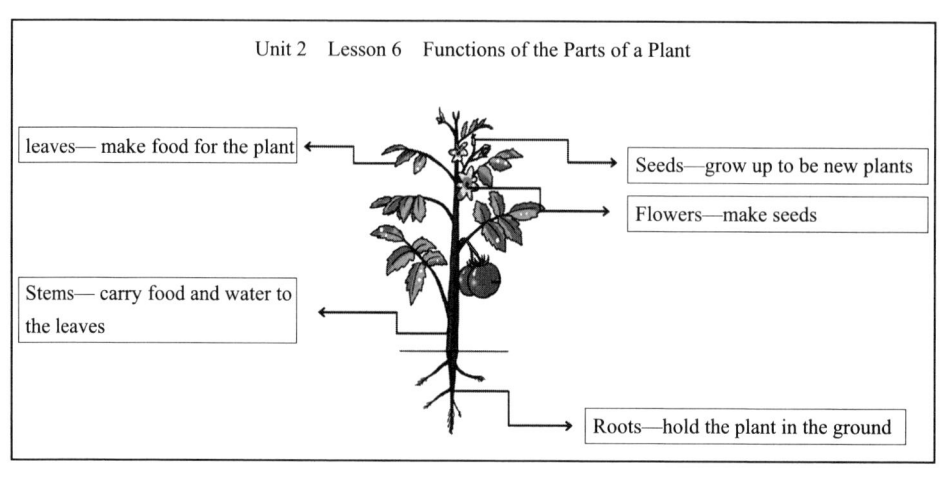

```
           Unit 2   Lesson 6   Functions of the Parts of a Plant

  leaves—make food for the plant                Seeds—grow up to be new plants
                                                Flowers—make seeds

  Stems—carry food and water to
  the leaves
                                                Roots—hold the plant in the ground
```

七、课后阅读资料

What is a plant?

Plants are essential for any ecosystem. They provide all the energy for the ecosystem, because they can get energy directly from sunlight. They use a process called photosynthesis to use energy from the sun to grow and reproduce. They also must get nutrients from the soil. Those nutrients get into the soil when decomposers break down waste and dead materials. Plants require space to grow and reproduce. The size of your ecodome will influence how much space your plants have.

All other organisms in the food chain get energy from plants, either by directly eating them as herbivores do, or by eating plant eaters, like carnivores do. Omnivores can get energy either by eating plants directly or by eating herbivores. Likewise, decomposers get energy either from plants or from the animals that eat them. Since all the energy in your ecosystem comes from plants, you'd better have a lot of them.

There are several different kinds of plants, and not all animals can eat all kinds of plants.

Grasses are only edible to herbivores. That is because the plants contain kinds of fiber that many omnivores cannot digest efficiently. Many herbivores have specially adapted stomachs that allow them to digest these plants.

Fruit-Bearing Plants make fruit. Herbivores and omnivores can both eat fruit or vegetables from plants, however. Fruit and seeds and sometimes vegetables are part of the plant's reproduction, and generally the presence of pollinators will help these fruit-bearing plants survive better and make more fruit.

Finally, there are a kind of plants called grains which make seeds that can be eaten by certain kinds of omnivores but not all. Humans and chickens can eat grain seeds. Herbivores can eat the whole plant.❶

---

❶ what is a plant? [EB/OL] (2022-04-08) .https://www.qrg.notherstern.edu/projects/marssim/simhtml/info/whats-a-plant.html.

神奇的蘑菇世界

——小学英语绘本故事 Up Pops a Mushroom　　潘堉竹

一、整体设计思路

（一）指导思想与理论依据

《普通高中英语课程标准（2017年版）》指出：单元是承载主题意义的基本单位，单元教学目标是总体目标的有机组成部分。教师应充分了解课程内容、内容要求及其之间的关联，根据课程结构和总体目标，以及各单元的主题和教学内容，制定各单元的具体教学目标。单元教学目标要以发展英语学科核心素养为宗旨，围绕主题引领的学习活动进行整体设计。教师要认真分析单元教学内容，梳理并概括与主题相关的语言知识、文化知识、语言技能和学习策略，并根据学生的实际水平和学习需求，确定教学重点，统筹安排教学，在教学活动中拓展主题意义。每一课时目标的设定都要为达成单元整体目标服务，有机融合课程内容六要素，并根据教学设计有所侧重，避免脱离主题意义或碎片化的呈现方式。

英语学科的核心素养包括语言能力、文化品格、思维品质和学习能力在内的相互关联的四大要素。其中思维品质包括能梳理、概括信息，建构新概念，并在实践中内化与运用。学生的学科核心素养主要是通过学科的教学来实现的。单元主题教学在培养学生核心素养方面有着明显的优势,单元主题教学有助于达到知识技能教学的连贯性和整体性,在主题教学设计中能够为学生营造贴近生活的真实语言情景的主题背景,激发其学习兴趣及培养自主学习的能力。单元主题教学有利于学生对知识技能的建构,注重学生综合技能运用的实践体验,有助于学生对知识的理解和运用能力的提升。

(二)单元整体设计思路

基于以上指导思想,在进行课时备课之前,首先进行了单元整体设计。单元整体设计思路是:对本单元出现的语言和语境进行梳理、分类和排序,在此基础上设定单元整体教学目标后,再为本课设计课时目标,并根据目标补充教学内容。本单元教学设计着眼于主题语境三大主题(人与自我、人与社会、人与自然)之一的"人与自然"这一主题中的自然环境和人与环境、人与动植物相关内容。

单元整体设计框架图:

本单元内容源于北京版《英语》五年级下册第二单元 What do flowers do? 教材提供的学习内容为分辨、表达植物各部分的名称;交流表达植物不同结构的生理作用;了解学习植物生存和呼吸所需要的条件。整个单元围绕自然环境展开,既介绍了基本的植物信息,也涉猎了相对复杂的自然科学知识,并且与本册的第三单元 How do seeds travel? 主题相关性较高。因此,将本单元的主题确定为更能凸显单元整体教学目标的 "Love the nature"。在整个单元教学中,紧紧抓住热爱自然这一主题,对教材内容及板块进行了统整、改编和补充,将本单元划分为 5 个课时内容。5 个课时在单元主题引领下,主题意义层层递进,激发学生了解大自然、热爱大自然的感情。

第 1 课时子主题为:身边一切皆为自然,我与自然。

第 2 课时 Lesson 5 和 Lesson 6 的子主题为:大自然中植物各部分英文名称及功能。

第 3 课时子主题为:神奇的蘑菇世界。

第 4 课时 Lesson 7+ 拓展阅读子主题为:植物的光合作用。

第 5 课时子主题为:新奇的植物,神奇的自然。

Unit 2　What do flowers do?

Lesson 5
- What's the English for the different parts of a plant?
- They are the roots, the stem, the leaves, the flowers and the seeds.

学习植物各部分的英文名称

Lesson 6
- What do flowers do?
- They make seeds.

了解植物各部分的功能作用

Lesson 7
- What do leaves need to make food?
- They need sunlight, air and water.

了解植物进行光合作用的原理

Love the nature

第1课时	第2课时	第3课时	第4课时	第5课时
What is nature? Everything is nature	The English and function of different parts of a plant	Picture book reading	Photosynthesis of plants	Amazing plants, amazing nature
复习内容+拓展阅读材料 单元导入课	Lesson 5&6 会话学习 会话学习课	绘本 Up pops a mushroom 绘本阅读课	Lesson 7+拓展阅读 会话拓展课	介绍最新奇的植物 介绍最喜欢的植物 综合运用课
通过复习旧知，调动学生感知与记忆，通过前阅读了解"我与自然"的联系，为本单元的学习做铺垫，唤起学生热爱自然、保护自然的意识	通过会话学习辨别植物的各个部分，正确表述植物各部分的英文名称和结构功能，运用本课所学语言向他人询问或介绍一种植物	通过绘本阅读，了解文中四种蘑菇并归纳出蘑菇与其他植物的异同，探究更多关于蘑菇的信息，培养学生探索大自然的兴趣	通过会话学习了解植物生长所需的条件，借助补充阅读材料拓展植物光合作用的原理，并进行相关表达，激发学生对于自然的求知欲	通过整合前四课时所学内容，完善学生对于自然的概念，并加以拓展运用，以介绍新奇的植物为支点，激发学生对自然的好奇心和热爱之情
头脑风暴、自主阅读、阅读资源补充	会话学习、小组合作、动手实践	绘本 Jigsaw reading、完成 worksheet	任务型教学、小组合作、KWL表格	以小组合作形式完成综合性任务

二、教学目标

（1）能够提取并梳理蘑菇共性的主要信息。
（2）能够通过 jigsaw reading 提取书中有关四种蘑菇的名称、外形、生长环境和特点的信息，建构有关四种蘑菇的结构化信息，并归纳出蘑菇与其他植物的异同点。
（3）能够借助图片、关键词和信息单等对书中自己最感兴趣的某种蘑菇进行介绍，内化和运用所学的知识。
（4）能够通过猜谜语活动，探究某一种蘑菇更多的信息或更多种新奇的蘑菇信息，以及了解研究蘑菇的方法。

三、教学重点、难点

教学重点：从文章中提取四种蘑菇的名称、外形、生长环境和特点等相关信息并总结概括，以图表的方式呈现。
教学难点：归纳、描述与阐释蘑菇与其他植物的异同点，并将蘑菇的特点内化，创编谜语。

四、课前阅读资料

Photosynthesis

What materials, or things, do Chinese Rose use to make their food? They use light, water and carbon dioxide to make their own food. The way plants make food is called photosynthesis.

How does photosynthesis work? The leaves of Chinese Rose gather the materials it need to make food: the roots suck up the water from the ground, the water travels up the stem to the leaves.

The leaves use energy from the sun to mix the carbon dioxide with the water. The chemical materials in the water and carbon dioxide get rearranged（重组）, or taken apart and put back together differently, and change into the sugar and oxygen.

The plant stores the food, or sugar, in its stem, leaves and roots. It "spits out" the oxygen it has made. People and animals breathe in the oxygen from the air.

Think & Discuss:

① Do all the plants need photosynthesis? Which kind of the plant doesn't need it?

② Can we eat all kind of mushrooms?

五、教学过程

Leading

Activity 1：猜谜看图，激活背景知识

step 1：学生猜谜语，引入主题。

Riddle：What room has no walls, no doors, no windows, and no floors?

Answer：Mushroom.

step 2：教师呈现日常食用的蘑菇的图片并提问。

① Do you know these mushrooms?

② Where can you see them?

③ What do they look like?

④ Can we eat all of them?

Pre-reading

Activity 2：阅读封面，激发阅读兴趣

step 1：教师呈现绘本封面图并提问。

① What do you know from the cover?

② What is the book about?

step 2：教师呈现鬼笔菌、蜜环菌、荧光真菌和蛤蟆菌的图片并提问。

① Have you ever seen these mushrooms? Where?

② Do you know what do their roots look like?

While-reading

Activity 3：听读关于蘑菇共性的介绍，梳理信息

学生听录音，然后独立阅读第 2~3 页并回答问题、分享答案，理解关于蘑菇共性特点的介绍。

Questions：

① What are mushrooms?

② Where do you see the mushrooms?

③ What do the roots look like?

④ Can you eat all kind of mushrooms? Why or why not?

Activity 4：拼图阅读，建构结构化知识

学生根据蘑菇图片选择想要了解的某一种蘑菇，自愿分组，拼图阅读第 4~13 页，建构关于四种不同蘑菇的结构化信息。

step 1：第一次分组阅读，四人一组，选择共同感兴趣的一种蘑菇，阅读并完成信息单。

step 2：学生回答问题，教师检测学生对文本的理解；学生利用语境和图片猜测和学习相关生词；最后对自己任务的完成情况进行评价，等级从低到高用 1~5 颗星代表。

Questions：

① Where might you find the slime? What other things do you know that are slimy?

② What does "gobble up" mean?

③ How do you know that flies help to spread the stinkhorn mushrooms?

④ What is the special thing about the honey mushroom?

⑤ How do you think of Monster Fungus? Should we dig up and get rid of them? Why?

⑥ What do you know about these mushrooms with big red caps?

step 3：第二次分组阅读，四位阅读过不同蘑菇信息的学生组成一组，组内交流分享自己阅读的信息，记录其他三人的阅读信息，共同完成学案 2 中关于四种蘑菇的信息表。

Activity 5：阅读文本结尾部分，概括蘑菇与其他植物异同点并完成信息

表，总结全文主要内容。

step 1：学生阅读第 14~16 页，总结归纳出蘑菇与其他植物的共同点和不同点，完成学案 2 中的最后一部分。

step 2：教师引导学生总结文本主要知识，复述几种蘑菇的主要信息及蘑菇共同的特点等。

Post-reading

Activity 6：听读文本，巩固文本内容

学生听录音，读文本，进一步理解文本。

Activity 7：组内猜谜，口头介绍

学生恢复到第一次分组的状态，组内成员可以分享在第二次分组时学习的成果。学生依据所完成的结构化信息单，运用相关词汇和表达方式，以谜语的形式口头分享介绍某一种蘑菇的信息。可参考下列语言模板：

It pops up in the …（生存环境） It is/has …（外形特点） It's …（属性、特点）What mushroom is it?

Activity 8：内化运用，写谜语介绍一种神奇的蘑菇

学生在信息单的帮助下，仿照教师示范编写谜语，介绍一种蘑菇。组内同伴互猜并对谜语进行互评。（使用学案 3）

Activity 9：继续猜谜，拓展信息

学生继续以猜谜游戏的形式反馈掌握情况。同时教师引导学生关注书中未详细介绍、需要学生课外拓展的信息，培养学生探究神奇的蘑菇世界和神奇自然的意识。

Questions：

① It smells terrible. It's slimy. These mushrooms don't all look the same. What is it?

② It's long. It can eat grasshoppers. What is it?

Activity 10：组内交流，探究更多关于蘑菇的信息与研究蘑菇的方法

Questions：

① What else do you know about these mushrooms?

② What other mushrooms do you know?

③ How can we get the information?

Homework: *Choose 1 from 3*

（1）Work with your group members and make a poster to introduce a kind of mushroom from the book. Try to search more things about it.

（2）Go to the library or surf on the Internet with your group members to look for information about a different kind of mushroom and introduce how to learn it in front of the class.

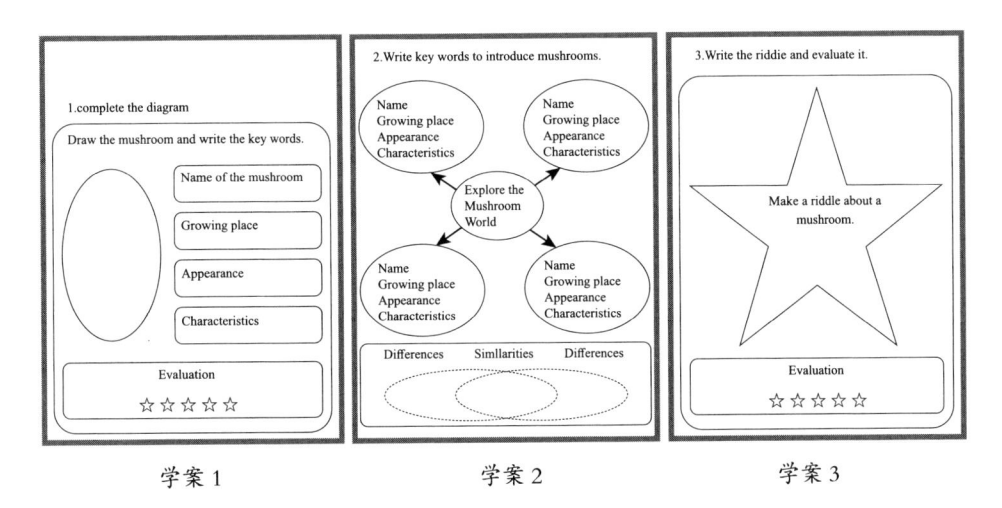

学案 1	学案 2	学案 3
1.complete the diagram — Draw the mushroom and write the key words. (Name of the mushroom, Growing place, Appearance, Characteristics, Evaluation ☆☆☆☆☆)	2.Write key words to introduce mushrooms. (Explore the Mushroom World — Name/Growing place/Appearance/Characteristics; Differences, Similarities, Differences)	3.Write the riddle and evaluate it. (Make a riddle about a mushroom. Evaluation ☆☆☆☆☆)

六、板书设计

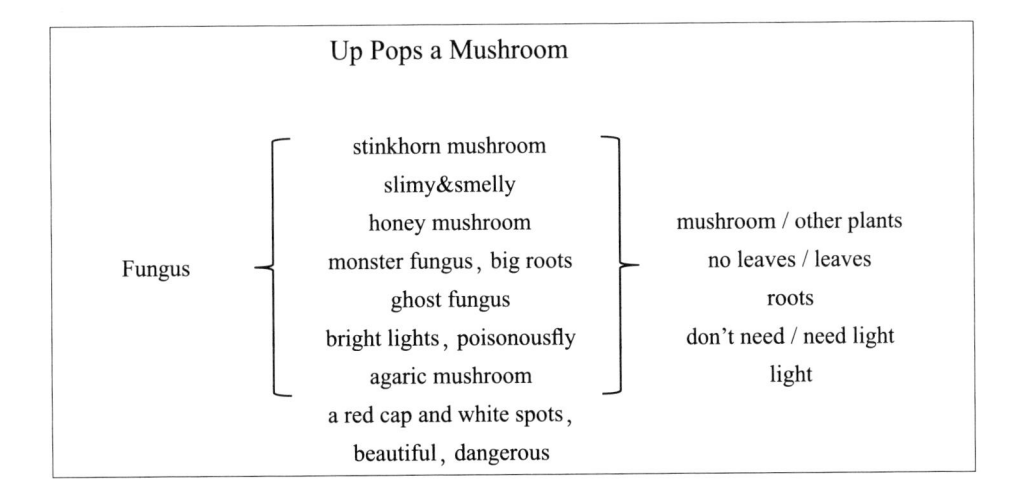

Up Pops a Mushroom

Fungus {
stinkhorn mushroom — slimy&smelly
honey mushroom
monster fungus, big roots
ghost fungus
bright lights, poisonousfly
agaric mushroom
a red cap and white spots, beautiful, dangerous
}

mushroom / other plants
no leaves / leaves
roots
don't need / need light
light

七、课后阅读资料

Different mushrooms

When it comes to buying mushrooms, we often go by appearance rather than taste. We stick to those clean-cut white button mushrooms, perhaps a bit intimidated by the wilder characters in the fungus family. But it's worth getting to know all those odd-looking mushrooms—they can really add taste and sophistication to your cooking.

1. White Mushrooms

These immature, unopened mushrooms are probably the most common in North American supermarkets. They can be bought either fresh or canned. They can be eaten raw or cooked in almost any dish, but their flavor intensifies with cooking. Bigger button mushrooms can be left whole and stuffed, for an appetizer or side dish.

2. Baby Bella Mushrooms

These are a darker, more flavorful version of the white button mushroom. They can be used in all the same ways as the white button mushroom.

3. Oyster Mushrooms

These fan-shaped mushrooms grow on the sides of trees, looking kind of like an oyster. They have a mild taste, and work well in stir-fries, soups, sauces and many other dishes.

4. Enoki Mushrooms

These long, crisp mushrooms are usually used in soups, but can also go in salads and sandwiches. They can be eaten raw or cooked, and are available fresh and canned. They grow naturally on the hackberry tree. Cut off the roots before using.

——《二十一世纪学生英文报》

创设生活情境　激发创新思维

——Dream Jobs

赵玉琤

一、整体设计思路

本节选自义务教育教科书北京版《英语》教材五年级下册第六单元 What will you do in the future? 本单元在内容与主题方面，通过引导学生在职业体验和畅想未来中加深对职业功能的学习、认知和理解，树立职业理想；在语言知识方面，主要涉及"一般现在时第三人称动词变化"的语法学习与运用，在本单元教学中也将进行重点关注和难点突破。基于对本单元的内容与主题线、语言知识线的梳理，教师确立了本单元的主题为：Dream Jobs（理想的工作）。

本单元的设计基于英语学习活动观，把活动作为英语学习的基本形式，强调语言要在自然语境中习得，在具体环境下的语言交流能够更好地激发思维，才能取得最佳效果。

本节设定为读写结合课，通过阅读 Binbin 对未来职业和生活的畅想小语篇，感受未来的无限可能；通过推断职业理想背后的原因及细节信息，丰富职业内涵、做出评价；通过扩写语段从而扩写文本；通过畅想、介绍自己的职业理想，激发对未来生活美好向往。它共分为六个环节：热身复习、激活已知；文本阅读，学习理解；文本推断，分析评价；扩写文本，应用实践；畅谈理想，迁移创新；小结作业，拓展延伸。

二、教学目标

（1）能够读懂介绍未来职业和生活畅想的小语篇，感受未来生活的无限可能。

（2）通过小组合作、讨论，推断 Binbin 对职业和未来生活的畅想背后的理由、原因，扩写小语段，丰富理想的内涵。

（3）能够仿照范例介绍自己对未来职业和生活的畅想，例如：I want to be a ... in the future, because I want to ... I think it must be a ... job. 表达对未来生活的美好向往。

三、教学重点、难点

教学重点：阅读 Binbin 对未来职业和生活的畅想小语篇，通过推断职业理想背后的原因及细节信息，丰富职业内涵并做出评价。

教学难点：通过扩写语段，从而扩写文本；通过畅想、介绍自己的职业理想，激发大家对未来生活美好的向往。

四、课前阅读资料

When I grow up, I'll work with animals, but I don't know which job to choose. Maybe like my brother, he's a special vet（兽医）. He looks after scary（可怕的）snakes. My father is a scientist（科学家）. He works to save rare birds（珍稀鸟类）. Some are really clever, and can even say some words. My mother is a dog groomer（饲养员）. She loves dogs, big or small. My sister trains dolphins. They practice in the pool. She hears them talk and sing — that sounds really cool! There are so many animal jobs to choose, but which one is right for me? I'm only 10 years old, so I'll have to wait and see.

（　　）1. What's the title（题目）of the sotry?

A. My father is vet　　　B. I want to be a farmer

C. What will I be when I grow up

（　） 2. The members（成员）of this family work with _____ .

A. people　　　　B. animals　　　C. birds

（　） 3. Where do dolphins live?

A. in the water　　　B. on the land　　　C. in the forest

（　） 4. How many people are there in this family who work with animals?

A. four　　　B. three　　　C. five

5. Do you love animals? Why or why not?

五、教学过程

环节一：热身复习，激活已知

（一）自主交流，复习星期

教师引导学生就星期话题展开讨论，激活学生已有知识。

（二）欣赏歌曲，导入主题

教师播放歌曲 Helping hands，导入本课主题"Jobs"。

（三）词卡游戏，巩固复习

（1）教师示范。教师抽取一张写有工作内容的词卡，大声朗读，请学生猜测职业名称。

（2）同伴活动。

环节二：文本阅读，学习理解

（一）看图谈论，预测内容

教师引导学生观察图片，基于问题进行交流。

（1）Who is he?

（2）What is Binbin doing?

（3）What is he thinking about?

（二）默读短文，验证预测

（1）教师引导学生自主默读文本。

（2）交流文本内容，验证预测内容。

Binbin is thinking about his dream jobs in the future.

（三）再读短文，提取信息

（1）教师引导学生运用提取信息策略圈画出文中关键信息。

What does Binbin want to be on Mondays?

【教师示范】

On (Mondays), I want to be a police officer. That must be a cool job. On Tuesdays, I want to be a doctor. I want to help sick people. On Wednesdays and Thursdays, I want to be a teacher. I want to teach English. I want to be a farmer on Fridays.

将 Mondays 画圈，police officer 画横线

（2）学生自读，圈画出其他信息。

（3）交流分享信息，并完成学习单中连线活动。

（四）朗读短文，回顾文本

（1）集体跟录音朗读。

（2）学生自主朗读，听录音朗读文本。

环节三：文本推断，分析评价

（一）借助疑问词，提出问题

教师引导学生借助 why, where, what, how 等疑问词对 Binbin 的理想进行进一步的提问。

（二）借助问题，分析缘由

教师板书问句，并引导学生尝试逐一回答问题，分析 Binbin 职业选择的缘由。

（三）角色体验，分享交流

（1）师生示范对 Binbin 采访。
（2）学生分组，任选 Binbin 的一个畅想进行深入的采访与谈论。

（四）客观分析，做出评价

教师引领学生对文本进行客观分析，并做出自己的评价。
What do you think of Binbin's dream?

（五）归纳概况，深化主题

教师引导学生高度凝练本文内容，提炼中心思想，为短文起一个标题。

环节四：扩写文本，应用实践

（一）教师示范，扩写语段

教师以 Binbin 的一个职业理想为例，基于前期讨论内容，扩写一个语段进行示范。

I am Binbin, I want to be a teacher on Wednesdays and Thursdays, because I want to work in a school so that I can play with children, and help children solve their problems. I think it is a helpful job.

（二）学生自选，进行扩写

学生自主选择文段中的一个职业，自主分析缘由，进行文段扩写。

（三）分组交流，全班展示

（1）组内交流分享扩写内容。
（2）班级内进行交流展示。

环节五：畅谈理想，创新迁移

（一）倾听歌曲，激发情感

教师播放歌曲，激发学生树立远大职业理想的热情。

What do you want to be in the future?

（二）畅想职业，分享理由

教师引导学生对自己的未来进行畅想，并简要说明理由。

What do you want to be in the future? Why?

（三）交流探讨，树立理想

教师组织学生分组交流并进行全班展示。

环节六：小结作业，拓展延伸

（一）总结提升，深化主题

教师总结回顾本课内容，鼓励学生通过自己的努力去实现梦想，深化提升本课主题意义。

Everyone has dreams. Try your best to make your dream come true.

（二）布置作业，拓展延伸

（1）学唱歌曲 *Helping hands*。
（2）仿写自己的职业畅想。

六、板书设计

七、课后阅读资料

> **Babysitter Wanted**
>
> Do you like children? Do you have free time in the afternoon? We need a babysitter for our son. He is five years old. Hours are 3:00 pm to 6:00 pm from Monday to Friday. Sometimes you have to work on the weekend. Pay $10 each hour.
>
> For the job, you will: **Watch our son**
>
> **Read to him**
>
> **Play with him**
>
> You will work at our house.
>
> We live in Fourth Road, near Huaxing Clothes Store.
>
> Please call Mr. Wang at 010-58899333.

阅读小练习

( ) 1. On Friday, the babysitter will _____ .

A. not work 　　　　　　　　B. get $10

C. live there 　　　　　　　　D. work three hours

( ) 2. _____ is not a part of the job.

A. Cooking for the child 　　　B. Working at the child's house

C. Taking care of the child 　　D. Reading books to the child

( ) 3. The babysitter must _____ .

A. drive a car to work 　　　　B. go to the office to work

C. play with the child 　　　　D. work every Saturday and Sunday

( ) 4. Which of the following is true? _____ .

A. The child is less than ten years old.

B. The babysitter must be a college student

C. The babysitter must work six days a week.

D. The babysitter can get more pay on weekends.

( ) 5. The best babysitter for the job _____ .

A. get $10 every day 　　　　B. is busy on Wednesday afternoon

C. can't read story-books 　　D. likes playing with children

绘本阅读促小学高年级学生英语综合学力提升

王晓晴

一、整体设计思路

本单元为北京版《英语》六年级下册第三单元，本单元是围绕环保话题展开的，共包括 Lesson 9~Lesson 12 四课内容。本单元的第 9、10 两课将话题聚焦在保护环境、节能减排这一主题上，第 11 课的话题为爱护动物，阅读课的主题为垃圾回收，共分为 7 课时。通过本单元的学习，帮助学生认识保护环境的具体途径和方法，培养学生的社会责任感。同时将环保理念聚焦到对动物的关爱上，帮助学生建立人与自然和睦相处的共识。

本课为 Lesson11 的第 2 课时。本课通过看视频、听故事，使学生了解动物目前面临的生存困境，激发他们爱护动物的愿望，并针对问题找到帮助动物的方法，号召他人一起爱护动物，并在生活中去践行。

本单元具体课时内容设计如下。

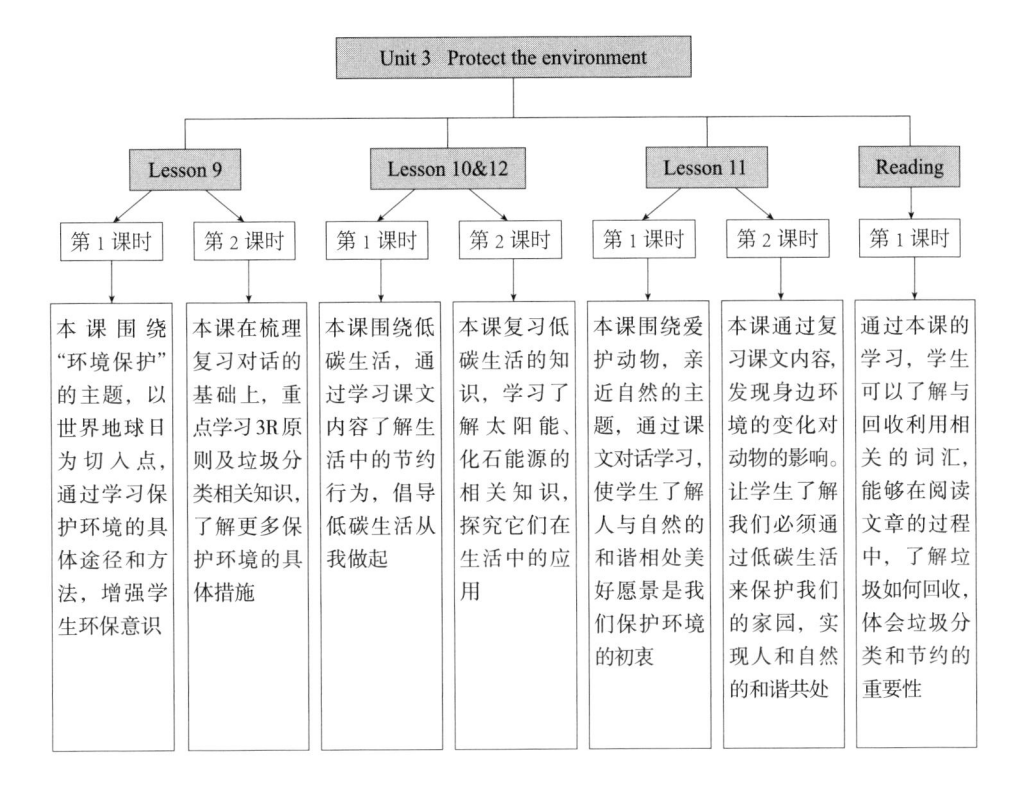

```
                    Unit 3  Protect the environment
        ┌──────────────┼──────────────┬──────────────┐
     Lesson 9      Lesson 10&12    Lesson 11       Reading
    ┌────┬────┐   ┌────┬────┐    ┌────┬────┐         │
   第1  第2   第1  第2   第1  第2      第1课时
   课时  课时  课时 课时  课时  课时
```

| 本课围绕"环境保护"的主题，以世界地球日为切入点，通过学习保护环境的具体途径和方法，增强学生环保意识 | 本课在梳理复习对话的基础上，重点学习3R原则及垃圾分类相关知识，了解更多保护环境的具体措施 | 本课围绕低碳生活，通过学习课文内容了解生活中的节约行为，倡导低碳生活从我做起 | 本课复习低碳生活的知识，学习了解太阳能、化石能源的相关知识，探究它们在生活中的应用 | 本课围绕爱护动物，亲近自然的主题，通过课文对话学习，使学生了解人与自然的和谐相处美好愿景是我们保护环境的初衷 | 本课通过复习课文内容，发现身边环境的变化对动物的影响。让学生了解我们必须通过低碳生活来保护我们的家园，实现人和自然的和谐共处 | 通过本课的学习，学生可以了解与回收利用相关的词汇，能够在阅读文章的过程中，了解垃圾如何回收，体会垃圾分类和节约的重要性 |

二、教学目标

基于以上内容分析，将本单元教学目标定为：

（1）能够围绕低碳生活这一话题进行简要交流或谈论世界地球日、日常生活中的环保行为、保护身边动物等内容。

（2）能够了解太阳能、动能、化石能源的形成和工作原理，探究节能3R原则如何在日常生活中落实，了解垃圾如何回收，体会垃圾分类的重要性。

（3）复习巩固以 Don't, Let's 等引导的祈使句；能够运用情态动词 can, should, shouldn't 等谈论自己对节能环保的想法。

（4）能够认识到人与自然和谐共处的美好愿望是我们保护环境的初衷，从而树立低碳生活、节能环保的意识，并尝试将其落实到实际生活中去。

本课目标：

（1）通过听歌曲及故事了解动物面临的困境，激发学生想要保护动物的愿望。

（2）结合本单元所学，将自己的环保行为与大自然更好的存在建立联系，并尝试制作自己独特的环保小书 Things I should do for the animals，撰写保护动物演讲稿来表达自己保护动物及环境的具体做法，并号召大家一起践行。

（3）通过本课的学习，能够认识到人与自然和谐共处的美好愿望是我们保护环境的初衷，并努力在日常生活中践行。

三、教学重点、难点

教学重点：结合本单元所学，将自己的环保行为与大自然更好的存在建立联系，并尝试制作自己独特的环保小书 Things I should do for the animals，撰写保护动物演讲稿来表达自己保护动物及环境的具体做法，并号召大家一起践行。

教学难点：能够认识到人与自然和谐共处的美好愿望是我们保护环境的初衷，知道我们应该保护动物、保护环境。

四、课前阅读资料

Animals are our friends, and how should we protect them? The government is working to protect all the animals in danger and has made lots of plans to save them. We shouldn't eat wild animals. In this way, there will not be wild animals on sale anymore. I think the hunters and killers will become fewer and fewer.

We should also protect the environment. We should stop people from cutting trees. Without trees, wild animals will lose their home, and we will lose our animal friends. All of us should try our best to protect animals.

We should give them fresh water to drink, make the forest bigger for animals in danger to live in, and also advise people not to kill animals because they are our friends.

——根据网络文章《保护动物》改编

五、教学过程

Warming up

Activity 1：enjoy a song

T：Let's enjoy a song first.

Animals are our best friends, so we should protect them.

Do you still remember how Lingling, Maomao and Mike protect the little squirrel in the tree?

S：They don't shout. And they want to be friendly to it.

T：Nowadays, animals are faced with many problems.

Here is a story titled I want a home. Let's have a look.

【设计意图】通过歌曲，回顾上节课所学的内容，自然引入本节课的学习。

Presentation

Activity 2：Look and speak

T：Please take out your worksheet and look at the nine pictures there.

T：From the pictures can you guess who wants a home?

S：Animals want a home.

【设计意图】通过看图片，猜测故事内容，培养学生的读图猜测能力。

T：What happened? Maybe someone destroyed the animals' home.

I want a home

Activity 3: Listen and choose

T: What are the problems these animals are faced with now?

Circle the answer.

A. homelessness

B. shortage of food

C. environmental pollution

【设计意图】初听故事了解文章大意，通过听、看，选择文章的主旨信息，培养学生的归纳能力。

Activity 4: Listen and number

T: This time, please listen again and number the pictures in the right order.

【设计意图】再听故事，了解故事细节。培养学生根据细节信息，给图片排序的能力。

Activity 5：Watch and think

T：Apart from being homeless, animals face other problems. Let's watch a video.（播放视频）

【设计意图】通过观看视频，引发学生的思考，让学生了解和明白该如何保护动物。

Practice

What are the problems these animals are faced with now?

T：Environmental pollution and human hunting are the big problems to them. What should and shouldn't we do to protect them?

Activity 6：Think and match

I think we should

        be kind to animals

        look after our pets well

        give them a warm home

        treat them well

I think we shouldn't

        buy clothes made of fur

        kill the animals

        scare the animals

        abandon our pets

【设计意图】通过连线的方式让学生表达如何保护动物，为下一阶段的产出做铺垫。

Activity 7：Think and do

OK，It's time to make our mini books：Things I Should Do for the Animals.

Animals are human's friends. We cannot live without them.

I/We should be friendly to them, because we are friends.

I/We should give it a warm home when I decide to keep a pet.

I/We should treat them well and never kill them for their fur, skin or teeth.

I/We should protect the environment and let them have a better living place.

【设计意图】通过制作迷你小书，巩固练习句型 I should ... because... 来完整表达自己保护动物及环境的观点。

Production

Activity 8: Think and write

The World Animal Day is coming. Let's write an animal protection proposal to tell everyone why we should protect animals and how to protect them.

Dear friends,

Animals live together with us on the earth. We should be friendly to them.

They help us a lot. They bring us happiness.

We should protect animals by living a low-carbon life. Many wild animals are in danger, because the environment that they are living in has changed a lot, becoming worse and worse.

What's more, we shouldn't buy things made of their fur, skin, or teeth. When the buying stops, the killing stops too.

【设计意图】通过写倡议书，进一步梳理自己对保护动物及环境的观点。

Summary

T: Boys and girls, today we have learned how to protect animals in our daily life. We also need to protect our environment. You all have done a wonderful job today.

Homework

1. Finish your animal protection proposal.

2. Tell your parents or friends why we should protect animals and what we can do to protect them.

六、板书设计

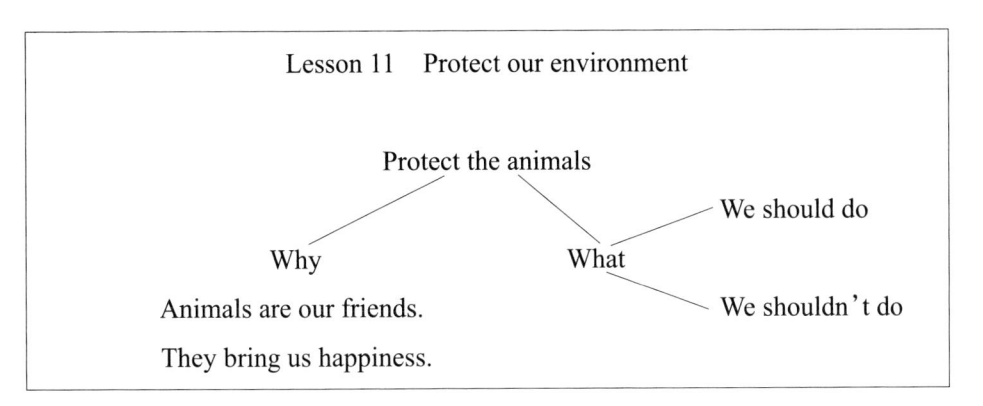

```
Lesson 11    Protect our environment

              Protect the animals
                                          ── We should do
         Why              What
                                          ── We shouldn't do
  Animals are our friends.
  They bring us happiness.
```

七、课后阅读资料

April 22 is World Earth Day. Mike, Lingling and Maomao talk about what they can do to protect our environment. They print on both sides of the paper. It's a good way to save paper and to save trees. They live a low-carbon life. They go to school on foot or by bike. They don't leave the water running when they are washing hands. And they also remember to turn off the lights when they are leaving.

They think animals live together with us on the earth. We should be friendly to them. Animals help us a lot. They bring us happiness.

We should protect animals. Many wild animals are in danger, because the environment that they are living in has changed a lot, becoming worse and worse.

What's more, we shouldn't buy things made of animals' fur, skin, or teeth. When the buying stops, the killing stops too.

基于小组合作与分享的英语群文阅读

孙红艳

一、整体设计思路

英语学科的群文阅读是一种新型的阅读教学方式,是在合作教学模式下的学生自主阅读与集体共建的模式。群文阅读就是师生围绕一个或多个议题选择一组文章,而后师生围绕议题进行阅读和集体建构,最终达成共识的过程。它打破了传统的单篇阅读模式,是一组强调"整合"与"联动"的创新型阅读方式。

本节课是围绕主题"人与自我"的英语多篇阅读,阅读文本主题是"Anxious about our appearance",通过在这一主题下的群文阅读,帮助学生认识自我,完善自我。基本的阅读策略是课前自主阅读,获取话题语料;课中学生先独立阅读不同语篇材料,再进行组内分享阅读,梳理语篇脉络和主旨,一起探究语篇的主题意义;课后拓展阅读,丰富文化视野。

这样的课前—课中—课后所构成的主题意义阅读非常适合以群文阅读的方式,配合小组合作的学习方式,学生以语篇为载体,在理解和表达的语言实践活动中,融合知识学习和技能发展,通过感知、预测、获取、分析、概括、比较、评价、创新等思维活动发展学生的思维品质,提升分析问题和解决问题的能力,塑造正确的人生观和价值观,促进学生英语学科核心素养的形成和发展。

二、教学目标

（1）通过阅读不同文本，获取有关青少年外貌形象焦虑的调查数据及原因分析，以及 Jessica 和 Grace 两个人容貌变化的细节信息。

（2）基于所读内容，梳理和整合信息，分析数据所阐释的问题及自己的看法，对比两位主人公所经历的变化过程（the old-the new），并用示意图表示出她们不同阶段的内心感受。

（3）通过分析主人公的语言和行为，阐释她们是如何看待过去的自己和现在的自己的，并发表自己对"say goodbye to the old me and say hi to the new me"的感悟。

（4）通过设置情境，组织学生进行访谈，与两位主人公和心理咨询师对话，再次感悟主人公的经历带给自己的思考，从多角度引发学生对青少年外貌形象焦虑和审美标准的思考，通过讨论引导学生正确看待自身外貌形象这个问题，并给外貌焦虑的青少年提出建议，在生活中寻找到内在美。

三、教学重点、难点

教学重点：
（1）通过阅读不同文本，获取有关青少年外貌形象焦虑的调查数据及原因分析，以及 Jessica 和 Grace 两个人容貌变化的细节信息。

（2）基于所读内容，梳理和整合信息，分析数据所阐释的问题及自己的看法，对比两位主人公所经历的变化过程（the old-the new），并用示意图表示出她们不同阶段的内心感受。

（3）通过分析主人公的语言和行为，阐释她们是如何看待过去的自己和现在的自己，并发表自己对"say goodbye to the old me and say hi to the new me"的感悟。

教学难点：
通过设置情境，组织学生进行访谈，与两位主人公和心理咨询师对话，再次感悟主人公的经历带给自己的思考，从多角度引发学生对青少年外貌形象焦虑和审美标准的思考；通过讨论引导学生正确看待自身外貌形象这个问题，并给外貌焦虑的青少年提出建议，在生活中寻找到内在美。

在突破难点的环节，运用小组合作，精心创设情境，使各环节汇集了综合性和关联性的语言学习及思维活动，充分发挥学生的主体作用，使学生广泛而积极地参与到课堂学习之中，让学生在活动中感知与领悟、迁移与创新，达到知行合一。

四、课前阅读资料

Are you happy with your appearance?

Some teenagers are not.

"Almost all the girls with single-fold eyelids（单眼皮）in our class have had double eyelid operations（手术），" Zeng Ming, a Senior 2 student from Chengdu, told the Xinhua News Agency. Zeng had the same surgery done this summer. She and many of her classmates believe bigger eyes look more beautiful.

From popular photo-editing（照片编辑）apps to plastic surgery（整容），it seems that large eyes, pale skin and a skinny body are the only standard for beauty these days. But can following this standard really make us feel good about ourselves?

Body image anxiety（对自身形象的焦虑）is common among teenagers. According to Xinhua News, over six in ten girls choose not to take part in certain daily activities, such as attending school, because they feel bad about their looks. As much as 31 percent of teenagers avoid speaking up in class because they worry that others will notice their looks.

Many teenagers are upset about their appearance because they believe in unrealistic（不现实的）standards of beauty, experts say. Perfect faces and bodies are everywhere in advertising（广告），TV shows and social media. Seeing all these things can make anyone believe that they're too dark, too fat, too short, or too tall.

However, what troubles us is not just our "imperfect" looks, but the fact that we criticize（批评）ourselves so harshly（尖刻地）.

Boys also worry about their looks

Boys don't usually talk about body image problems as much as girls, but that doesn't mean they don't have them. They can struggle（挣扎）with body anxiety as well. But parents and doctors may overlook（忽视）them.

According to a recent survey in the United States, 15 percent of boys in high school are trying to lose weight. More than 40 percent of boys in high school regularly exercise with the goal of getting bigger muscles（肌肉）. Maybe they just want to have an ideal body like male pop idols from South Korea.

Beauty comes in all shapes and sizes. All of us should be just as confident as they are.

——《二十一世纪英文报》

※ After reading, think about the following questions：

1. Find out the facts that show teenagers' body image anxiety.

2. What makes them so upset about their appearance? (At least two reasons)

3. What is the only standard for beauty these days?

4. Can following this standard really make us feel good about ourselves? Share your opinions.

五、教学过程

Step 1：Pre-task（5 mins）

1. Students Look at the photos and focus on the appearance and predict the topic of the lesson.

2. Students read the notes and know about some students' body image anxiety.

3. Students listen carefully and know about the interview task today, then try their best to do the preparation.

【设计意图】围绕主题"Anxious about our appearance"，创设情境，引发学生对外貌形象的感知和注意，并创设真实任务情景，设立学习目标，激发学习动力。

Step 2: While-task (30 mins)

【设计意图】

① Show their understanding about the tennagers' appearance anxiety—list the detailed information about "facts, reasons, standard".

② What's your answer to the question "Can following this standard really make us feel good about ourselves?" and share your ideas.

③ Read the different reading materials individually, complete the reading notes, and then share the reading contents in groups, makeing clear about the stories of Jessica and Grace.

④ Regroup, discuss together and complete reading tasks in the new group – do comparative reading, analyze the emotion of Jessica and Grace, try to use mind map to show their ideas, and finally do the deeper thinking.

⑤ Think about the task and prepare the interview according to the different roles, and then show it in front of the class. Comment on others' work.

（1）培养学生自主阅读、获取和梳理文本细节和主旨的习惯和技能；通过分享阅读的活动，培养学生概括与整合信息的能力。通过对比阅读，建立信息间的关联，形成新的知识结构，也培养了学生的合作精神。

（2）通过小组合作深入探究文本，培养学生分析能力和逻辑思维能力，同时内化所获得的语言知识。

（3）通过小组合作，在新的情境下开展想象与创造，运用所学到的语言知识，从多角度分析问题，解决问题，进一步进行主题意义的探究。

Step 3: Post-task (5 mins)

（1）Follow the teacher's questions and express their own opinions.

（2）Summarize what they have learned in this class.

（3）Do the following homework：

① Read another article "Beauty found in the old age".

② Make a speech about the attitude to the body image.

【设计意图】引导学生理性表达观点和态度，形成正确的外貌价值观，达成对主题意义的探究目的。进行课下拓展阅读，巩固所学，进一步内化，并进行知识的迁移和创新。

六、板书设计

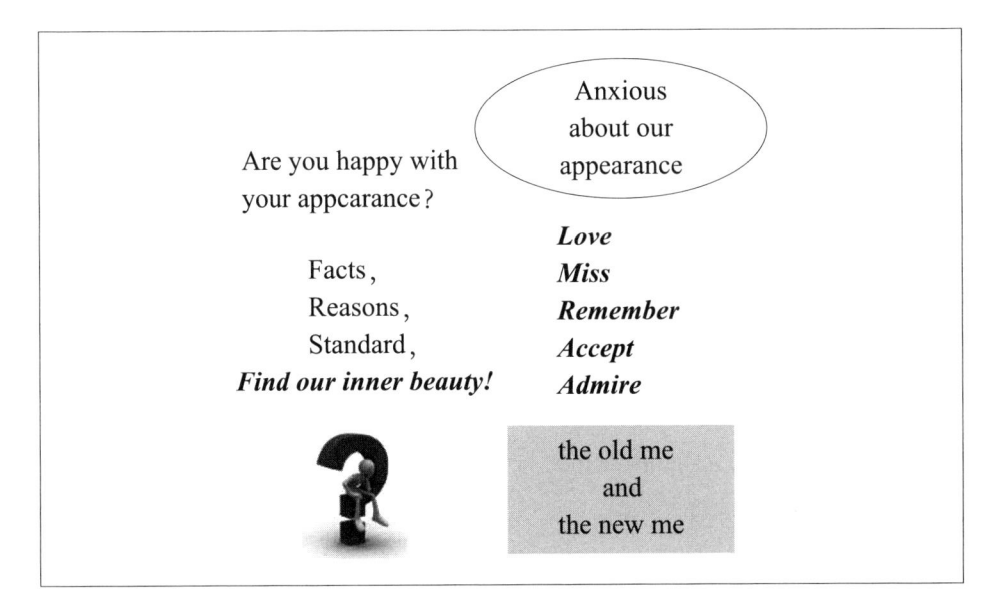

Anxious about our appearance

Are you happy with your appcarance?

Facts,
Reasons,
Standard,
Find our inner beauty!

Love
Miss
Remember
Accept
Admire

the old me
and
the new me

七、课后阅读资料

Beauty found in old age

When Grandma welcomed us, she was dressed in bright colors and wore jewelry（珠宝）I never knew she had. She seemed to be in a good mood（心情）, but because of her deafness, communication was still difficult.

At the moment, I tried to search for the young her in memory. When she was young, she was tall and fair skinned. She had a very pleasant smile and she always had a twinkle in her eye. When she worked, she always put on her glasses. She looked so pretty in her young age.

I smiled at her, and she replied. She could read our lips（嘴唇）to know what we were saying. It had been half a year since my last visit. She must have thought that as an overseas student, I don't get to eat much good food anymore. So, with her wrinkled（皱纹）hand, she passed me some homemade pastries（糕点）.

Her hands tested the temperature of my cup again and again, and every time it showed a slight sign of cooling down, Grandma poured in more hot water. She also never allowed me to stop eating. As soon as I finished what was on my plate, she gave me something new to try. Finally, when my stomach couldn't take any more, she stopped and held my hands as she sat beside me.

When the time to leave came, she walked downstairs with us to see us off. The sun shined on the white pearls（珍珠）round her neck, on her silver hair and on the buttons on her clothes. It was a long time since I'd seen her so closely. She was smiling, and her wrinkles sat happily on her soft skin.

People usually compare wrinkles around a person's eyes to a dry tree trunk（树干）. But to me, my grandmother's wrinkles are among the loveliest things I've ever set eyes upon.

There used to be a time when I disliked old age and kept my distance from elderly people, but that was due to my ignorance（无知）. And now that I understand that there's beauty in old age, my grandma's wrinkles are just like a thousand stories being told all at once.

——《二十一世纪英文报》

※ After reading the story about Jessica, tell your partner about her. The following questions can help you to retell clearly.

1. What did the young grandma look like?

2. What made her have a change?

3. What does she look like now?

4. Does the writer like her old grandma? How do you know that?

我的童年生活

徐　晓　王　勇

一、整体设计思路

（一）指导思想与理论依据

《普通高中英语课程标准（2017年版）》提出了核心素养的六要素整合的英语学习活动观。英语学习活动观是指学生在主题意义引领下，通过学习理解、应用实践、迁移创新等一系列体现综合性、关联性和实践性等特点的英语学习活动，使学生基于已有的知识，依托不同类型的语篇，在分析问题和解决问题的过程中，促进自身语言知识学习、语言技能发展、文化内涵理解、多元思维发展、价值取向判断和学习策略运用。

英语学习活动观的提出旨在促进学生的深度学习，提升教与学的效果，也为英语阅读教学提供了理论框架。

根据以上认识，基于英语学习活动观开展英语阅读教学，本节课教师将实现以下目标。

（1）主题意义的探究成为本课英语学习活动设计的主线。

（2）英语学习活动观倡导真实的学习情境，因此本节课尊重学生的已有认知，并在此基础上引导学生提出问题并解决问题。

（3）英语学习活动观注重学生思维培养，教学活动应关注思维的层次性和递进性，实现学生的语言—文化—思维协同发展。

（二）单元整体设计思路

本课出自外研社《英语》七年级下册第七模块的阅读教学。本模块由三个课时组成，本课为第二课时。本模块在"过去生活"这一话题下，通过三个单元的主要语言输入材料——对话、课文、世界各地等呈现了中外学生对自己小学、童年的回忆，描述了家乡。

单元课时内容整体设计见表1。

表1 主题意义：描述家乡和童年

课时主题意义		谈论家乡、小学和小学老师	读懂他人童年经历	描述个人过去的生活
课时线		U1 听说课	U2 阅读课	U3 读写课
语篇线	文本背景设计	介绍玲玲和托尼的家乡及小学生活	描述贝蒂的家乡和童年生活	共同回顾和描述彼此的童年生活
	语言be动词的一般过去时	be动词表述过去的初步感知	be动词表述过去的巩固使用	be动词表述过去的实际运用
人文素养线		听他人谈论家乡和小学生活，初步形成回顾童年经历的认知	从基本的谈论家乡和小学首位教师和同学扩展到谈论包括地理、历史、社会和家庭环境等多方面的过去生活经历，更加立体和丰富多彩地描述童年	增强对童年和家乡的怀念和热爱，增进同学之间的相互了解

本模块的三个单元均是以一般过去时作为教学重点内容，因此在前后的导读和延伸阅读的选择上，教师也寻找了与教材主题和时态贴近的资料。

（三）单元整体背景分析——教材内容

第二课时（阅读课）

【What】主要内容和主题意义

本单元是读说/读写课，课文以贝蒂（Betty）为第一人称，简要介绍了昆西的历史及她过去在昆西的生活。第一段介绍了昆西的地理位置和生活，第二段介绍了昆西的历史，第三段介绍房子的内部陈列，第四段介绍房子附近，第五段介绍在昆西的朋友并总结。

【Why】写作意图

作者用生动的人物形象和语言在学生眼前打开了一扇窗户，让他们看到了真切的外部世界，有利于培养学生的跨文化意识。课文中融入了贝蒂这个12岁女孩的纯真情感：热爱家乡，过得很快乐，有很多趣事可做；为家乡感到自豪，因为两位总统都出自她的家乡；她喜欢童年的快乐生活，想念家乡的朋友。这些内容也具有情感价值，培养了学生的情商，陶冶了学生的情操。

【How】文体结构和语言修辞

主人公从昆西城市及历史名人、自己的房子和童年生活几个方面展开回忆。文章内在逻辑清晰，同时为学生呈现了一般过去时运用的真实语境，为学生描述自己过去的生活提供了框架支撑和语言资料。从语言看，课文采用的是第一人称，拉近与学生的距离，还出现了主语是第二人称的句子，让人觉得是面对面听贝蒂讲故事，也充分说明贝蒂在暗示没去过昆西的读者：昆西值得一游。

二、教学目标

（1）获取、梳理和整合关于描述个人童年生活的相关信息。

（2）运用思维导图，梳理篇章结构，内化语言，学习如何描述个人的过去生活。

（3）正确使用 be 动词的过去式和使用介词 with 的句型描写和阐述个人的过去生活。

（4）通过对童年的描述增进同学之间的了解，培养对家乡和生活的热爱。

三、教学重点、难点

教学重点：

（1）同学们能够通过阅读，概括段落大意，并根据阅读内容回答问题。

（2）同学们能够利用思维导图梳理文章结构，学习从不同层面描述个人的过去生活。

教学难点：

正确使用 be 动词的过去式和使用介词 with 的句型描写和阐述个人的过去生活。

四、课前阅读资料

A

I'm Mary. I was born in a small town in England. But I lived on a big farm with my grandmother, my parents and my brother.

My grandmother was great. She didn't have expensive things, or live in a nice house, but I could feel that she loved us very much. I still remember those little things about her.

My grandmother was kind. Sometimes she got some money, and then she always put the money into a green box. She saved each penny for my brother Tommie and me. And we were always happy to get the pennies from her. But I don't remember how much money we got from her.

Those memories always stay with me. They give me warm feelings through the years. A grandmother's love stays with a grandchild as long as she needs it. You know, love is just like that.

——《2020—2021 学年度第二学期学生学业评估检测》

阅读以上文章，选出最合适的答案。

( ) 1.Where was Mary born?
A.In a small town.   B.In a big town.   C.In a big village.   D.In a small city.

( ) 2.How did Mary feel when she got the pennies from her grandmother?
A.Bored   B.Cool   C.Happy   D.Free

( ) 3.The underlined word "memories" in the passage means "___" in Chinese.
A. 思想   B. 回忆   C. 情感   D. 关系

B
Yesterday once more

When I was young, I'd listen to the radio, waiting for my favorite songs.

When they played, I'd sing along. It made me smile.

Those were such happy times, and not so long ago.

How I wondered where they'd gone.

But they're back again just like a long lost friend.

All the songs I love so well.

…

Looking back on how it was in years gone by, and the good time that I had.

Makes today seem rather sad. So much has changed.

It was songs of love that I would sing to them, and I'd memorize each word,

Those old melodies still sound so good to me, as they melt the years away.

细读以上歌词，回答问题。

（1）What is the song about?

（2）How does the writer feel according to the song?

五、教学过程

环节一：感知与注意

Step1：Brainstorming

Ask students to recall what different aspects can be mentioned to talk about one's past life.

Q1：What do you know about your classmates' past life from last lesson?

Q2：What else do you want to know about his/her past life?

【设计意图】复习已学知识，头脑风暴激活学生对童年生活的回忆和思考，为阅读做准备。

环节二：获取与梳理

Step2：Reading for main idea

Read the passage and write down the main idea of each paragraph.（Level A）

A：_____

B：_____

C：_____

D：_____

E：_____

Read and match the paragraphs with the main ideas.（Level B）

Para 1   Two presidents of the USA

Para 2   Quincy Town

Para 3   The garden of our house

Para 4   The last home and the last time

Para 5   Our house in Quincy

【设计意图】通过读各段的首句和尾句，大致了解段落内容，由此推断段落大意，培养学生快速阅读的能力，了解文章结构。此处，通过分层设计，让不同层次的学生都能够积极参与，并从中获得成就感。

Step3：Reading for details

Present the questions list and ask students to find the answers：

（1）Where was Betty born?

（2）Whose old houses can you visit?

（3）How many rooms were there in Betty's house？

（4）When was the last time Betty was in Quincy？

（5）What does the writer think of her life in Quincy?

【设计意图】细节阅读，培养学生获取文章细节信息的能力。

环节三：分析与论证

Step4：Reading for deep-thinking

Show two pictures of coins to students and guide them to pay attention to the two presidents' names on the coins and ask：

Q1：Who are the two presidents and what's the difference between their names?

Q2：Why does Betty mention the two presidents?

Q3：What does the writer think of her past life?

【设计意图】了解钱币上总统的头像，引导学生认识美国两枚钱币，并发现其中不同，从而引出Quincy，拓展学生对西方文化的认识，也增强趣味性。深入阅读文章，培养学生自主学习探究的能力，训练学生发散思维，引领学生挖掘文本，体会贝蒂对故乡的自豪感和对童年生活的美好回忆。锻炼学生分析细节信息的能力及推断作者态度的能力。

环节四：*内化与运用*

Step5：Reading after the tape and finding your difficult points

【设计意图】跟读文章，纠正发音，追读录音，培养学生关注语音语调的表意功能，训练学生的朗读能力。

Step6：Summary

Guide students to observe the sentence structure and summarize the rules.

Q1：How can we combine two sentences together?

Sentence1：There were lots of things to do in Quincy+Sentence2：There were many stores=There were lots of things to do in Quincy with many stores.

Q2：Can you find similar sentences in the passage?

【设计意图】介绍文章重点句型，为学生最后输出提供语句支持。

Step7：Drawing a mind map

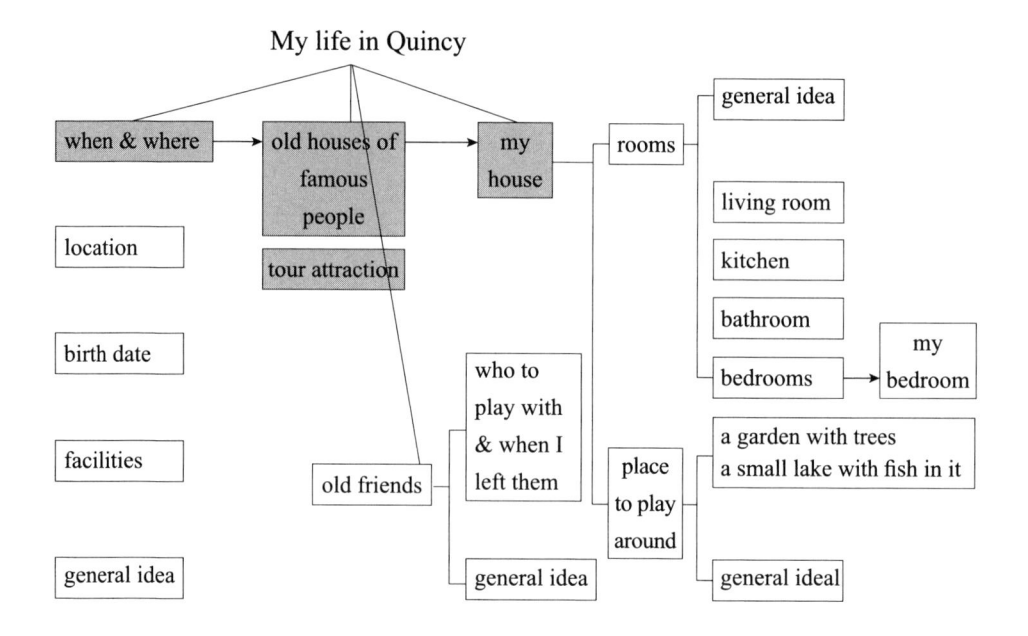

```
                        My life in Quincy
            ┌──────────────┬──────────────┬─────────┐
   when & where    old houses of      my          rooms ─── general idea
                   famous people      house                
   location        tour attraction                         living room
                                                           kitchen
   birth date                                              bathroom
                                      who to              bedrooms ─── my bedroom
   facilities                         play with
                                      & when I     place      a garden with trees
                      old friends     left them    to play    a small lake with fish in it
   general idea                                    around
                                      general idea           general ideal
```

【设计意图】通过语篇分析，理解和提炼文章的结构，为复述和写作做准备。

Step8：Group work

Students try to retell Betty's life in Quincy with the help of mind map and key words.

Her hometown and something special：... town ... east coast ... lots of things to do stores, theaters, clubs, teams ... not born ... happy there

... presidents of ... be born ... visit family ...

Her house and garden：big & comfortable ... living room with ...

On ... pictures of ... Behind ... a big garden with ... great to ...

What she was looking forward to doing：... lots of children ...

Many of ... last home, ... last time ... go back ... look forward to...

【设计意图】借助关键词，运用思维导图有逻辑地将内化的语言表达出来。半控制性输出，帮助学生进一步熟悉文章中出现的词汇、句型、语法等，为灵活运用语言做好铺垫。

环节五：迁移与创新

Step9：Writing

Task：

在两年前的友好校交流活动中，你与来自英国 Quincy 的 Betty 结下了深厚的友谊。由于疫情，你们没能再见面。她想，在北京这座双奥之城度过的童年生活一定丰富多彩。请你结合问题，介绍一下你的生活情况，并谈谈你的感受。

Q1：Where is Beijing and what's the special part of it?

Q2：What did you do in your childhood in Beijing?

Q3：What do you think of your life in Beijing?

【设计意图】情景创设下的写作任务，引导学生分享在北京的生活经历，共同回顾彼此的童年生活，培养学生思维的逻辑性和创新性。

六、板书设计

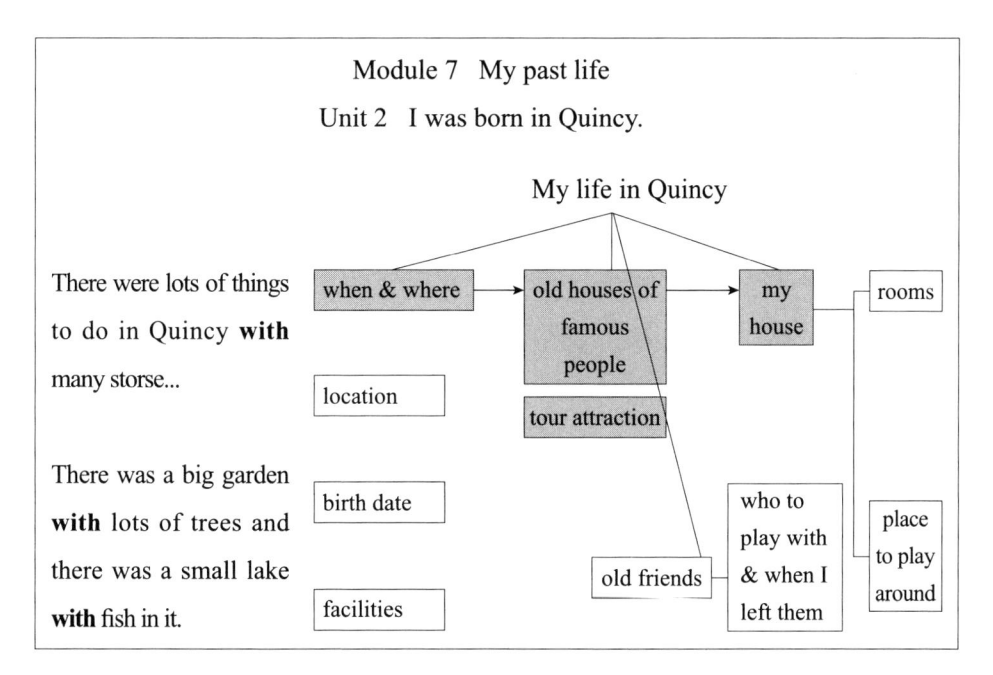

Module 7　My past life

Unit 2　I was born in Quincy.

My life in Quincy

There were lots of things to do in Quincy **with** many storse...

There was a big garden **with** lots of trees and there was a small lake **with** fish in it.

- when & where
  - location
  - birth date
  - facilities
- old houses of famous people
  - tour attraction
- my house
  - rooms
- old friends
  - who to play with & when I left them
  - place to play around

七、课后阅读资料

基础篇：

My new friend

  It was a cold snowy morning after the winter vacation. And it was my first day at my new school. I was walking alone slowly and worrying about lots of things. It was early and there weren't many people on the road. Suddenly a girl who was riding her bike on ice fell down. She was trying hard to get up but fell again. Without thinking, I went over and helped her. She said "thank you" with a smile and then rode away. Her words warmed me a lot.

  Finally, I got to school. The teacher led me to the classroom and introduced me to the class. Then he asked me to sit down beside a girl. I felt so nervous that I didn't dare to look at her. Soon the first class, English, started. Their textbook was different from those in my old school. As I was wondering what to do, an English book appeared in front of me. "Let's share," the girl beside me said. "Hi, I'm Carrie." I looked up. It was the girl I helped that morning. Later on, we became good friends.

  From that I learned: to help others is actually to help ourselves!

——《沪教版八年级上学期英语期中考考试卷 C 卷》

阅读以上文章，回答问题。

1. What happened to the writer on the first day at her new school?
2. Who became her good friend and why?

提升篇：

Childhood Memories

  Childhood memories are special for everyone. I have many happy memories of my childhood and I enjoy looking back on the good times. I was born in Manhattan, N.Y and raised in Charleston, S.C. I was an only child so I spent a lot of time with my parents. My parents were both full time workers but they always made sure I was in activities and in exciting adventures（冒险）. Of all the memories, there are three unforgettable events that took place in my childhood. I had the pleasure of horseback riding, summer vacations and high school graduation. All of these events brought me joy and happiness.

Ever since I was a little girl I would tell my parents that I wanted to ride a horse. Growing up in the country, there were many horseback ranches around. When I turned ten my parents granted me my wish, horseback riding. I was so excited I couldn't sleep the night before or eat in the morning. Once we arrived I was greeted by the instructor (指导) and this beautiful white horse named Santana. Being next to a tall horse made me a little afraid to ride it. My mom encouraged me to try petting the horse to get comfortable. Riding the trail was the most exciting part of the whole experience because it taught me how to control the horse. I felt like I was on top of the world. My mom and I took so many pictures. My parents made my tenth birthday so special.

Summer vacations were something every child looks forward to. I enjoyed summer vacations because I was able to see my grandparents in New York. My grandparents owned (拥有) a motor home and they would pick me up from South Carolina and travel to New York. They would always spoil me because I was their only grandchild. They took us to museums, pools and theme parks. I enjoyed going to the wax museum the most because it felt like my favorite stars were so close to me. They were so life like and I took a picture with my favorite wax model, Lucille Ball. During my summer vacation I also went to work with my grandfather. He owns a plumbing business, which is doing very well. He would teach me the names of different tools. He always made me laugh and I learned so many fun things while working with him. Spending time with my grandparents meant so much to me. I enjoyed every summer I had with them.

Graduating is such an accomplishment on so many levels. Graduating from high school was something that I thought would never happen. I attended a technology school and my major was early childhood. When it was time for my name to be called I had so many butterflies in my stomach. When I received my diploma I was so overwhelmed I started crying. My friends and family was cheering for me so loudly. After graduation my parents organized a surprise party for me. I was so shocked because it is very hard to surprise me. There was good barbecue and music. I received lots of congrats and gifts. Graduation was such a monumental day for me and best of all I shared it with my family and friends.

My childhood memories have molded me into the person I am today. Horseback riding has taught me to try new things and not to be fearful. My summer vacation has allowed me to be outgoing and to enjoy traveling. Graduating showed me that I can move on to higher education and also achieve my goals. Childhood memories are something that should be remembered and cherished for a lifetime. Memories are so precious and pure. My childhood memories will live with me forever and I hope to pass them on to my children in the future.

阅读以上文章，回答问题。

1. What are the most unforgettable events that took place in the writer's childhood?

2. When did the writer realize her dream of horse-riding?

3. What will the writer do with her childhood memories?

Living With Animals

——人与自然之与动物共生存 王龙君

一、整体设计思路

本课授课对象为初中一年级学生，本阶段的主题语境是"人与自然"。本节课是围绕主题意义"人与动物"的多篇英语阅读，主题是"Living with animals"，通过在这一主题下的群文阅读，帮助学生认识动物，获取濒危动物面临的问题、分析原因并提炼出濒危动物的保护方案。基本的阅读策略是课前自主阅读，获取话题语料；课中学生先独立阅读不同语篇材料，再进行组内分享阅读，梳理语篇脉络和主旨；通过访谈节目内化与运用所学的语言知识，小组合作，一起探究语篇的主题意义，可以了解濒危动物的处境及动物与人类的关系，提升思维品质，激发学生在实际生活中践行与动物的和谐相处，达到知行合一。课后拓展阅读，拓宽社会视角。

二、教学目标

（1）利用思维导图，梳理、概括文本中的几类珍稀动物面临的问题，分析挖掘形成原因并提炼帮扶措施。（学习理解）

（2）运用文本语言和所学内容，从多个社会角色的不同角度对如何保护动

物进行深入思考并提出针对性执行方案。（应用实践）

（3）讨论话题意义，感悟人与动物的关系，阐释个人的认识与今后的做法。（迁移创新）

三、教学重点、难点

教学重点：

（1）通过阅读不同文本，提炼文本中有关动物面临的困境、造成这局面的原因及采取的措施等细节信息。

（2）从不同的人物视角，提出保护动物的方法和措施。

教学难点：

（1）运用所学语言，从不同的人物视角，提出保护动物的方法和措施。

（2）从文本中提炼和梳理保护动物的措施，引导学生在实际生活中积极采取措施保护动物。

四、课前阅读资料

Our animal friends

Have you ever thought about how you feel when you play with a dog or cat? Or maybe even some other animals, like a goldfish or a rabbit. Of course, playing with pets（宠物）is fun—but as it turns out（结果发现）, spending（度过）time with animals can be good for our mental health（心理健康）.

"A pet can remind（提醒）you that you're not alone（孤独的，独自的），" said life coach Desiree Wiercyski. She also said that pets give unconditional（无条件的）love. This can be helpful when you feel lonely（孤独的）.

I can speak from experience（经验）about this. I myself feel a bit sad or lonely from time to time, since I live by myself. But I recently got the chance to take care of my friend's cats while she was away. Caring for her cats has made a big difference in my life.

When I come home, they're always happy to see me. When I'm tired or sad, they come to me and "ask" me to pet them. It's almost like they can tell when I need someone to hang out with（和……一起玩）.

So the next time you're feeling a bit blue, maybe you should find a dog or cat to talk to. Even something as simple（简单的）.

Amazing animals

Elephant

I am the biggest land animal in the world! I live in jungles, grasslands and river valleys. I eat about 100 kilos of plants everyday. My two big ears are like two fans. I always use my long nose to eat and have a bath. Look at my tusks. I use them to dig（挖）for food and water. Sometimes I use them to fight（打架）others. I usually live with my family and friends.

Lion

I am the king of the grasslands! My roar（吼声）is scary and my paws（爪子）are sharp（锋利的）. My wife looks after our kids. But she also hunts（打猎）small animals more often than I do. We sleep for up to 20 hours a day.

African buffalo

I have sharp horns（角）and strong legs. Even lions do not dare（敢）to attack（攻击）me! I live in a group of up to 1000 members. I live by water and I like playing in the water. Do you see the birds sitting on my back? They are my friends. They help me clean my skin（皮肤）.

Leopard

I live in the forests, jungles, and grasslands and I am good at running, climbing trees, and even swimming. I often catch small animals and take them into trees, so other big animals cannot find them. I don't like to share food or play with others so I live alone. You can't often see me during the day.

Rhino

I live in the grasslands of Africa. I have one or two horns on my head. I eat grass and other plants. I run very fast, even faster than best Olympic runners, but I cannot see well and I get angry easily. There are only a few of my kind in the world now. We need your protection（保护）.

Lemur

I live only in the forests or jungles in Madagascar, Africa. I eat fruit and leaves. I am good at dancing and the way I "dance" is quite well-known on the island. I move like this because I can't walk with my splayed（八字形的）feet. Most of the time, I stay in trees. But when I need to move on the ground, I have to hop sideways（侧向地跳）. I use my legs to hop while waving（挥动）my arms.

Dugong

I am the largest grass-eater in the sea. I'm 2.4 to 3 meters long and weighs 230 to 500 kiloms. I only eat plants. I like living in warm waters. I can eat more than 40 kilos of sea grass every day. I have a large mouth. I am friendly. I swim slowly and beautifully. Some people think mermaid tales（美人鱼传说）came from me.

——《二十一世纪学生英文报》

Task: Can you introduce an animal that you care about（关心）? Make a poster for it to tell others.

五、教学过程

Before Class

Activity 1: Understanding and analyzing

Find the information about some animals mentioned by the teacher and look for more information about the animal they concern online.

Activity 2: Applying and creating

Sort the information and make a poster.

Sep 2 During class

Activity 1: Greeting

Students and the teacher greet each other.

Activity 2: Remembering and understanding

The teacher plays a video of students' posters and select students to share the introduction of his/her animal by clicking pause.

Activity 3: Remembering, understanding and analyzing

The teacher plays a piece of video with the song *I dreamed a dream* made by the WCFF and asks:

What can you see in the video?

How do you feel about it?

Activity 4: Understanding

Students read the first three passages and find out the answers to the first three questions (take notes).

What animal is it?

What happens to it?

Why does this happen?

Then students check answers with their partners.

Students read the passages aloud.

Activity 5: Analyzing

Students read the second three passages and find out the measures to solve the problems (take notes).

How can people help them?

Activity 6: Retelling and internalizing

Students retell the problems, causes and solutions about the animals in danger.

Activity 7: Applying and transferring

The teacher creates a real situation for students—A talk show program

The WCFF invites some people with different jobs to discuss what they can do for our earth. Suppose you are one of them.

The host（主持人）:

A government official:＿＿＿＿

A scientist:＿＿＿＿

A worker in nature parks:＿＿＿＿

A diver:＿＿＿＿

A businessman:＿＿＿＿

Activity 8: Evaluating

What's the relationship between human and animals?

（We live together on the earth.

We are connected together.

We are friends...）

Activity 9: Creating

What can we teenagers do to help protect animals?

Make posters to tell others.

After class

Homework

（1）Read another article about protecting animals and finish the tasks.

（2）Write a plan about what you want to do to protect animals.

六、板书设计

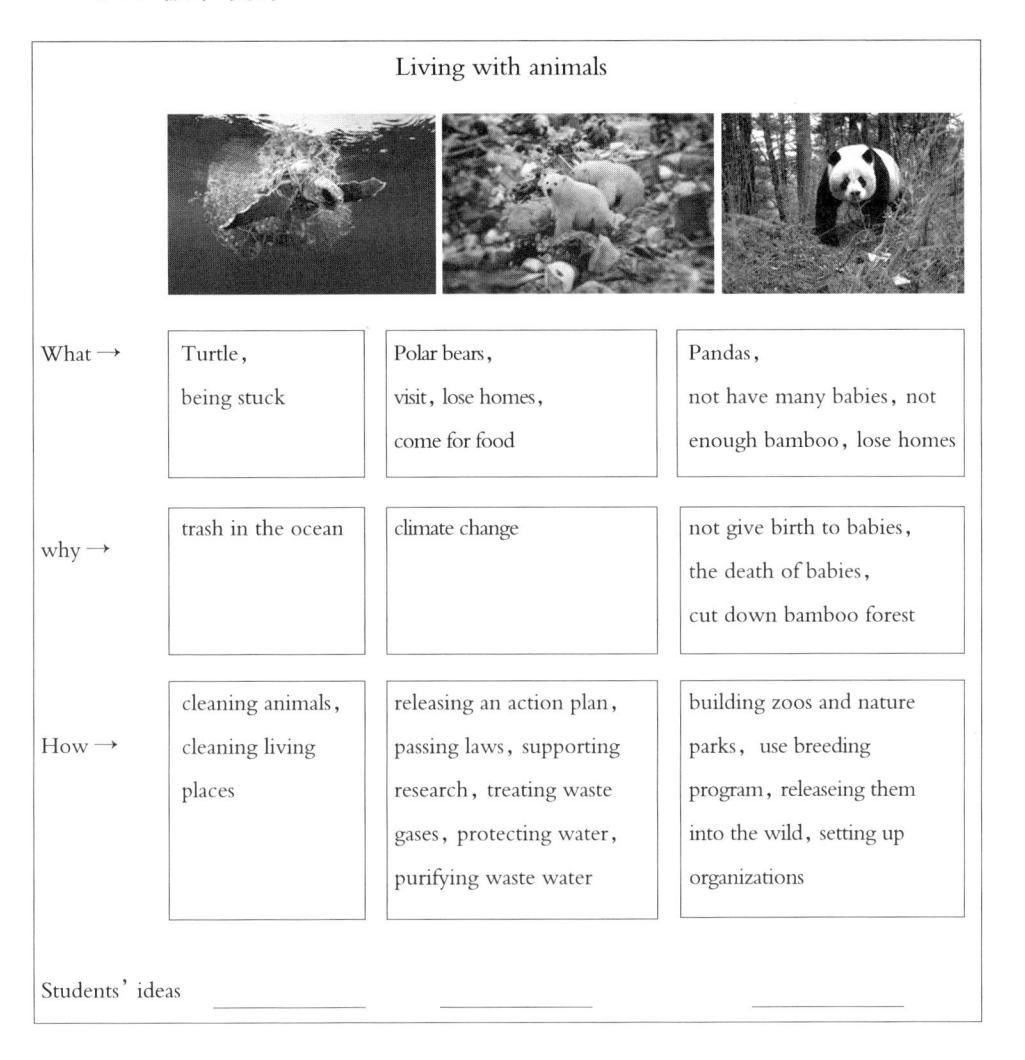

Living with animals

What →	Turtle, being stuck	Polar bears, visit, lose homes, come for food	Pandas, not have many babies, not enough bamboo, lose homes
why →	trash in the ocean	climate change	not give birth to babies, the death of babies, cut down bamboo forest
How →	cleaning animals, cleaning living places	releasing an action plan, passing laws, supporting research, treating waste gases, protecting water, purifying waste water	building zoos and nature parks, use breeding program, releaseing them into the wild, setting up organizations

Students' ideas _____ _____ _____

七、课后阅读资料

Protecting pandas and more

  Do you like giant pandas? They were endangered（濒危的）in the past. For years, China has done a lot to protect（保护）them. For example, the government built 52 protection areas（保护区）for them.

  In 1980, the Chinese government set up the China Conservation and

Research Center for the Giant Panda（中国大熊猫保护研究中心）.

The center uses breeding programs（繁殖计划）to raise（饲养）new pandas and release（放生）them into the wild.

In the 1970s, there were just 1114 giant pandas in China. Now, there are 1864. The giant panda has not been recognized as an endangered animal since September 2016.

China has worked to help other endangered species as well. Yunnan's snub-nosed monkey（金丝猴）and the crested ibis（朱鹮）are among them.

The crested ibis was once widespread（分布广泛的）in east China, Japan, Russia and South Korea. But later, people thought they were extinct（灭绝了的）.

In 1981, people found seven crested ibises in Shaanxi province and started breeding programs to save the birds. Now, thanks to their hard work, the number of crested ibises has reached 2000 in China.

China has more than 11800 nature reserves（自然保护区）.They cover（覆盖）18% of China's total land area.

The reserves cover 35 million hectares（公顷）of forest and 20 million hectares of wetland（湿地）, and have 85 percent of China's wildlife（野生动物）.

China has 474 national nature reserves, 37 world-class geology（地质）parks and 71 national marine protected areas（海洋保护区）.

——《二十一世纪报》

Read and answer:

1. What animals are mentioned in the passage?

2. What was the situation like?

In the 1970s: _____

In 1980: _____

In 1981: _____

3. What has China done to protect endangered animals?

4. What's the situation like?

Since September 2016: _____

Now: _____

物理阅读课例

凸透镜成像规律应用之投影仪

李洪良　矫春梅

一、整体设计思路

学生已经学习过凸透镜成像的规律及应用,并能够通过应用说出凸透镜成像的特点;学生能够通过比较物距和像距的关系,判断出凸透镜成像的特点;学生能够通过比较物距和焦距关系判断凸透镜成像特点;学生对光具座的使用有一定的经验。在对凸透镜成像规律实验中像的动态变化时,物距和像距如何变化还是很模糊的,虽然学生学习了凸透镜在照相机、投影仪中的应用,但对它的参数如变焦、长焦短焦概念不是特别清楚。通过阅读式学习可以提升学生的思维能力。

二、教学目标

(1)通过课前阅读及已有知识能够叙述投影仪的成像原理。
(2)通过观察能够抽象出投影仪模型用以分析现象。
(3)通过分析和实验,学生能够解释使像变化时,控制其中一个量,另外两个量如何变。
(4)通过观察实验和阅读,学生对变焦、长短焦等概念有所认识,并能说出长短焦投影仪的特点。

（5）通过分析和实验，激发学生学习物理的兴趣，培养学生严谨治学的科学态度，感悟物理的科学方法。

三、教学重点、难点

教学重点：使投影仪的像变小，保持物距不变，应该如何操作。
教学难点：
方法1：根据成像性质，物距变大，焦距不变，像距变小，像变小。
方法2：光路图法、实验法在三个变量中，当像发生变化时，控制其中一个量，其他两个量如何变化对学生是难点。

四、课前阅读资料

投影器和投影仪

投影器由光源、光学部分、散热风扇、调光器、机箱、其他附加装置等部分构成。使用时，可以放映各种教学幻灯胶片，与学生进行交流。按光路可分为透射式和反射式两种。反射式实物投影仪，它将光源发出的光线直接照射到被投影的物体上，物体的反射光再经反射镜反射，并通过放映镜头在银幕上成像。由于反射式投影器工作时，到达银幕的光线经过二次反射，光能损耗很大，因而影像的亮度较低。透射式投影仪，它先将光源发出的光线会聚后，透射过被投影的图片、器具后，再由透镜成像，并投射在银幕上形成影像。

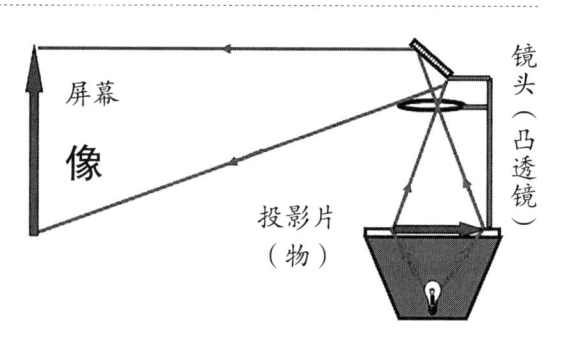

投影仪，又称投影机，是一种

可以将图像或视频投射到幕布上的设备，可以通过不同的接口同计算机、VCD、DVD、BD、游戏机、DV 等相连接播放相应的视频信号。投影机类型很多，CRT 三枪投影仪是实现最早、应用最为广泛的一种显示技术，技术成熟，显示的图像色彩丰富，还原性好，调整烦琐，机身体积大，只适合安装于环境光较弱、相对固定的场所，不宜搬动。LCD 液晶投影仪，色彩还原较好、体积小、重量轻，携带起来也非常方便，具有非常高的亮度和分辨率，适用于环境光较强、投影屏幕很大的场合，如超大规模的指挥中心、会议中心或娱乐场所等。DLP 投影仪以 DMD 数字微反射器作为光阀成像器件，具有原生对比度高、机器小型化、光路采用封闭式三大特点，通过 3D 和无灯技术，能够提高教师的教学效果、吸引学生的注意力并帮助学校降低总拥有成本，它采用封闭式光路，大大降低了灰尘进入了概率。

——根据《百度百科》改编

完成下面问题：

（1）投影器和投影仪成像原理相同，满足物距要在_____，成一个_____、_____实像，它的像距在_____，像和物在透镜的_____侧。（"同或异"）

（2）传统投影仪上有一个平面镜，它的作用是_____。

（3）在投影器中标出物体、物距、像距。

五、教学过程

凸透镜成像中有三个重要应用，分别是照相机投影仪和放大镜。今天我们就一起来学习一下有关投影仪的那些事。首先大家看一下这台真正的古老的投影仪，它的成像不是倒立放大的实像吗？怎么变成正立实像？

任务 1：如果我想把屏幕上的像变小些，我应该如何操作呢？

发现：投影仪影片是不动的，上下移动透镜来改变物距，物距变大即透镜向上移，像距变小通过推车靠近墙壁，使像清晰。来试一下，成功了。

在光具座上实验把第二次的透镜的位置和像的大概位置，画在学案任务一内。

小结：当焦距不变时，使像变小，物距变大，像距变小。

任务2：大家帮我解决一下。如果将投影仪的像变小，保持物距不变，应该如何操作？

追问：换焦距大还是焦距小的？依据？还有别的方法吗？

通过实验验证一下他的猜想是否正确？更换一个焦距是5厘米的透镜进行实验。把透镜和像的位置画在图上，先展示后总结。

小结：当物距不变时，焦距变小，像距变小。

如果回到这台投影仪上，物距不变，焦距变小，我是不是得把透镜拆下来，换一个厚一点，可行吗？我这儿还有一个大的放大镜，如何操作？光屏成像。

强调：使像变小，我可以改变物距，也可以改变焦距。说明像的大小跟物距、焦距、物高都有关系。

任务3：如果想在光屏上得到大小相同的像，选择两个焦距不同的透镜，通过调整，观察物距和像距有什么特点，把物距、像距记在学案上。

（教师巡视并给予鼓励加分）

课堂小结：在研究像变时，多个物理量影响因变量，我们采取了控制变量法。

在知识上，我们拓宽了视野，了解到变焦、长短焦投影仪有关知识。

六、板书设计

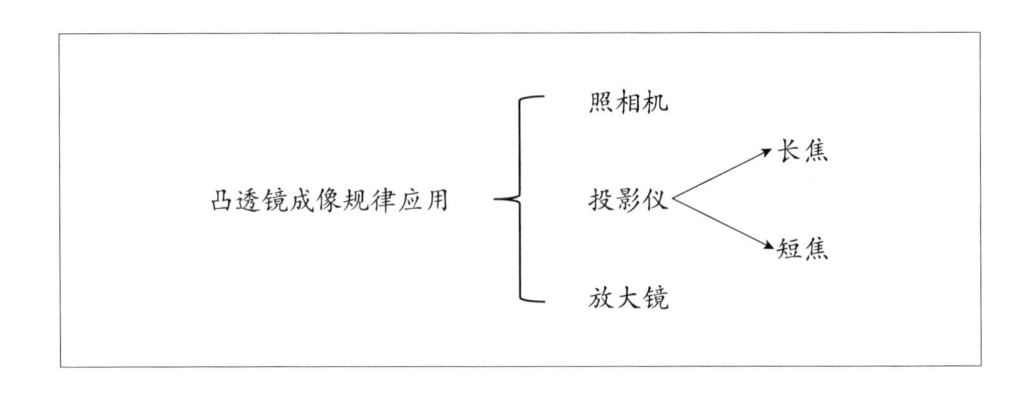

凸透镜成像规律应用
- 照相机
- 投影仪 → 长焦 / 短焦
- 放大镜

七、课后阅读资料

投影仪的参数 ❶❷

1.光亮度是指投影仪输出的光能量,单位为"流明"(lm)。与光输出有关的一个物理量是亮度,是指屏幕表面受到光照射发出的光能量与屏幕面积之比。当投影仪输出的光通过一定时,投射面积越大亮度越低,反之则亮度越高。根据室内空间大小来算的话,在 15~30 ㎡ 的空间,建议 100~800 ANSI 流明;在 35~50 ㎡ 的空间,建议 1500~2000 ANSI 流明;在 60~100 ㎡ 的空间,建议 3000~4000 ANSI 流明;在 120~200 ㎡ 的空间,建议 4000 ANSI 流明以上。

2.分辨率有可寻址分辨率、RGB 分辨率、视频分辨率三种。RGB 分辨率是指投影仪在接 RGB 分辨率视频信号时可达到的最高像素,如分辨率为 1024×768,表示水平分辨率为 1024,垂直分辨率为 768,RGB 分辨率与水平扫描频率、垂直扫描频率及视频带宽有关。

3.水平扫描频率。电子在屏幕上从左至右的运动叫作水平扫描,也叫行扫描。每秒钟扫描次数叫作水平扫描频率,视频投影仪的水平扫描频率是固定的。

4.垂直扫描频率。电子束在水平扫描的同时,又从上向下运动,这一过程叫垂直扫描。每扫描一次形成一幅图像,每秒钟扫描的次数叫作垂直扫描频率,也叫刷新频率,它表示这幅图像每秒钟刷新的次数。垂直扫描频率一般不低于 50Hz,否则图像会有闪烁感。

5.视频带宽。投影仪的视频通道总的频带宽度,其定义是在视频信号振幅下降至 0.707 倍时,对应的信号上限频率。0.707 倍对应的增量是 −3db,因此又叫作 −3db 带宽。

---

❶ 投影机[EB/OL].(2021-12-30).https://www.SPJXCN.com/baike/touyingqi.html.
❷ 如何理解投影机的投影比[EB/OL].(2021-12-30).https://xw.99.com/cmsid/20200409A0917H00.

6. CRT管的聚焦性能。图形的最小单元是像素。像素越小，图形分辨率越高。

7. 会聚是指RGB三种颜色在屏幕上的重合，对CRT投影仪来说，会聚控制性显得格外重要，因为它有RGB三种CRT管，平行安装在支架上，要想做到图像完全会聚，必须对图像各种失真均能校正。最小单元是像素。像素越小，图形分辨率越高。

化学阅读课例

中和反应的事儿

郝晓丽

一、整体设计思路

近几年化学试卷信息的呈现方式多种多样，既有常规的文字、图片、图表信息，也有化学特有的微观示意图、符号、设备图、实验装置图及工业流程图等，因此提高学生阅读、获取信息、处理化学信息和化学表述的能力迫在眉睫。设计本节课以中和反应的知识为载体，让学生初步运用比较、分类、归纳和概括等方法对获取的信息进行加工整理，用化学语言表述有关的信息阅读策略，概括起来，就是"读懂信息—加工信息—筛选信息—应用信息"。

二、教学目标

（1）知识与技能。初步运用比较、分类、归纳和概括等方法对获取的信息进行加工整理，应用信息解决实际问题的能力。

（2）过程与方法。通过"读懂信息—加工信息—筛选信息—应用信息"的阅读步骤，体验科学阅读的过程，形成有序的思维过程和科学的阅读方法。

（3）情感态度与价值观。

①通过本课阅读指导，认识化学阅读的重要性，养成良好的阅读习惯。

②培养合作交流意识和科学探究精神。

三、教学重点、难点

教学重点：从复杂的情景中提取有效信息并进行分析、加工、整理、表述和应用。

教学难点：加工、整理信息的能力，及表述信息的能力。

四、课前阅读资料

2010年3月27日6时12分，在承德一辆满载30吨的浓硫酸罐车与另一货车发生追尾导致硫酸严重泄漏，刺鼻的气味弥漫在空气中。消防队员正用高压水枪稀释泄漏的浓硫酸。为防止浓硫酸继续泄漏并对已泄漏的硫酸进行中和，指挥部向有关部门请求支援一辆槽罐车，同时从多地调集熟石灰。

——《百度新闻》

胃乐说明书

[药品名称] 胃乐胶囊

[主要成分] 氢氧化铝[$Al(OH)_3$]、甘草提取物、白及、木香等

[药理作用] 中和胃酸过多、抗溃疡、镇痛、抗炎

——《胃乐》说明书

五、教学过程

环节一：回顾体会理解阅读特点

环节二：阅读短文，小组合作学习

某化学兴趣小组，对中和反应产生了浓厚的兴趣，他们准备对中和反应进行多角度的分析。一行人来到化学实验室，他们选用的药品为稀盐酸和氢氧化钠。你们想知道他们是如何探究实验的吗？让我们一起来参与他们的探究之旅。

实验过程：取少量氢氧化钠溶液于小烧杯中，滴加无色酚酞。然后用胶头滴管将盐酸逐滴加到烧杯中的液体中，用玻璃棒不断搅拌，观察烧杯中溶液颜色的变化情况。

第一题分析：

教师提问：①溶液颜色的变化？②本实验的实验过程是以文本方式呈现的，你能转化成图形方式呈现吗？并加以分析。

学生活动：自己先画出图形，然后组内相互交流讨论找错，分析解题过程。

学生代表上讲台分析解题的过程。

总结概括解题方法：

1 层：读则能答　　　　2 层：思则能答　　　　3 层：析则能答

【设计意图】培养学生建立图文转化思想。

第二题分析：

小红发现整个实验过程除了能以图像的形式呈现，还可以将所得数据以表格的形式呈现，如表 1。

表 1　实验数据

加入盐酸的体积 /mL	0	2	4	6	8	9	12	14
烧杯中溶液的 pH	12.2	12.1	11.8	10.6	9.0	7.0	2.0	1.2

教师引导：请根据表格分析反应过程中溶液 pH 的变化、溶液中的溶质成分及溶液中所含微粒等情况。

学生活动：分析表格回答问题，组间交流分析解题过程。

学生小组上讲台分析解题的过程，并在表格中标出（因随自变）。

归纳总结：圈点表格的自变量和因变量。

【设计意图】体会阅读提取信息、分析信息的方法，提高对比分析数据处理能力。

第三题分析：

教师引语：请根据表格数据大胆画曲线图。请你按溶液显酸性、中性、碱性的要求在图像上设置三个点，并完成下面要求。

A 点溶液显____性（填"酸""碱"或"中"），含有的溶质有_____，含有哪些微粒_____。

B点溶液显____性（填"酸""碱"或"中"），含有的溶质有_____，含有哪些微粒_____。

C点溶液显____性（填"酸""碱"或"中"），含有的溶质有_____，含有哪些微粒_____。

从粒子的角度具体分析该反应能发生的原因是_____。

（请结合稀盐酸和氢氧化钠溶液发生反应的微观过程图分析）

学生活动：自己思考，组内讨论，组间交流分析解题过程。

学生小组上讲台分析阅读解题过程。

结合已有知识进行推测，揭示微观反应实质。

归纳总结：学生先总结，老师做补充。

图像题，看三点：

（1）横、纵坐标的意义。

（2）起点，从哪儿开始，要考虑实际情况。

（3）拐点即终点。

【设计意图】在有限的时间内，让学生能快速、准确地捕捉信息，正确地对信息进行加工、处理和整合。学生的总结归纳能力得到进一步提升。

第四题分析：

对反应后溶液中溶质的成分，学生有不同的意见。

小明认为反应后无色溶液中溶质就一种，是_____；小亮认为溶质有两种，它们是_____。同学们一致认为小亮的观点是正确的。请补填下表的空缺，提供药品：紫色石蕊、无色酚酞、锌、镁、铁锈、碳酸钠、pH试纸。（见表2）

（要求：所用试剂类别必须不同）

表2　实验方案

实验操作	实验现象	实验结论
方案一：		小亮的观点正确
方案二：		

学生活动：实际操作，观察现象，分析问题，组间交流。

学生小组代表上讲台分析讲解解题过程。

归纳总结：学生先总结，教师做补充。

方案的描述方法：取加若则记心里。

感知实验探究的解题方法。

【设计意图】通过设计实验方案，培养学生设计方案能力。小组讨论，在有限的时间内，让学生能快速、准确地捕捉信息，正确地对信息进行加工、处理和整合。

第五题分析：

实验后的废液用pH试纸测得pH为1.2，则废液显_____性。此种情况下废液缸里的废液实现绿色排放，你的处理方案是_____
_____。

学生活动：组内讨论，组间交流。

学生小组代表上讲台分析讲解。

第六题分析：

请举一例说明中和反应在生产、生活中的应用。

学生活动：思考回答。

【设计意图】体会中和反应在实际中的应用。学以致用，前后呼应。

环节三：总结提升

你这节课的收获是什么？

【设计意图】对课堂知识和学习方法进行归纳总结。

环节四：学习评价

六、板书设计

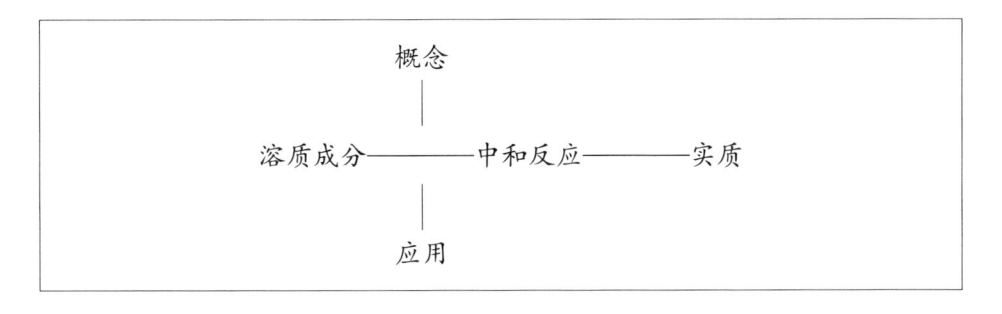

```
                概念
                 |
   溶质成分 ———— 中和反应 ———— 实质
                 |
                应用
```

七、课后阅读资料

中和反应釜生产工艺

技术实现要素：

本发明的目的是克服目前用传统的搅拌反应釜进行中和反应，存在中和反应不彻底、产品残留酸值高、液碱消耗量大的不足，提供一种中和反应彻底、产品残留酸值低、液碱消耗量小的中和反应釜及中和反应方法。

技术总结：

本发明涉及固定式反应器领域，目的是提供一种中和反应釜及中和反应方法。一种中和反应釜，包括釜体、侧围设有若干层搅拌桨并与釜体枢接的主轴和与釜体固定连接并与主轴传动连接的电机；所述的中和反应釜还包括液碱管、管道旋转接头、液碱输送泵和加热装置；主轴的侧围设有若干个喷管；主轴设有与下端贯通并与喷管连通的中孔；主轴的下端通过管道旋转接头与液碱管的一端连接；液碱管的另一端伸出釜体的底部与液碱输送泵的出口连通；液碱管与釜体固定连接；釜体的顶部设有加料口；釜体的底部设有放料口。该中和反应釜中和反应彻底，产品残留酸值低，液碱消耗量小。

——根据《中和反应釜及中和反应方法与流程》改编

道德与法治阅读课例

红军不怕远征难

徐建军

一、整体设计思路

实现中华民族伟大复兴，是近代以来中华民族最伟大的梦想，也是一项光荣而艰巨的事业，需要一代一代中国人的共同努力。本单元呈现了近代以来中国人民为实现民族复兴走过的历史进程，以重大历史事件、重要历史人物为主线，进行国情教育、革命传统教育和爱国主义教育。中国近代史，是一部中华民族遭受深重苦难的屈辱史，也是一段中国人民不甘屈服、前赴后继、奋起抗争的历史。最终，在中国共产党的带领下，迎来了民族独立和人民解放，中国人民掌握了自己的命运。

长征以其穿越时空的永恒魅力，源源不断地为我们提供精神养分，让革命事业一代代薪火相传，长征没有终点。习近平总书记在纪念红军长征胜利80周年大会上说："每一代人有每一代人的长征路，每一代人都要走好自己的长征路。今天，我们这一代人的长征，就是要实现'两个一百年'奋斗目标、实现中华民族伟大复兴的中国梦。"

《中国有了共产党》是统编教材《道德与法治》五年级下册第三单元的第9课。本课依据《义务教育品德与社会课程标准（2011年版）》中主题五"我们的国家"第11条"知道中国共产党的成立，知道中华人民共和国成立和改革开放以来取得的成就，加深对社会主义祖国和中国共产党的热爱之情"。本单元共六课，以时间为脉络，以精神为核心，呈现了近代以来中国人民为实现民族复兴走过的历史进程，歌颂了仁人志士的革命精神与爱国精神。引导学生了解马克思主义在中国的传播、五四运动、中国共产党的诞生、井冈山道路的开辟、红军长征等重要史实，懂得中国共产党的诞生是历史的必然选择，感悟先烈们的革命精神。

课前在学生中开展红军长征小调查活动，调查结果是学生知道二万五千里长征中红军爬雪山、过草地等故事，学生对长征仅有模糊印象，难以理解长征为什么如此艰辛。与此同时，学生较难理解长征的历史背景和意义，对于长征中的重要事件不太了解，如为什么遵义会议是中国共产党历史上一个生死攸关的转折点等。

二、教学目标

（1）通过材料分析和小组讨论，学生了解红军在长征途中面临的各种各样的艰难险阻，探究红军不怕远征难的原因。

（2）通过观看视频、讲长征故事、朗诵《七律·长征》等活动，学生懂得红军长征胜利的伟大意义，感悟长征精神，在生活中学习、传承长征精神。

三、教学重点、难点

教学重点：了解红军长征及其伟大意义。
教学难点：感悟长征精神的跨时代传承。

四、课前阅读资料

土地革命战争时期，中国工农红军主力撤离长江南北各苏区，转战两年，到达陕甘苏区。1934年10月，第五次反"围剿"失败后，中央主力红军为摆脱国民党军队的围追堵截，被迫实行战略性转移，退出中央根据地，进行长征。

长征是人类历史上的伟大奇迹,中央红军共进行了380余次战斗,攻占700多座县城,红军牺牲了营以上干部多达430余人,平均年龄不到30岁,共击溃国民党军数百个团,其间共经过14个省,翻越18座大山,跨过24条大河,走过荒草地,翻过雪山,行程约二万五千里,红一方面军于1935年10月到达陕北革命根据地,与陕北红军胜利会师。1936年10月,红二、四方面军到达甘肃会宁地区,同红一方面军会师。红军三大主力会师,标志着万里长征的胜利结束。

　　基本路线:瑞金→突破敌人四道防线→强渡乌江→占领遵义→四渡赤水→巧渡金沙江→强渡大渡河→飞夺泸定桥→翻雪山→过草地→陕北吴起会师(1935年10月)→甘肃会宁会师(1936年10月9日)→宁夏西吉县将台堡会师(1936年10月22日)。

五、教学过程

环节一:观看图片,引入新课

(1)播放图片:人们纪念红军长征。

(2)教师小结:依据课前调查梳理出学生提出的问题。

板书:红军不怕远征难

【设计意图】通过各地纪念长征的活动图片,拉近学生与这段历史的距离。

环节二:感受长征之"难"

(1)为什么要长征?红军长征背景介绍。

(2)这场远征"难"在哪儿?

(3)材料分析:小组合作学习红军长征过程中遇到的困境。

学生分析材料,小组讨论,说一说红军长征遇到的困境。

小结:正如大家所说,长征路上,红军战士们不仅要在漫长的行军中适应缺衣少粮的艰苦生活,还要和恶劣的自然环境做斗争,更要时刻与数十倍于己的敌人进行战斗。长征,是在极端艰苦的情况下进行的一场历经艰险的远征!

(4)遵义会议。学生了解遵义会议是中国共产党历史上一个生死攸关的转折点。

（5）教师总结：遵义会议在极其危机的时刻挽救了党、挽救了红军、挽救了革命，是中国共产党历史上一个生死攸关的转折点，也是中国共产党从幼年走向成熟的标志。

【设计意图】学生通过对材料的分析，从路途遥远、环境恶劣、敌人围堵、生活艰苦四个维度认识到长征是一场历经艰险的远征，引导学生进一步认识到红军长征在政治上面临的困难和遵义会议的意义。

环节三：感悟红军不怕远征难的长征精神

（1）红军是在怎样众多艰险中坚持下来的？

教师组织播放视频，学生交流。

（2）为什么红军不怕远征难？

教师组织播放视频，学生交流。

（3）讲述长征故事。

（4）教师总结：生存环境的恶劣、敌我兵力的悬殊和死亡的威胁，不仅没有压垮我们的红军将士，反而铸就了浴血奋战、百折不挠、不怕牺牲、勇往直前的革命战士。

【设计意图】通过体会"这是一群怎样的战士"，引导学生感悟不怕牺牲、浴血奋战、百折不挠、勇往直前的长征精神。接着通过"为什么红军战士冒死也要选择前行呢"这一问题，引导学生深入思考长征精神的内核，即红军战士具有坚定的革命信念，而这正是红军不怕远征难的根本原因。最后，通过学生分享长征故事，丰富学生对长征及长征精神的认知。

环节四：萌发学习长征精神的志向

（1）教师组织学生交流今天我们仍需要长征精神。

科技界代表：邓稼先、钱学森。

建设成就：港珠澳大桥、"天眼"。

最美逆行者：钟南山、李兰娟……

（2）如何在你的生活中学习和传承长征精神呢？

（3）教师总结：同学们能够用长征精神激励自己战胜生活和学习中的困难，这就是学习和传承长征精神的方式！课后，请你也像他们一样，想一想自己在生活中遇到了哪些困难，打算如何战胜它，写在"我的'长征'"卡上，并在今后的学习生活中完成它。

【设计意图】本环节通过呈现不同年代的模范人物，使学生认识到长征精神一直在一代代共产党人身上传承着。引导学生思考作为新时代的少先队员，又该如何在生活中学习长征精神，并通过撰写"我的'长征'"卡片，设立小目标，鼓励学生在生活中学习和传承长征精神。

六、板书设计

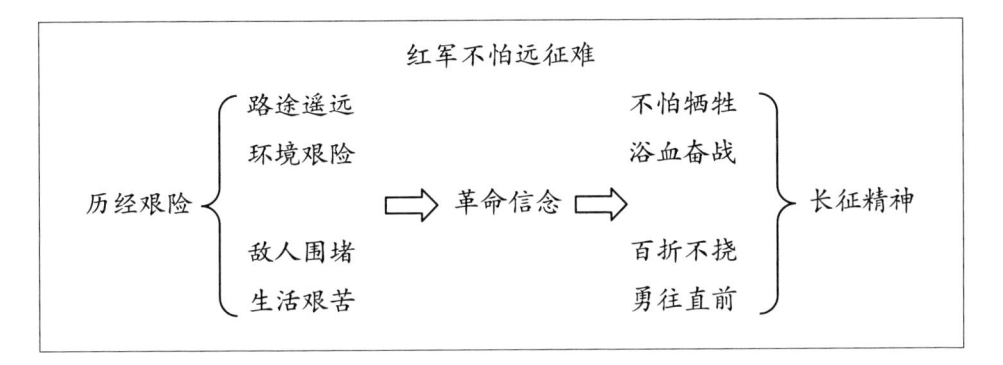

红军不怕远征难

历经艰险 { 路途遥远 / 环境艰险 / 敌人围堵 / 生活艰苦 } ⇒ 革命信念 ⇒ { 不怕牺牲 / 浴血奋战 / 百折不挠 / 勇往直前 } 长征精神

七、课后阅读资料

1. 推荐书目：《红星照耀中国》

《红星照耀中国》曾易名为《西行漫记》，是美国记者埃德加·斯诺所著的纪实文学作品。该作品真实记录了1936年6月至10月在中国西北革命根据地进行实地采访的所见所闻，报道了中国和中国工农红军以及许多红军领袖、红军将领的情况。

2. 红色电影：《长征》《万水千山》《四渡赤水》《遵义会议》

道法拓展活动课

——北京冬奥会徽标之我鉴

马红霞

一、整体设计思路

本课以"帮助学生过积极健康的生活,做负责任的公民是课程的核心"和"坚持正确价值观念的引导与学生独立思考、积极实践相统一是课程的基本原则"的课程基本理念为指导进行展开。引导学生树立责任意识和积极的生活态度,并注重课内课外相结合,将正确的价值引导蕴含在鲜活的生活主题之中,为使学生成为有理想、有道德、有文化、有纪律的社会主义合格公民奠定基础。本课通过观察并分析北京冬奥会和残奥会会徽中的中华传统文化元素,带领学生领悟中华传统文化的精髓,并鼓励学生做中华传统文化的传承者,为冬奥会的圆满成功贡献力量。

教学流程示意图(图1):

鉴传统文化之元素	→	观察会徽,分析会徽中的中华传统文化元素
悟传统文化之精髓	→	小组探究,悟出会徽背后中华传统文化的精髓
行传统文化之传统	→	小组讨论,学做中华传统文化的传承者

图1 教学流程

二、教学目标

（1）认识2022年北京冬奥会和残奥会会徽，了解会徽背后所体现的中华传统文化。
（2）提高学生沟通交流的能力、自觉学习优秀传统文化的能力。
（3）提高民族自豪感，培养学生的爱国主义情怀和对传统优秀文化的自豪感。

三、教学重点、难点

教学重点：发现并了解冬奥会会徽设计中的中华传统文化元素。
教学难点：培养学生的爱国主义情怀，提升学生的民族自豪感。

四、课前阅读资料

冬奥历史你了解多少？

冬季奥林匹克运动会，简称冬季奥运会，是国际奥林匹克委员会主办的世界性冬季项目运动会。冬季奥运会每隔4年举行1届，并与奥林匹克运动会隔两年举行，按实际举行次数计算届数。该赛事的主要特征是在冰上和雪地举行的冬季运动，如滑冰、滑雪等适合在冬季举行的项目。

● 冬季奥林匹克运动会起源

第一届冬季奥林匹克运动会于1924年在法国的夏蒙尼举行。

在现代奥运会发展之初，是没有夏季奥运会和冬季奥运会之分的，个别的冬季项目和夏季奥运会的项目是在一起进行的。

1908年伦敦奥运会首次列入了花样滑冰比赛，引起了人们极大的兴趣；1920年安特卫普奥运会除了花样滑冰，还增加了冰球赛，这两个项目的比赛吸引了成千上万的冰上运动爱好者。虽然，20世纪初期，冰雪运动就已在欧美一些国家得到广泛开展，但当时并没有一些世界性的冰雪运动比赛。

1921年国际业余田径联合会布拉格会议期间，单独举办冬季奥运会的问题正式提上了议程，并提出了有关方案。1922年国际奥委会巴黎会议上，决定在1924年夏季奥运会前举办这类比赛，但避开了"奥运会"的字眼，称为"第八届奥林匹克亚冬季运动周"。第八届奥运会东道主是法国，因此，国际奥委会也将这个体育周委托法国承办，地址定在夏蒙尼。1925年国际奥委会布拉格会议决定每4年举行一次这类运动会，并将夏蒙尼国际体育周作为第一届冬季奥林匹克运动会。

于是，历史上第一届冬季奥林匹克运动会于1924年1月25日至2月4日在法国夏蒙尼举行。第一届冬奥会参赛的有挪威、芬兰、瑞典、瑞士、奥地利、美国、加拿大、德国及对比赛颇感兴趣的英国、意大利、比利时、捷克斯洛伐克、拉脱维亚、匈牙利、南斯拉夫、波兰共16个国家，293名运动员，其中女选手13人。这实际上是一次欧美的冰雪赛。

● 奥林匹克运动会的来历

奥林匹克运动会最早起源于古希腊，因举办地在奥林匹亚而得名。19世纪末由法国的顾拜旦男爵创立了真正意义上的现代奥林匹克运动会。希腊人于公元前776年规定每4年在奥林匹亚举办一次运动会。运动会举行期间，全希腊选手及附近黎民百姓相聚于奥林匹亚。

公元前776年在这里举行第一届奥运会时，多利亚人克洛斯在192.27米短跑比赛中取得冠军。他成为国际奥林匹克运动会荣获第一个项目的第一个桂冠的人。后来，古希腊运动会的规模逐渐扩大，从公元前776年开始，到公元394年止，历经1170年，共举行了293届古代奥林匹克运动会。公元394年被罗马皇帝禁止。1894年6月，在巴黎举行首次国际体育大会，国际体育大会决定把世界性的综合体育运动会叫作奥林匹克运动会。

从1896年开始，奥林匹克运动会每4年举办1次（曾在两次世界大战中中断过三次，分别是在1916年、1940年和1944年），会期不超过16天。由于1924年开始设立了冬季奥林匹克运动会，因此奥林匹克运动会习惯上又称为"夏季奥林匹克运动会"。

——《冬奥梦 冰雪情：冬季运动知识读本》

思考：阅读资料，你对冬奥会有了什么新的了解？

五、教学过程

环节一：鉴传统文化之元素

教师活动：出示"冬奥会及残奥会会徽"照片，部分介绍会徽各部分的设计理念及其背后体现的中华传统文化理念。

小组合作探究：从冬奥会会徽的设计中你能看到的中华传统文化元素有哪些？

课堂活动：以小组为单位，讨论会徽设计中的中华传统文化元素。

学生活动：学生思考回答问题，以小组为单位进行会徽含义的解读并分享中华传统文化元素。

引出：会徽中的中华传统文化元素有中国书法、中国山水、中国水袖、五彩缤纷的传统节日。

【设计意图】通过对冬奥会、残奥会会徽的分析和解析，引导学生体味中华传统文化的美妙。

环节二：悟传统文化之精髓

教师活动：继续观察北京冬奥会和残奥会会徽的照片，小组合作探究：从冬奥会会徽背后的设计及内涵中你所悟出的传统文化精髓有什么？请概况并说明理由。

学生活动：学生继续观察会徽图片，结合刚才分析的会徽中体现的中华传统文化元素，思考并回答问题；从冬奥会会徽背后的设计及内涵中你所悟出的传统文化精髓有哪些？

引出：爱国明礼、自强不息、顽强拼搏、勤劳勇敢、诚实守信及社会主义核心价值观。

【设计意图】小组合作讨论"从冬奥会会徽的设计中你能看到的中华传统文化元素有哪些"后，引导学生继续探索"从会徽背后的设计及内涵中你能领悟到的传统文化精髓"，得出"社会主义核心价值观"的内涵，升华主题。

环节三：行传统文化之传承

教师活动：展示冬奥会志愿者的服装、火炬设计等图片，让学生讨论：你还了解到在冬奥会中还有哪些地方体现了中国传统文化？

学生活动：小组讨论，分享并归纳总结冬奥会上体现出中华传统文化元素的设计。

教师活动：引导学生思考，中学生作为中国传统文化的传承者，该如何为冬奥会助力，传承中华传统文化。

学生活动：学生小组探究，谈一谈在此次冬奥会上，中学生该如何传承中华传统文化。

引出：设计与冬奥会相关的周边环境；绘制以"冬奥会中体现的中华传统文化"为主题的手抄报；了解冬奥会中运用的高科技手段，并绘制一本宣传手册；走进场馆体验一项冰雪运动；通过文字或视频做一名志愿者，宣传北京冬奥会等。

【设计意图】小组合作，出谋划策，"中学生作为中国传统文化的传承者，该如何为冬奥会助力，传承中华传统文化呢"？培养学生公共参与的学科素养，突破教学难点。

六、板书设计

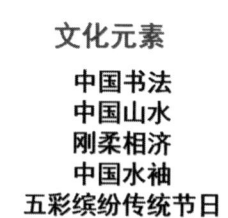

文化元素		文化精髓
中国书法	BEIJING 2022 Candidate City	爱国明礼
中国山水		自强不息
刚柔相济		顽强拼搏
中国水袖	BEIJING 2022	勤劳勇敢
五彩缤纷传统节日		诚实守信
		创新求真

增强文化自信 做中华文化与中国精神的传播者与践行者

七、课后阅读资料

"冰墩墩"传递中国文化新内涵

冰墩墩（Bing Dwen Dwen），是2022年北京冬季奥运会的吉祥物。将熊猫形象与富有超能量的冰晶外壳相结合，头部外壳造型取自冰雪运动头盔，装饰彩色光环，整体形象酷似航天员。2018年8月8日，北京冬奥会和冬残奥会吉祥物全球征集启动仪式举行。2019年9月17日晚，冰墩墩正式亮相。冰墩墩寓意创造非凡、探索未来，体现了追求卓越、引领时代，以及面向未来的无限可能。

其实冰墩墩刚推出市场的时候，许多网友并不看好，觉得设计上没有特别的亮点。然而冬奥会开幕短短几天的时间内，冬奥宣传片中"冰墩墩抖雪"一幕成功俘获网友的心，并因此晋升为冬奥会"顶流"，冰墩墩受到热捧，微博、抖音上到处都充斥着关于冰墩墩的话题，甚至带动了相关的文化概念股走出了一波行情。

冰墩墩成为冬奥会顶流，得益于两方面的原因：一方面，跟全民越来越关注奥运的大形势密不可分。北京冬奥组委发布的《北京2022年冬奥会和冬残奥会体育遗产报告（2022）》显示，自冬奥会申办成功至2021年10月，全国居民参与过冰雪运动的人数为3.46亿人，冰雪运动参与率达24.56%。在小红书平台上，"冰雪热潮"被评为2021年生活方式趋势关键词。

另一方面，冰墩墩作为文化符号，全民对于其衍生纪念品追捧的背后也是一种文化自信，徽章、摆件、保温杯、钥匙扣等平价日用品充满国宝元素，不少外国友人争相合影打卡，也是国家文化软实力的一种证明。

当前，在多元化的世界文化格局中，想要推动中国文化走向世界，必须坚持文化自信。"文化是一个国家、一个民族的灵魂。文化兴国运兴，文化强民族强。"文化自信是对本民族文化生命力的信心和信念，是推动文化繁荣与发展的根本力量。中华文化几千年历史积淀为我们提供了丰厚的底蕴和不竭的资源。在与世界文化交流中，我们要注重开发自己的传统文化资源，发展具有中国特色的产品，使其形成具有特色的产业，赋予其更多的特色与内涵,增强中华文化在世界上的感召力与影响力。

思考:阅读材料之后,你能分析一下"冰墩墩"体现的中华传统文化元素吗?

用爱架起沟通心桥

郭 稳

一、整体设计思路

本节课依据《义务教育思想品德课程标准（2011版）》"我与他人与集体"中"交往与沟通部分"，体会父母为抚养自己付出的辛劳，孝敬父母和长辈；学会与父母平等沟通，调试"逆反"心理。在教学过程中，以学生发展为本，注重对学生进行情感熏陶；开发和利用学生已有的生活经验，围绕学生在生活实际中存在的问题，以学生主动参与为前提，以合作交流为形式，实现本课的教学目标。

对于当下的学生而言，亲人对自己的关爱已经司空见惯，最熟悉的感情往往最不被重视和珍惜。本节课通过创设情境，带领学生阅读新媒体时代下的快消类阅读材料，如《朗读者》中麦家与儿子发生亲子冲突的视频片段、关于亲情的网络热图，引导学生重新体味亲情，进而学会解决身边的亲子冲突。同时，营造课堂氛围，鼓励学生为亲人撰写书信，将阅读与写作有机结合起来，引导学生用正确的方法解决亲子冲突。

教学流程示意图（图1）：

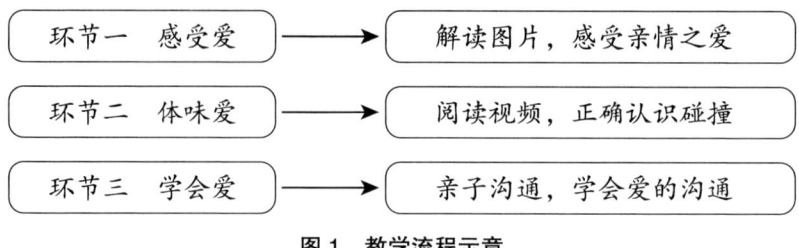

```
环节一  感受爱  →  解读图片，感受亲情之爱
环节二  体味爱  →  阅读视频，正确认识碰撞
环节三  学会爱  →  亲子沟通，学会爱的沟通
```

图 1　教学流程示意

二、教学目标

（1）体味和理解父母为自己付出的辛劳，主动与父母沟通，并以实际行动孝顺父母和长辈。

（2）学会解决与父母之间的误会和矛盾，提高与父母交流的能力。

（3）正确认识"亲子冲突"的危害，了解影响与父母沟通不畅的原因，了解和掌握一些与父母沟通的基本技巧和方法。

三、教学重点、难点

教学重点：解决亲子冲突的方法——沟通。
教学难点：找出亲子冲突产生的原因。

四、课前阅读资料

家书传爱

材料一：夫君子之行，静以修身，俭以养德。非淡泊无以明志，非宁静无以致远。夫学须静也，才须学也，非学无以广才，非志无以成学。淫慢则不能励精，险躁则不能冶性。年与时驰，意与日去，遂成枯落，多不接世，悲守穷庐，将复何及！

——诸葛亮《诫子书》

材料二：成王封伯禽于鲁。周公诫之曰："往矣，子无以鲁国骄士。吾文王之子，武王之弟，成王之叔父也，又相天子，吾于天下亦不轻矣。然一沐三握发，一饭三吐哺，犹恐失天下之士。吾闻，德行宽裕，守之以恭者，荣；土地广大，守之以俭者，安；禄位尊盛，守之以卑者，贵；人众兵强，守之以畏者，胜；聪明睿智，守之以愚者，哲；博闻强记，守之以浅者，智。夫此六者，皆谦德也。夫贵为天子，富有四海，由此德也。不谦而失天下，亡其身者，桀、纣是也。可不慎欤？"

——《周公诫子》节选

材料三：

黎明即起，洒扫庭除，要内外整洁，

既昏便息，关锁门户，必亲自检点。

一粥一饭，当思来之不易；半丝半缕，恒念物力维艰。

宜未雨而绸缪，毋临渴而掘井。

自奉必须俭约，宴客切勿流连。

器具质而洁，瓦缶胜金玉；饮食约而精，园蔬愈珍馐。

——《朱子家训》节选

材料四：

人一辈子都在高潮—低潮中浮沉，唯有庸碌的人，生活才如死水一般；或者要有极高的修养，方能廓然无累，真正的解脱。只要高潮不过分使你紧张，低潮不过分使你颓废，就好了。太阳太强烈，会把五谷晒焦；雨水太猛，也会淹死庄稼。我们只求心理平衡，才不至于受伤……慢慢地你会养成另外一种心情对付过去的事：就是能够想到而不再惊心动魄，能够从客观的立场分析前因后果，做将来的借鉴，以免重蹈覆辙。

——《傅雷家书》节选

五、教学过程

环节一：*解读亲情·感受爱*

教师活动：出示"小女孩画妈妈图片及其背后故事"。

思考：（1）你从这张照片中能读出些什么？

（2）这张照片及其背后的故事让你有哪些触动？

课堂活动：以小组为单位，阅读本组亲情热图，解读图片的内涵，撰写一段爱的独白。

学生活动：学生思考回答问题，以小组为单位进行图片含义的解读并展示撰写的爱的独白。

引出：每个人内心都有一份对家人割舍不断的感情——亲情。

【设计意图】通过对网络上的热图进行分析和解析，引导学生体味亲情之爱，感受亲情的温暖与割舍不断。

环节二：亲情碰撞·领悟爱

教师活动：

（1）出示课前调查。有45.8%的学生承认自己与父母或家长吵过架或打过架，15.8%的学生在过去一年中与父母发生了2~5次摩擦，11.8%的学生与父母吵架达5次以上。

过渡：爱在家人间弥漫，但爱的碰撞也时有发生。

（2）出示视频片段。朗读者麦家写给儿子的一封信。

思考：两对父子的碰撞体现在哪些地方？

（3）阅读资料。麦家三年守望，打开父子心锁。

思考：麦家和儿子发生碰撞的原因是什么？

学生活动：学生观看视频，并且记录视频中的关键信息，思考并回答问题；阅读辅助材料和案例，归纳总结亲子冲突的危害与产生的原因。

引出：亲子冲突的影响和原因；冲突也是一种爱。

【设计意图】通过观看麦家的视频、阅读相关采访材料、设置问题链，对亲子冲突的危害与产生原因进行分析，体味爱，正确认识爱的碰撞。

环节三：亲子沟通·学会爱

教师活动：引导学生阅读"'肉麻'的家书让父子冰释前嫌"。

思考：麦家和儿子是如何化解冲突与碰撞的？

学生活动：阅读材料，思考并归纳总结化解亲子冲突的方法。

引出：沟通。

教师活动：倾听来自父母的声音。

（1）引导学生阅读麦家《致信儿子》节选。

（2）出示班级学生父母的信息和语音。

现在孩子很智慧，会观察、会辩论，未必需要通过漫长的时间来明白一些道理。家长可以不成熟，但一定要坦诚相待，孩子才会真心接受和客观对待家长的不足，从而共同进步。

"孩子，爸爸很爱你，也希望你变得强大，可能爸爸有时候太心急了，以后爸爸会注意给你更多正面的鼓励与勇气。"

思考：听了父母的心声，你有什么感受？

学生活动：聆听父母的心里话，观看视频，感受父母之于我们的爱。

教师活动：出示漫画"爸爸也三岁"。

> 你今年几岁啦？
> 我今年三岁啦
> 那爸爸几岁啦？
> 爸爸也三岁啦
> 为什么爸爸只有三岁呢？
> 因为爸爸是在我出生那一天才变成爸爸的啊！

引出：我们要尊重、理解、接纳父母。

教师活动：播放视频"遇见20年后的父母"。

引出：最无情的是时间，子欲养而亲不待，为何不珍惜当下，勇敢说出爱。

教师活动：组织课堂活动"千言万语我想说给你们听……"

请你结合本节课所学，写一写你想说的话或发个语音给你的家人，迈出沟通的第一步。

学生活动：参与课堂实践活动，为家长写一封信，或给父母发个语音，并进行分享。

【设计意图】通过案例阅读，引导学生思考解决亲子冲突的方法，并用写信或发语音的形式，迈出与父母沟通的第一步。学会爱，学会沟通。

六、板书设计

七、课后阅读资料

  一张爸爸为儿子打着伞自己被雨淋透的背影照在朋友圈里传疯了。滂沱大雨中，父亲左手提着公文包，尽管全身湿透，右手的伞坚定地举在儿子头上，呵护着他不受风吹雨打。这一幕被网友拍到放上网络相册，短短13个小时感动全球超过250万人。一大波网友被深深打动，纷纷留言写下内心的想法："凌晨看到这张照片，在洗手间泪流不止。"这位爸爸也被冠以"雨伞爸爸"称号。

  刘侨回忆，当时突然降雨，他只能带着办公室里的一把备用雨伞去接儿子。一出幼儿园门雨突然下大，但是因为家就在附近，所以没避雨。刘侨表示，把伞全部给儿子遮、自己淋雨是非常自然的本能，没想到被网友如此称赞。对于有些网友质疑他为何不抱着儿子，刘侨认为这就是自己的教子哲学。"我希望他自己的事情自己做，所以不会抱着他，书包也让他自己背。不过毕竟他年幼，抵抗力差，还是要撑伞以免着凉。"

  "爆红照片并不会改变我们的生活，我依然会尽全力为儿子创造最好的条件，让他自由闯荡。"不同于母爱的直接、坦白，父爱给得从来都是静默。无论是梁启超像人生导师般对孩子洞若观火，因材施教、将选择权留给孩子，还是《傅雷家书》中傅雷对孩子用心灌溉、处处呵护，或平凡或伟大的父亲们可能不善于表达自己的爱，但都在用言传身教努力尽着父亲这个角色的责任。

心存敬畏

——疫情下的生命思考

王鑫媛

一、整体设计思路

本节课面临的学情如下：通过无结构的学生访谈，发现新冠肺炎疫情下长期居家的他们大多沉迷于游戏、动漫中，对于新冠肺炎疫情来袭没有深入地思考；从平常观察来看，学生思考问题容易受生活经验影响，不能做到全面、辩证地分析问题；就本课的内容来看，学生在理解休戚与共与践行关爱他人上有难度。

本课以"疫情"中的人和事及相关话题为依托，借助"敬畏生命，你最珍贵""敬畏生命，此生无悔""敬畏生命，休戚与共""敬畏生命，心存善意"四个探究活动，分析疫情中人们的选择、国家的举动，激发学生对于自己和他人生命的敬畏之情。回归到生活中，能够遵守疫情防控的相关要求，在生活复杂情境中理性选择，切实做到敬畏自己和他人的生命。

二、教学目标

（1）认识到生命的价值高于一切，培养敬畏生命、珍爱生命的情感及关怀和善待身边其他人的生命情感。

（2）结合情境和案例分析，初步形成对现实生活的复杂情形做出合理判断的能力，能够以恰当的方式珍爱他人生命，学会善待身边的人。

（3）能够说出敬畏生命的原因；全面理解生命至上的内涵，认识生命的价值高于一切；理解对生命的敬畏，既包括对自己生命的珍惜，还要走向对他人生命的关怀。

三、教学重点、难点

教学重点：全面理解生命至上的内涵。
教学难点：自觉敬畏生命，培养关怀和善待身边其他人的生命情感。

四、课前阅读资料

《中国医生》简介：根据2020年抗击新冠肺炎疫情真实事件改编，讲述了中国各地的白衣逆行者在这场浩大战役中纷纷挺身而出、争分夺秒、浴血奋战在武汉前线，不顾自身安危守护国人生命安全的震撼故事。

观看电影《中国医生》，写下让你感动的瞬间和理由。

五、教学过程

环节一：新课导入

学生活动：回顾电影《中国医生》中令自己感动的场景和理由。

教师小结：生命是脆弱的、艰难的，生命是坚强的、有力量的，生命更是崇高的、神圣的。无论是义无反顾的医生，还是奔走送快递的小哥，抑或是普通人，这部电影让我们看到人们对于生命的态度——敬畏生命。

【设计意图】通过对课前阅读的回顾，引出本课所讨论的话题，引领学生迅速进入学习状态。

环节二：生命至上

探究活动1：敬畏生命，你最珍贵。

教师活动：展示和疫情相关的两则"数字"材料，并提出两种观点。

材料1：截至5月31日，全国各级财政共安排疫情防控资金1624亿元。其中，重症患者人均治疗费用超过15万元，一些危重症患者治疗费用几十万元甚至上百万元，全部由国家承担。

材料2：疫情发生以来，湖北省成功治愈3000余位80岁以上、7位百岁以上新冠肺炎患者，多位重症老年患者是从死亡线上抢救回来的。一位70岁老人身患新冠肺炎，十多名医护人员精心救护几十天，终于挽回了老人生命，治疗费用近150万元全部由国家承担。

——《抗击新冠肺炎疫情的中国行动》白皮书

观点1：国家为此投入这么多钱，在停工停产的时候，我们国家的经济怎么办？这值得吗？

观点2：救治这名70岁老人，花费了近150万元，可是他康复之后都不能为国家创造这么多的财富，这值得吗？

学生活动：以小组为单位，结合材料和自身经验谈对两种观点的看法，学生代表进行分享。

教师小结：生命价值高于一切。

【设计意图】通过小组合作讨论的方式，既锻炼学生的团队合作能力，也群策群力帮助学生开拓思维，初步培养其全面、辩证地看待问题。归纳生命的价值高于一切的观点。

探究活动2：敬畏生命，此生无悔。

教师活动：播放《央视新闻：战疫之声》并提出问题。

①结合视频，谈谈你对哪个声音感触最深？他们为什么哭？为什么笑？

②思考：面对危险还要勇往直前的原因。

学生活动：学生观看视频，并思考问题。

教师小结：生命至上，不仅意味着我们看到自己生命的重要性，同时也必须承认他人生命同样重要。

【设计意图】通过视频回顾战疫的人和事，体会生命至上也要承认他人生命同样重要，引导学生全面理解生命至上的内涵，并渗透爱国主义和集体主义教育。

环节三：休戚与共

探究活动3：敬畏生命，休戚与共。

教师活动：展示中国援助其他国家的数据及日本对我国援助的物资和诗句"山川异域，风月同天"。提出问题：从中你体会到自己生命与他人生命之间有什么关系？

学生活动1：小组讨论。①对中日做法的评价。②思考自己生命与他人生命的关系。

教师小结：生命是休戚与共的，要从对自己生命的珍惜走向对他人生命的关怀。

学生活动2：学生完成防疫自我要求的列举和自评，组内进行评价和讨论。

教师活动：补充资料。展示科学研究佩戴口罩的重要性。

教师小结：做好自我疫情防控就是做到了敬畏生命，即不漠视自己生命。

【设计意图】通过中外互相援助的案例，引导学生体会自己的生命与他人生命的关系，让学生意识到每个人都需要与他人共同生活，自己与他人的生命休戚与共，落实难点。

通过自我剖析、组内分析，引导学生发现自身的问题，从自身做到敬畏生命。

探究活动4：敬畏生命，心存善意。

教师活动1：展示情境。当你路遇拾荒者没戴口罩，而你恰好有备用的时候，你会怎么做？

A.漠视他　　B.扔给他　　C.递给他

学生活动：小组尝试角色扮演并谈感受，小组分享。

教师活动2：播放视频"小男孩为拾荒老人戴口罩"。

教师小结：敬畏生命要尊重、关注、关怀和善待他人，自觉走上道德的生活。

【设计意图】通过自己亲身参与几种情境的表演去体会善的力量，以及自觉去践行善意的温暖，从而体会敬畏生命需要主动关爱他人，落实重点。

环节四：课堂小结

教师活动：展示两种观点。有人说，心存敬畏，才能无畏；也有人说，心存敬畏，行有所止。提问：结合所学，谈谈是否矛盾？

学生活动：结合所学和自身经验，思考并回答。

教师小结：理解心存敬畏，我们的生活、人生会大不相同。只有对生命心存敬畏，我们才能更有勇气面对生活中的一切困难，无所畏惧；只有对生命心存敬畏，我们对待生命才会有更谨慎的态度，有所为，有所不为。

【设计意图】引导学生在思维碰撞与交流中，更深入地理解对生命心存敬畏对人们思想和行为的影响，从而更全面地感悟生命的意义。

六、板书设计

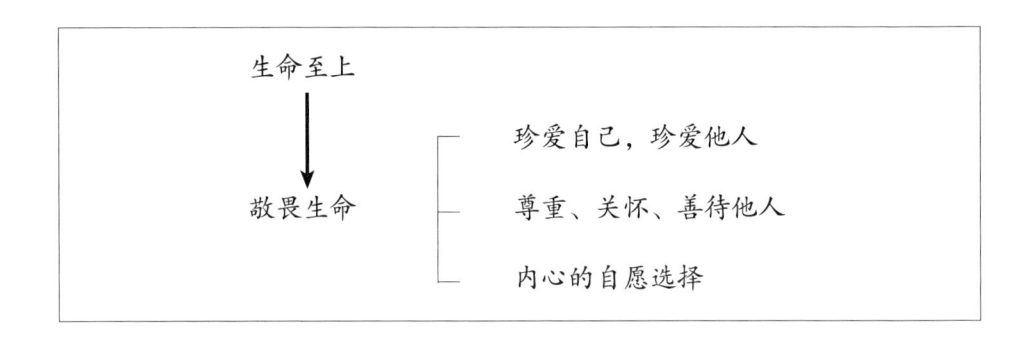

```
    生命至上
       ↓             ┌── 珍爱自己，珍爱他人
    敬畏生命    ─────┤── 尊重、关怀、善待他人
                     └── 内心的自愿选择
```

七、课后阅读资料

敬畏生命，才能守望生命。保持善意、保持理性、保持严肃、保持敬畏，"没有人是一座孤岛"，这是我们生而为人，面对突如其来的灾难时所应持有的鲜明态度。

这是一个令人心碎的沉重时刻：2022 年 3 月 21 日 14 时 38 分许，东方航空公司 MU5735 航班在广西梧州市上空失联并坠毁，机上载有 132 人。这一天，本是一趟普通的旅程，却猝不及防，戛然而止。灾难之痛，生命之重。132 不是冰冷的数字，而是 132 条鲜活的生命和其相关联的数百个家庭。

然而，此时此刻，一些别有用心之人和部分自媒体却搞起了"灾难营销"，借着全社会对坠机事故的高度关注，无底线、无人性地博流量、蹭热度、传谣言。此类违规内容，或以坠机事件为背景制作宣传海报，打着"愿 MU5735 航班的亲人平安回家"的幌子，实质上是为自家楼盘打广告；或发布虚假信息以博眼球，如恶意传播"某公司 7 名董事在失事飞机上"和坠机原因等不实言论；或仿冒幸存者蹭流量，短短数小时内竟出现几十个自称是没登上该航班的"幸运儿"。他们的所作所为，无耻又丑恶，不仅严重扰乱了社会秩序和救援秩序，更无异于给失联人员家属的心上再撒一把盐，再捅一把刀。

灾难不容调侃，生命不容亵渎，带血的"毒流量"必须从源头上坚决遏制。

敬畏生命，才能守望生命。航空事故的调查是非常漫长而复杂的过程，有的事故调查跨度甚至长达数年。在专业调查结论出来之前，保持善意、保持理性、保持严肃、保持敬畏，"没有人是一座孤岛"，这是我们生而为人，面对突如其来的灾难所应持有的鲜明态度。

——《湖北日报》评论员《敬畏生命是面对灾难最庄严的态度》

思考：结合所学，谈谈你对"没有人是一座孤岛"的理解。

世界舞台上的中国

孙丽媛

一、整体设计思路

单元教学设计说明：通过梳理知识，理性认识中国与世界的关系，帮助学生立足于国家发展和全球视野，正确认识与对待中国对世界的责任与担当，增强为世界和平与发展做出贡献的意识与愿望。感受到今日中国对世界的深远影响，树立民族自信心；同时又看到中国未来发展所面临的新风险、新挑战、新机遇，增强忧患意识，愿意为国家的发展做出自己的贡献。

二、教学目标

对中国在国际舞台上的地位进行全面、理性的认识，既增强学生对中国发展的自豪感，又引领学生正视我们的差距，增强忧患意识，清醒地认识到中国发展与世界的关系，把握机遇，迎接挑战。

三、教学重点、难点

教学重点：梳理世界格局、中国智慧、大国担当这些知识之间的内在逻辑关系。

教学难点：学会分析时事材料，概括出核心观点，归纳总结学科思考思路。

四、课前阅读资料

《维护世界和平　彰显大国担当》节选

"和平犹如空气和阳光，受益而不觉，失之则难存。"

中华文明历史崇尚"以和邦国""和而不同""以和为贵"。几千年来，和平融入了中华民族的血脉中，刻进了中国人民的基因里。中国积极倡议构建人类命运共同体，与世界各国人民一道共谋和平、共护和平、共享和平。

虽然"我们不是生在和平的年代，只是生在和平的国家"，但放眼世界，"和平""安全"对于有些国家的民众而言，还只是一个美好的梦想。

世界需要和平，更需要维护和平的力量。《新时代的中国国防》白皮书明确指出，服务构建人类命运共同体，是新时代中国国防的世界意义。

大国有大国的责任，大国军队有大国军队的担当。近年来，中国军队参与国际和平与安全事务的领域之广、力度之大前所未有。无论是联合国维和、亚丁湾护航还是国际救援，中国军人勇往直前，用汗水、鲜血甚至生命捍卫世界和平与稳定。

未来，将有越来越多的中国军人走出国门，把和平的光芒带到世界上渴望和平、需要和平的地方，为维护世界和平贡献更多力量，为推动构建人类命运共同体做出更大贡献。

——《解放军报》

阅读思考：中国为什么要坚持在远隔万里的地方维护和平。

五、教学过程

环节一：小组合作，时事讨论

【探究一】

材料一：从申办到筹办，绿色、生态、低碳、可持续一直是北京冬奥会的核心理念。一系列节能工艺，为奥林匹克运动的未来提供了中国智慧与中国方案。满载全球期待，2021年10月，北京2022年冬奥会火种，被放置在取形于西汉长信宫灯的火种灯中，顺利抵京。"为护送神圣的冬奥火种，我们做了很多结构上的创新。"火种灯设计团队成员洪文明解释，例如火种灯采用了双层玻璃结构，在内外灯罩之间留有一条导流通道，从而达到有效泄压的作用，保障在5~6级风速下火焰不熄灭。除了确保安全、稳定，一些环保技术也应用到火种器具的设计中。洪文明说，火种灯与火种台的材质都选用了可回收铝合金，火种台顶部用的是耐火、无烟、无毒的水性陶瓷涂料。"火种燃料是丙烷气体，属于清洁燃料。可以这么说，我们的研发始终都是以绿色低碳为目标的。"

——《人民日报（海外版）》2022年1月11日

材料二：场馆外丝带飞舞，场馆内别有洞天。国家速滑馆"冰丝带"是全球首个采用二氧化碳跨临界直冷制冰的冬奥速度滑冰场馆，1.2万平方米的冰面采用分区制冷方式单独控温，可实现根据不同项目分区域、分标准制冰。"我们致力于打造'最快的冰'，采用这项技术，可将冰面温差控制在0.5℃内。"国家速滑馆制冰系统设计负责人马进补充说，制冷产生的余热还能用于场馆的热水、浇冰、除湿等场景，减少的碳排放量相当于植树超120万棵所带来的碳排放减少量。

——《人民日报（海外版）》2022年1月11日

材料三：能源供应是成功举办冬奥会的重要基础。在北京冬奥会所有场馆已实现100%绿电供应背景下，不少场馆还积极利用可再生能源。比如，延庆山地新闻中心建有光伏发电系统，实现电力"自发自用、余电上网"；延庆冬奥村采用高压电锅炉供暖，实现100%可再生能源供热。

为降低赛事举办对生态环境产生的不利影响，北京冬奥会在各环节都以生态保护为优先原则，贯穿规划、建设、运行的全过程。

——《人民日报（海外版）》2022年1月11日

问题1：结合材料，谈谈你对中国担当的理解。

问题2：我国怎样为"碳达峰""碳中和"贡献中国智慧？

【探究二】

中国文化博大精深，不是轻易能被外来文化所同化的，这是得到历史证明的。体现在冬奥会的建筑合作上，"冰丝带"是澳大利亚建筑师和中国建筑师合作的精品。设计上用静态的建筑展现了速滑项目的"动感",又将坚硬的冰寓意成柔软的"丝带",蕴含了中国人对自然的深层思考和刚柔相济的智慧,22 条透明的冰状丝带如同速滑运动员飞驰而过留下的痕迹,象征着无限的速度和激情,这 22 条丝带又代表着北京承办冬奥会的年份。

问题 3:在北京,历史上有很多建筑出自外国人之手,如早期的北海白塔。您怎么看待中西方在建筑领域的交流、合作?有一些人认为,时至今日,北京沦为外国建筑师的试验场,你如何看待这种争论?

【探究三】

材料一:受新冠肺炎疫情影响,全球经济呈明显下行趋势,据国际货币基金组织预测,2020 年全球经济有可能萎缩 3%。面对这一复杂局面,习近平总书记明确指出,"要坚持用全面、辩证、长远的眼光分析当前经济形势,努力在危机中育新机、于变局中开新局""逐步形成以国内大循环为主体、国内国际双循环相互促进的新发展格局",如图 1 所示。

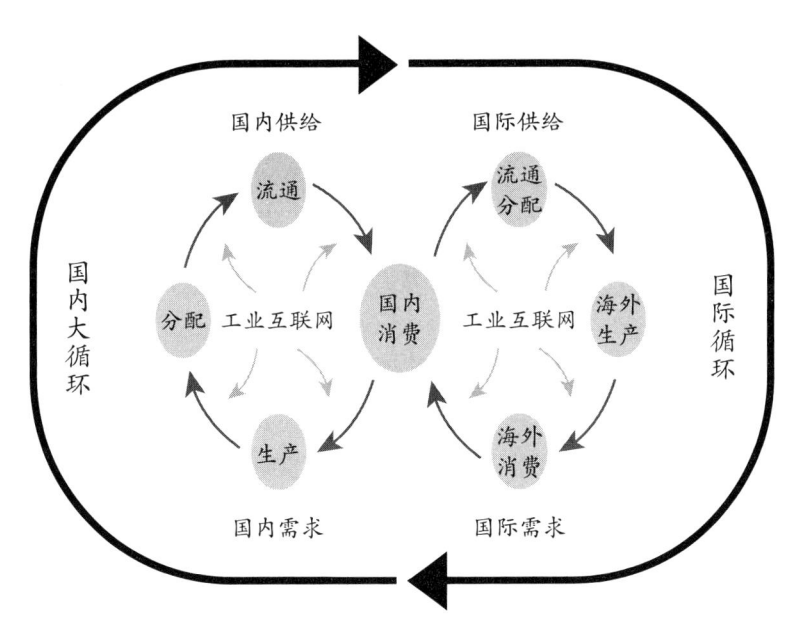

图 1 国内外双循环发展格局

材料二:

2020 年 4 月 10 日,在中央财经委员会第七次会议上,习近平总书记强调要构建以国内大循环为主体、国内国际双循环相互促进的新发展格局。

2020年5月14日，中共中央政治局常委会会议首次提出"深化供给侧结构性改革，充分发挥我国超大规模市场优势和内需潜力，构建国内国际双循环相互促进的新发展格局"，之后新发展格局在多次重要会议中被提及。

2020年5月下旬两会期间，习近平总书记再次强调，要"逐步形成以国内大循环为主体、国内国际双循环相互促进的新发展格局"。党的十九届五中全会通过《中共中央关于制定国民经济和社会发展第十四个五年规划和二〇三五年远景目标的建议》，将"加快构建以国内大循环为主体、国内国际双循环相互促进的新发展格局"纳入其中。构建基于"双循环"的新发展格局是党中央在国内外环境发生显著变化大背景下，推动我国开放型经济向更高层次发展的重大战略部署。

2020年12月4日，"国内国际双循环"入选《咬文嚼字》2020年度十大流行词；12月16日，入选"2020年度中国媒体十大新词语"。

2021年3月，《中华人民共和国国民经济和社会发展第十四个五年规划和2035年远景目标纲要（草案）》提出，加快构建以国内大循环为主体、国内国际双循环相互促进的新发展格局。

问题4：结合所学回答，我国为什么要积极推动"国内国际双循环"？

活动意图说明：通过深度分析冬奥会举办的理念及措施，学生分析感悟世界与中国之间的联系及世界舞台上中国的作用。

环节二：自主构建思维导图（教师给出关键词，小组讨论并完成思维导图）

活动意图说明：培养学生的全面思维，把世界格局、中国智慧、大国担当的知识串联，搞清楚它们之间的联系，认识中国发展与世界的关系，把握机遇，迎接挑战。

六、板书设计

世界发展离不开中国	中国方案，中国智慧
特征：开放、发展、联系	坚持对外开放
经济：经济全球化	合作共赢
政治格局：复杂多变	对话协商
文化：丰富多彩	兼收并蓄
主题：和平与发展	大国担当
威胁：全球性问题	人类命运共同体
机遇挑战并存	中国发展离不开世界

七、课后阅读资料

观看纪录片《超级工程》第三季第 4 集《中国制造》，结合本节课内容，谈谈作为中学生应该有怎样的青年担当？

历史阅读课例

统一多民族国家的建立与巩固

米绍霞　付宇婷

一、整体设计思路

  本节课通过课前阅读三则历史材料，有一手史料，也有后人著作，从不同角度了解秦汉统一多民族国家的建立与巩固对于中华民族发展的意义。课中阅读分为三个环节：第一个环节阅读图片和时间轴，加深对于基础知识的认知。第二个环节阅读秦汉统一多民族国家的建立与巩固措施表格，归纳分析"汉承秦制"统一多民族国家的建立之后，不断地巩固和发展。第三个环节阅读秦始皇和汉武帝事迹表格，进一步认识秦始皇和汉武帝对于统一多民族国家的建立与巩固的贡献，掌握评价历史人物的方法。课后再次阅读郡县制和分封制的表格，强化认识郡县制对于统一多民族国家的建立与巩固的作用。本节课主要通过三段式阅读资料，培养圈画批注、归纳概括的阅读能力，深化理解统一多民族国家的建立和巩固的概念，强化时空观念，认识到统一是中华历史发展的主流，维护统一是每一个中华儿女的历史责任。

二、教学目标

  （1）通过课前资料阅读，了解秦代的中央集权制度和统一措施对中国历史发展的影响。

（2）通过学生活动，梳理单元知识，形成单元知识脉络，形成强化时空观念。

（3）通过小组合作，比较秦汉统一多民族国家的建立与巩固的措施之异同和秦始皇、汉武帝人物评价，深化历史概念理解，掌握评价历史人物的方法。

（4）通过课前、课中、课后阅读，认识到统一是中华历史发展的主流，维护统一是每个中华儿女的历史责任。

三、教学重点、难点

重点、难点：统一多民族国家的建立与巩固。

四、课前阅读资料

从公元前230年起，秦国首先从灭亡七雄中的韩国开始，到公元前221年最后战胜齐国，秦国只用了十年时间，就完成了"六王毕，四海一"的伟业。从此一个广袤数百万平方千米的统一帝国就在中国历史上诞生了。秦始皇所开拓的广袤疆域，是在他当时所知道的天下范围内，实现的空前的正式统一，从而奠定了中国版图的基本轮廓。然而当时的形势是，秦始皇虽然在军事上统一了中国，但由原来各个国家演变而成的郡县，还保留着各国原先的政治、经济和文化、生活基础。除了因田亩大小不一和车轨不同所造成的各地区经济发展的困难以外，更为严重的是，在政治管理制度上还存在不同的律法条文，在文化上还有不同的文字和语言。这种情况将会成为以后诸侯割据和分裂的潜在因素和条件。

为了防止再次分裂，顺应历史和人民对大一统制度的抉择而正是建立了一统帝国的秦始皇，从加强中央集权的统治目的出发，以其恢宏的气魄，依托其史无前例的国力和权威，将原来各个诸侯国的权力全部集中到自己手中，采用郡县制牢牢地掌握了中央对地方政府的控制权。他通过在中央和地方各级行政机构中实行的官僚制度，形成了一整套高度发达的中央管理体系，并以古今第一帝的始皇帝身份将自己凌驾于政府之上，最终为大一统制度的实现奠定了君主集权和官僚统治的组织保证。

在新制度经济学看来，国家是一种"制度"结构，它的职能就是生产和出售一种确定的社会"产品"，即安全、公正和秩序。因此秦统一中国的意义，并不仅仅在于当时消除了国家分裂的局面，使整个中国达到了空前的统一和繁荣，关键在于它找到了一套以后再遇到矛盾冲突时，以安全、公正和秩序来调解矛盾的大一统制度，并使其成为中国古代社会长期有效的一套规则，它使中国古代的国家政治经济生活有了长期稳定和发展的基础与保证。尽管大一统制度的国家政治规则并没像西方国家那样把其称为宪法秩序，但在实际运行中，它对国家日常生活的权威一点也不比宪法小。大一统制度给中国传统社会提供的一套关于解决冲突的基本价值和程序，使中国传统社会具有了稳定而有活力的类似西方现代宪法秩序那样的文明秩序，从而大大降低了大一统制度的运作成本和风险，节约了大量的制度费用，产生了巨大的制度效益。

建立起统一国家行政管理制度的秦始皇，又分别从政治、经济、文化各个方面，推行了巨大的统一工程，铸就了中国古代大一统制度的雏形。

中国古代大一统制度创新和变迁的特点是：第一，有超额收益。如大一统制度的创造者秦始皇和他的谋士们，尽管知道统一六国要在军事、经济和政治上付出巨大开支，但他们相信只要统一了全国，秦王朝从这种制度变迁的结果中得到的好处会大大高于它的成本。第二，自觉性。秦国统一中国及汉朝对大一统制度的巩固，是他们对中国古代历史总结后采取的自觉行动，也是一种对中国社会制度设计上的一种自发性反应，就是相信只有大一统才能使中国实现国泰民安。第三，渐进性和突发性的结合。如果说秦王朝建立大一统的中央集权政府是靠摧毁一切旧诸侯国的军事实力和推行铁血政策实现的，那么汉王朝早期对大一统制度的巩固却是靠渐进式的，大行教化式的文化运动和宽松的经济政策而实现的。第四，儒家正统文化对制度的保证作用。西汉以来，中国历代大一统制度的巩固都是靠思想文化上的高度统一实现的，在全国推广儒学已经成为实现和保证大一统制度的基础。

汉初的君臣们大多是从战国时代过来的，他们深知列强战乱给人民带来了什么，也能看到秦始皇之所以能够建立起一个强大的中央集权制度背后的深刻历史渊源，因为他们也曾经同战国末年的老百姓一样，渴望国家能够统一在一个强有力的政权之下，免受他们的祖辈在之前几百年中所遭受的战争和动乱之苦，过上和平和稳定的生活。然而，为什么这样一个顺应了人心的新王朝会这么快就灭亡了呢，汉朝的统治者应该按照什么样的制度来管理新的国家呢，政府应该在哪些方面继承秦制，又应该在哪些方面做出改进，以避免重蹈秦王朝迅速灭亡的覆辙呢？这是摆在汉初君臣们面前必须马上回答的有关全局的重大政治问题。

……汉高祖刘邦及汉初的大臣们在对秦王朝的历史功过进行客观分析的基础上，做出了在政治和经济的基本制度上"汉承秦制"的重大制度博弈。汉初君臣在政权更替中保持前代政权基本制度的做法，为中国以后的历代君王所仿效，成为世界制度发展史上的一个奇迹。……即使在分裂时期，各分裂国的皇帝也无不把重建大一统国家作为自己的最高目标。

——杨松华《大一统制度与中国兴衰》

上述五端，皆为秦廷对于国内统治之努力。此外又注意于边境之开拓及防御。三十三年，略取陆梁地，为桂林、象郡、南海。西北斥逐匈奴，自榆中并河以东属之阴山，以为三十四县。因筑长城，起临洮至辽东，延袤万余里。中国版图之恢廓，盖自秦时已奠其规模。近世言秦政，率斥其专制。然按实而论，秦人初创中国统一之新局，其所努力，亦均为当时事势所需，实未可一一深非也。……大局所趋，中央政府自臻稳定，割据政权必难安立。历史大趋如此，亦不尽由于人谋也。

——钱穆《秦汉史》

统一之机运既开，黎民得离战国之苦，君臣俱欲休息乎无为。

——《吕纪·赞语》

问题：（1）古代国家政治经济长期稳定和发展的基础和保证是什么？
（2）统一多民族国家的建立和巩固的意义是什么？

五、教学过程

环节一：依图建构单元脉络
根据教材中出现的图片分类学史，从而建构单元知识脉络。

环节二：依点建构单元

阅读秦汉统一多民族国家的建立与巩固的措施，将其归纳分类到表格内。

秦汉统一多民族国家的建立与巩固的措施：

（1）三公九卿、郡县制。2.张骞出使西域、西域都护（西域正式归属中央）。3.造纸术改进、中医发展、道教。4.史记、造纸术、佛教、罢黜百家、独尊儒术。5.推恩令、刺史制。6.北击匈奴通西域。7.统一文字。8.北击匈奴筑长城、南征百越修灵渠。9.铸币权等收归中央。10.统一货币、度量衡。11.合并郡县、裁减官员。12.班超出使西域。

表1 统一多民族国家的建立与巩固的措施

内容	始建统一多民族国家（秦朝）	发展统一多民族国家（西汉）	巩固统一多民族国家（东汉）
政治			
经济			
思想文化			
军事			
民族关系			

环节三：建构单元大概念，提升认识

阅读秦汉统一多民族国家的建立与巩固的措施表格，概括秦汉措施的异同，归纳分析历史发展规律和历史阶段特征。

环节四：合作探究

表2 秦始皇、汉武帝的区别

内容	秦始皇	汉武帝
政治	皇帝制、郡县制	推恩令、刺史制
文化	统一文字	"罢黜百家，独尊儒术"，设太学
经济	统一货币（圆形方孔半两钱）、度量衡	铸币权收归中央（五铢）、盐铁经营权收归国有
军事	北击匈奴筑长城、南征百越修灵渠	北击匈奴通西域
交通	统一车轨和道路宽窄、修筑贯通全国的道路	—

续表

内容	秦始皇	汉武帝
评价		

问题：

（1）根据表格评价"秦皇汉武"。

（2）总结归纳评价历史人物的方法。

环节五：总结提升

中华文明一脉相承、连续发展。自秦朝以来，什么保障了中华文明不间断的传承至今？

六、板书设计

秦汉统一多民族国家的建立和巩固

秦朝：始建统一多民族国家
西汉：发展统一多民族国家 ｝ 统一是主流
东汉：巩固统一多民族国家

七、课后阅读资料

如何评价历史人物

1. 从评价标准来说，要看该历史人物的所作所为是否有利于生产力的发展和社会的进步、是否顺应了历史发展的潮流、是否符合人民的愿望和国家的发展。

2. 从评价方法来说，要坚持一分为二的辩证法，坚持史论结合、论从史出。

3. 从评价原则来说，要把历史人物放在当时特定的历史大背景下去分析。

阅读评价历史人物的方法，整理秦始皇、汉武帝为政的异同，理解"秦皇汉武"的内涵。你怎么看秦皇/汉武？请以"我眼中的秦皇/汉武"为题，写一篇历史小论文。

要求：符合史实；史论结合，论从史出；文末至少列出三份参考资料。

地理阅读课例

躁动不安的地球

李　谦

一、整体设计思路

（一）指导思想

本节课依据《义务教育地理课程标准（2022年版）》要求：

（1）知道板块构造学说的基本观点，说出世界著名山系及火山、地震分布与板块运动的关系。

（2）运用地图和相关资料，描述中国主要的自然灾害和环境问题；针对某一自然灾害或环境问题提出合理的防治建议；掌握一定的气象灾害和地质灾害的安全防护技能。

（3）举例分析自然资源、自然灾害对家乡社会、经济等方面的影响。依据这三条课标要求，结合地理学科课程中的"生活性"和"实践性"、陈经纶中学嘉铭分校"构建经纶学子健康生活方式八大处方"课题中"心理应急处方""志愿服务处方""社会实践处方""5.12防震减灾日"的设立和公民亟待加强的防震减灾意识为背景，确定了本节课的主题。

（二）教学内容调整及设计意图

综合考虑上述三个方面，将七年级上册中的"自然灾害"及八年级上册板块"运动、火山地震带分布"的内容进行了综合与提炼，该内容涉及众多生活时事与学术内容，属于常见但不容易理解，并且生活中对该部分内容存在较大误区，也是进行学生应急能力培养的有效契机。在教学素材上进行充分的补充，包括时事新闻，同时进行了学术材料的简单化表达、相关场馆的参观以及课堂小实验的补充。在教学实施上以生活时事引发学习兴趣，以形式多样、内容丰富的阅读材料作为支撑，通过不断地制造学生已有认识和事实之间的矛盾激发学生的思考。通过个人和小组、课上和场馆等多种形式开展学习，让学生充分的理解与体验习得过程，达到教育教学目标。

（三）阅读策略

本节课涉及的阅读素材有统计图表、各类地图、演示图、小实验、地质博物馆展品及文字阅读材料。在选材上充分考虑地理学科特点，不局限文字材料，更多选取地图、地理现象演示图、示意图，培养学生的地理阅读力，在阅读过程及成果呈现中，鼓励学生以多样化的、具有地理特色的形式进行表现，或是对图像和文字资料的圈画，或者使用示意图。在形式上采取个人阅读和合作阅读相结合。针对事实材料内容主要采用的是概括等基本的阅读策略，针对比较难以理解的学术材料和场馆材料运用找关键词、图像和文字中的重点内容进行圈画，采用结构化、图像化、图文转化等方法进行有效处理，以便对材料进行理解。

二、教学目标

（1）通过阅读资料和小实验，初步认识板块构造学说及地震带的形成和分布情况，总结世界地震分布的规律，培养学生有效提取信息及综合信息进行思维的综合思维能力。

（2）通过阅读资料、实验演示，简要了解地震发生过程，激发防震应震的意识。

（3）利用真实的生活场景，实践有效的避震技巧，培养学生应震求生技能。

三、教学重点、难点

教学重点：结合理论和实验，理解板块运动过程及造成现象，总结火山地震带的形成。

教学难点：结合学习成果和生活常识，提高防震减灾意识，掌握防震减灾技巧。

四、课前阅读资料

开卷有益：恐龙无处不在 ——阿西莫夫

不同科学领域之间是紧密相连的。在一个科学领域的新发现肯定会对其他领域产生影响。例如，在 1986 年 1 月，阿根廷南极研究所宣布在詹姆斯罗斯岛发现了一些化石骨骼。该岛是稍微离开南极海岸的一小片冰冻陆地，非常靠近南美的南端。这些骨头毫无疑问属于鸟臀目恐龙。

在地球的其他大陆上也都发现有恐龙化石。这些古老的爬行动物在南极的出现，说明恐龙确实遍布于世界各地。如果把这个发现与南极大陆联系起来，这比仅考虑恐龙来说要重要得多。恐龙如何能在南极地区生存呢？恐龙实际上并不适应寒冷的气候，现代的两栖动物（青蛙和蟾蜍是人人皆知的现代两栖动物）更不适应南极气候。但 1986 年在南极确实发现了这种古老的两栖动物的化石。恐龙不可能在每一块大陆上独立生存，那么它们是如何越过大洋到另一个大陆上去的呢？

想一想

（1）文中提到在地球的哪些地点找到了恐龙化石？可以利用地球仪找到这些地点，为什么会在南极地区发现恐龙化石？

（2）恐龙无处不在说明了什么问题？

地动现象，自古有之。在我国古代科学发展中也对地动问题展开了研究，并且颇有成就。

在中国科学史上，没有什么比候风地动仪更为引人注目。它的发明者是东汉时期伟大的科学家张衡。《后汉书·张衡传》详细记载了张衡的这一发明。

学术经典

板块构造学说简介

板块学说认为，由岩石组成的地球表层并不是整体一块，而是由板块拼合而成。全球大致分为六大板块，各大板块处于不断运动之中。一般来说，板块内部地壳比较稳定；板块与板块交界的地带，地壳比较活跃。据地质学家估计，大板块每年可以移动 1~6 厘米距离。这个速度虽然很小，但经过亿万年后，地球的海陆面貌就会发生巨大的变化：当两个板块逐渐分离时，在分离处即可出现新的凹地和海洋；大西洋和东非大裂谷就是在两块大板块发生分离时形成的。

五、教学过程

环节一：导入

教师活动：课前小调查。"你对自然灾害了解多少"，阅读调查结果，总结地震的危害。

展示：一年内全球地震的频率和分布。

学生活动：通过数据和地图感受地震发生的频率和广度，产生地球"振动模式"的认同感。

【设计意图】以数据和地图让学生亲身感受地球在不停地震动，地震在时刻发生着。

环节二：为什么会发生地震这种地质现象？

教师展示：为什么会发生地震现象？呈现地球结构、板块等资料。

学生活动：阅读展品图片和展品资料，理解地球的结构。

学生实验活动：小实验。实验器材：三四本书。

实验过程：利用书本模拟两个相邻的板块，以手动为动力，模拟板块之间的运动（注意运动速度和运动方向），观察形成的现象。

学生小组合作实践：根据实验说明，动手进行操作，并进行观察，讨论实验结果，总结板块运动的形式和结果。

总结：板块运动有哪些形式，产生了哪些现象？

【设计意图】学生自己进行理解，在场馆和资料的帮助下，通过小组合作进行有效的组织和探讨，能够完成展示的任务。通过两步走，阶梯式递进，避免学生理解不到位。

转呈：地球的板块运动和地震有关吗？

展示：地震带分布。

活动：提供中国地震发生地点分布图。

个人思考：结合板块图和火山地震带分布图，寻找联系。在中国地震分布图上，找到中国地震发生频率较高的地区，总结中国地震带分布。

总结提升：板块运动是火山地震主要发生的地区，在发生火山的同时还会伴随大规模的地形变化。

【设计意图】对于火山地震带分布在板块的边缘是大家认同的，但是通过比较位置关系让学生切实地感受到三个位置合而为一的过程。

环节三：地震的发生过程到底是怎样的?

转呈：那么真正发生的地震是怎样的过程？

实验演示：试验器材有打气筒、水盆。实验过程：将打气筒放置水中制造气体，观察震动。

转呈：请大家观看真实的视频资料。

小组合作探究：观察实验，理解震动传递的特点；观看视频，寻找地震过程中宝贵的自救时间。

【设计意图】设计小实验，让学生更好地理解地球，地壳、地质活动这样大尺度的地理现象，以小实验的形式进行展示，培养学生的想象力和理解能力。

环节四：地震发生了我们要做些什么?

转呈：假如现在发生了强地震，我们应该怎么办？讨论：逃走或者躲避。

学生活动：寻找活命三角区。给出教室平面示意图，学生小组一起找到本组最适合的三角区域。

小组合作讨论：活命三角区。教室平面示意图，学生小组一起找到本组最适合的三角区域，并在教室中进行标注。

【设计意图】通过实践更好地认识在地震发生时，良好的心态、正确的逃生方法和技巧的重要性，通过为班级贴安全标志，在实践中进步。

环节五：情感提升，回馈社会

亲爱的同学们，虽然我们已经对地震知识有了很大程度的了解，但是社会上依然有很多人对地震了解不深，所以，行动起来吧！

倡议：小组合作制作嘉铭分校《防震应震知识手册》。

课下活动：通过调查问卷结果认识普及地震知识的重要性，策划地震知识科普活动制作手册。

【设计意图】让学生体会生活中的地理。在情感上培养学生关爱社会、关爱他人，培养社会的责任感和主人翁意识。

六、板书设计

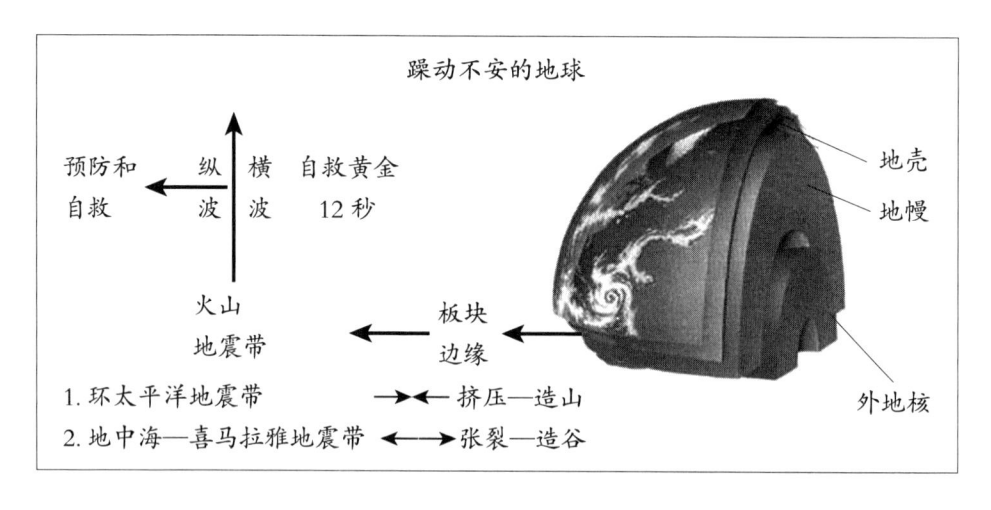

躁动不安的地球

预防和自救 ← 纵波 横波 自救黄金12秒

火山地震带 ← 板块边缘

地壳
地幔
外地核

1. 环太平洋地震带 →←挤压—造山
2. 地中海—喜马拉雅地震带 ←→张裂—造谷

七、课后阅读资料

课后扩展：我来说一说。小实验：12秒！能做些什么？

短短12秒能做些什么？哪种逃生方法更加靠谱？《重庆晚报》记者进行了实验。

· 实验内容：12秒能完成哪些逃生方式，哪种更靠谱？

· 实验场地：渝中区桂花园一栋18层高的居民楼。

· 实验人员：志愿者陈槐（女，27岁），李磊磊（化名，男，15岁），刘永忠（男，54岁），松松（化名，9岁），《重庆晚报》记者（男，30岁）

· 实验原理：实验人员分别从18楼向下跑，看12秒时间内能够下到几楼；志愿者在家里就近寻找三角避震带，计时判断12秒是否足够。

跑楼梯：12秒只够跑完两层。为模拟地震发生时的紧迫感，实验人员均被要求在确保安全的前提下以最快速度往楼下跑。结果12秒时间内，记者跑了两层楼，陈槐与李磊磊均跑完一层半，刘永忠和松松只跑完一层楼。也就是说，地震发生时，"逃生黄金12秒"最多只够跑完两层楼。

针对网上流传"地震时5楼以上居民不要下楼逃生"的说法，实验人员也进行了验证。5名实验人员分别从5楼以最快速度跑到1楼，其中最快用时27秒，最慢的是9岁松松，耗时42秒。如果以"逃生黄金12秒"计算，5楼以上的居民想要在这么短时间内逃到楼下不太可能。

经测算，用于实验的居民楼每层16级台阶，记者最快用27秒跑完80级台阶，每级台阶耗时0.3秒左右。参照这一数据，测算自己所在楼层跑下楼的耗时。

通过以上实验能够得出怎样的结论？对实际的地震逃生过程有怎样的参考意义？

【地震避险"三字经"】地震来，忌外跑；三角地，就近找；家首先，卫生间；次安全，厨房间；第三名，承重墙；第四名，实木床。办公室，君莫忘，最安全，电梯旁，混凝土，有保障；次安全，柱子旁，材质好，承重强；第三名，卫生间；第四名，桌椅旁。不近火，近水好，若被困，敲管道。

——《人民日报》

生物阅读课例

从血液循环谈新冠肺炎

张 晶

一、整体设计思路

"血液循环途径"是一个比较复杂的核心概念,学生对零散的知识点(如血液、血管、心脏等)具有一定的认识,但是疏于建立起这些器官之间的联系,也就很难形成生物体是一个完整个体的观点。因此在本节课的设计中,首先将这个概念分解为若干环节,实际上是给学生搭建了一系列的框架,将简单的核心概念(血液、血管、心脏等)串联起来,有助于学生形成复杂的核心概念。这样可以避免学生出现死记硬背的现象,设计拼图等活动,旨在让学生动手的同时能多动脑,不仅可以激发学生的学习兴趣,而且有助于学生真正理解血液循环的意义——物质交换,进一步帮助学生明确"人体是统一的整体",人体生理活动由多个系统相互联系、相互协调,共同完成生命活动,如呼吸系统、消化系统、泌尿系统等。

二、教学目标

(一)知识目标

(1)通过填图等学习活动,描述血液循环的途径(了解水平)。
(2)举例说明血液成分的变化及意义(理解水平)。

（3）分析血液循环在人体的作用与意义（应用水平）。

（二）能力目标

运用血液循环途径及血液成分的变化，解决实际问题（独立操作水平）。

（三）情感态度价值观目标

（1）通过对血液循环途径及循环意义的学习，认同生物体是统一整体的生物学观点，认同人体结构与功能相适应的生物学观点（反应认同水平）。

（2）形成自觉主动预防新冠肺炎，增进健康、珍爱生命的意识（感悟内化水平）。

三、教学重点、难点

教学重点：

（1）体循环和肺循环的途径及其相互协同的关系。
（2）区分动脉血与静脉血，明确二者之间的关系。

教学难点：

尝试构建血液循环的途径，进一步运用血液循环途径，解决实际问题。

四、课前阅读资料

新冠肺炎与血液循环有关吗？❶

2020年的新冠肺炎疫情肆虐全球，人类不得不重新审视生命健康的重要性。血液是生命之源，只要生命在运转，血液循环就始终不会停息。在我们身体里大约有5升血液，相当于体重的十二分之一；血液由血浆和血细胞组成，血细胞又由红细胞、白细胞、血小板组成，这些血细胞的数

---

❶ 新冠肺炎与血液循环有关吗？大片带你走进人体血液循环［EB/OL］.（2020-06-12）［2022-02-04］.https://baijiahao.baidu.com/s?id=16692800585333471488wfr=spiderdfor=pc.

量十分惊人，一个成年男子体内的红细胞可以达到 250 000 亿个，血小板可以达到 15 000 亿个，即使数量最少的白细胞，也能达到 500 亿个。

而无数的动脉血管、静脉血管和毛细血管又在我们身体中组成错综复杂的管网，除了毛发和指甲，几乎全身都布满了血管，如果把所有的血管连接起来，长达 15 万千米，几乎相当于绕行地球四周。

这个由血液和血管组成的血液循环系统庞大复杂，每时每刻都在向我们全身各处输送氧气和提供营养物质……

通常我们讲到血液循环的功能，主要指的就是它运送氧气的能力。医学上常常把人体的血液循环分为体循环和肺循环两个部分；以氧气的运送途径来划分，分为氧气是怎么从肺泡运到全身的，二氧化碳又怎么从全身运回肺泡的。

血液循环是人体维持生命活动的基本手段，无论是细胞所需的氧气，还是营养物质，必须通过血液循环的运送才能到达。对于人类而言，如果没有血液循环，也就没有生命可谈，可以说，人体的多数疾病与血液循环有关，绝大部分疾病的发生也会在血液循环中得以体现。

2020 年暴发的新冠肺炎疫情，虽说病毒最初是从呼吸道进入人体的，但病毒由呼吸道向全身的蔓延，都是借助血液循环才能到达全身各处的，并且疾病发展的进程与血液循环的规律高度吻合；病毒从呼吸道黏膜→静脉血管→肺部→动脉血管→全身各处的蔓延过程中，始终都伴随了白细胞与病毒的激烈战斗，并因此引发了一系列的炎症、发热、静脉血栓、呼吸困难与痰栓、出血、多器官衰竭等病变，而这些病变对人体生命的运行造成了极大的威胁。

人体是一个完整的生命系统，其实任何一种疾病的发生都与各系统之间的失衡有着密切的关系。

五、教学过程

环节一：夯实基础

1. 血液循环系统的组成

任务：结合关键词，构建出概念间的联系，以框架图的形式写在学案上。

2.辨析两组概念：动脉和静脉、动脉血和静脉血

任务：识图并填空。

【设计意图】通过构建概念图和辨析概念的方式，将所学知识进行梳理，为学习血液循环途径做铺垫。

环节二：闯关挑战

任务1：请结合"三种血管"的结构特点和功能填图，用带箭头的线段表示血流方向，将三种血管连接起来（见图1）。

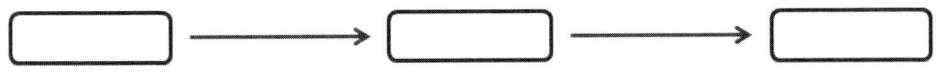

图1 "三种血管"示意图

任务2：请结合"三种血管"的结构特点和功能填图，用带箭头的线段表示血流方向，将三种血管连接起来（见图2）。

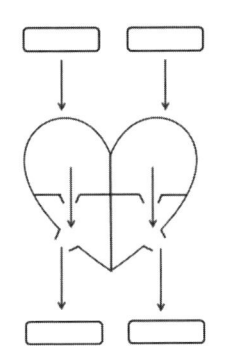

图2 "心脏以及与心脏相连的血管"示意图

任务3：如果你是公交车司机，在人的血液循环路线中，血管是公路，心室是始发站，心房是终点站。

（1）你从进站到出站有几条路线可行？

（2）如果路线按起始点分类，如何划分？

任务4：在体循环和肺循环的过程中，分别发生了一次气体交换。请结合"呼吸作用"，用"氧气/二氧化碳"填图，填出主要交换的气体成分；用"动脉血/静脉血"填图，填出物质交换后的结果，即血液成分发生的变化（见图3）。

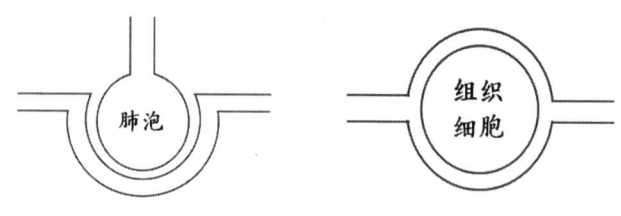

图3 "物质交换"示意图

任务5：尝试构建血液循环的途径——体循环与肺循环（见图4）。

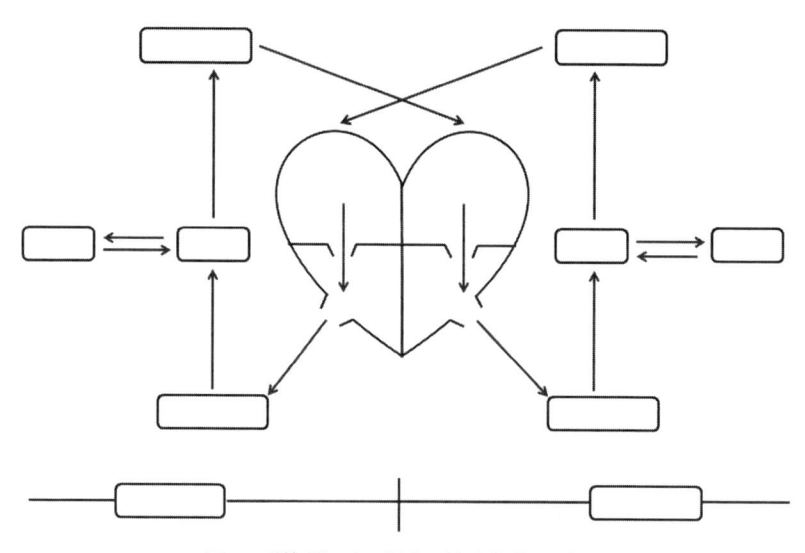

图4 "体循环与肺循环的途径"示意图

【设计意图】通过四个挑战，激发学生学习兴趣，在活动中构建血液循环的途径，有助于理解体循环、肺循环的起点和终点。

环节三：直击中考

（1）人体是统一的整体。

任务：尝试说明"血液循环系统"与其他系统的联系。

（2）在血循环过程中，血液成分的变化。

任务：在表格中（见表1），填写血液流经各个器官前后血液成分的变化。

表1 血液流经各器官前后成分的变化

部位	血液成分变化				
	流入的血液成分	流出的血液			
		血液成分	氧气含量	二氧化碳含量	葡萄糖、氨基酸等有机营养成分	尿素等含氮废物
肺						
小肠						
肾脏						
其他器官						

【设计意图】从生物学观点的角度出发,解释生命现象,形成一定的科学思维。

环节四：实践应用

请结合"血液循环的途径",解决在治疗新冠肺炎过程中,药物发挥药效的路径问题。

任务1：请尝试写出"雾化治疗肺部炎症"过程中,药物参与的血液循环路径。

任务2：请尝试写出"口服药物治疗肺部炎症"过程中,药物参与的血液循环路径。

任务3：请尝试写出"输液治疗肺部炎症"过程中,药物参与的血液循环路径。

【设计意图】应用血液循环的途径,解决真实情境下的问题,加深对血液循环路径的理解。

环节五：见字如面——同心抗疫 共待花开

设计小卡片（见图5）：

图5 对"最美逆行者"祝福的卡片

（1）对"最美逆行者"送去我们衷心的祝福……

（2）对"嘉铭学子"发起战胜防控疫情攻坚战的倡议……

【设计意图】加强解题训练的同时，树立自觉主动预防新冠肺炎、增进健康、珍爱生命的意识。

六、板书设计

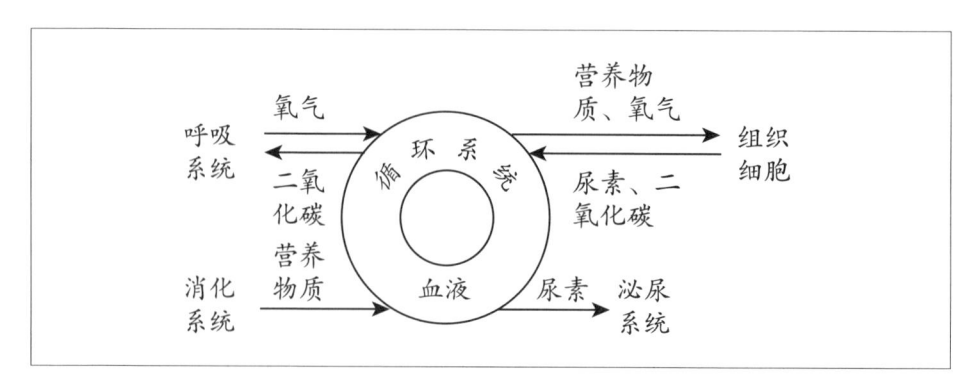

七、课后阅读资料

共抗疫情，爱国力行

  新冠肺炎是一种新发急性传染病，主要通过呼吸道飞沫和密切接触传播。绝大部分人都没有针对新冠病毒的免疫力，对新冠病毒普遍易感。新冠病毒疫苗是防控新冠肺炎最有效的措施之一，通过接种疫苗获得免疫力，不仅能保护接种对象个人，而且逐步建立起免疫屏障，对保护家人、同学和社会都有重要意义。

  截至目前，我国已接种新冠疫苗9000万剂次以上，全球很多国家也在使用中国疫苗，有效性和安全性有充分保障。目前我国使用的新冠灭活疫苗抗体阳转率达到90%以上，保护率达到70%以上，特别是对中、重症的保护率达到近100%，疫苗的保护效果非常好。安全性方面，总体上新冠疫苗的不良反应发生率不高于流感疫苗，安全性有足够保证，广大市民可以放心接种。

  当前新冠肺炎疫情仍在全球流行，我国疫情防控仍处于"外防输入、内防反弹"的关键阶段。随着其他国家自然感染或疫苗大范围接种，其人群的免疫水平会大幅度提高，我们如果不尽快广泛接种疫苗，反而会成为"免疫洼地"，一旦全球开放流动，没有接种疫苗的人群将会面临感染风险。新冠疫苗的全面接种，将会让绝大部分人得到保护，有效控制新冠肺炎的大范围传播和流行。

  在此，我们倡议，全体市民立即行动起来，不做旁观者、不当局外人，以对自己、对家人、对社会高度负责的态度，积极接种新冠疫苗，共同打造免疫防线，全力守护美好家园！

——改编自《武汉市新冠疫苗接种倡议书》

美术阅读课例

笔情墨趣

——画梅雅趣　　　　　　　　　　　　　　　　　　　田跃辉

一、整体设计思路

美术是人类文化的重要组成部分，与社会生活的方方面面有着千丝万缕的联系。通过美术课程，学生了解人类文化的丰富性，在广泛的文化情境中认识美术的特征、美术表现的多样性及美术对社会生活的独特贡献，并逐步形成热爱祖国优秀传统文化和尊重世界文化多样性的价值观。

本节课尝试用点厾法感受梅花的正侧偃仰及疏密组合，感受梅花的品格、风骨、气节，加大文化理解，在一定的文化情境中感染吸引学生；学生的发展需求应该在视觉图像的冲击、图像识读中获取相关的知识，尝试体验从学生的认知规律导向学习。遇到的问题是梅花的疏密组合、正侧偃仰的动态，以及枝干墨色变化，丰富教学资源，营造教学环境。通过四次笔墨尝试体验，四次教师演示提升学生审美感知能力及美术表现能力。结合中国团扇，体验艺术多种表现形式，营造诗书画印整体的传统文化氛围。在一定的文化情境中理解文化，提升学生审美感知和艺术表现能力，激发学生学习兴趣，丰富美术表现，落实核心素养。

二、教学目标

（1）了解梅花、梅树的特性，尝试笔墨表现梅花。
（2）通过拓宽学习资源，教师示范、阅读主导尝试体验合作学习，掌握点厾法，感受笔情墨趣表现梅花。
（3）感受笔墨的变化带来的视觉美感，体会传统水墨画的韵味，理解传统文化的内涵。

三、教学重点、难点

教学重点：应用正确的笔法和墨法表现梅树枝干和点厾画梅。
教学难点：枝干的穿插、墨色的干湿浓淡、花朵的正侧偃仰及疏密组合。

四、课前阅读资料

课前看图像视频和文字资料、课中阅读图像资料、课后阅读拓展资料。
课前阅读学习单：
（1）阅读梅花品格。不惧风雪、顽强不屈、傲雪欺霜，傲骨梅花被民间作为传春报喜的吉祥、坚强、高雅和忠贞。不怕天寒地冻，不畏冰袭雪侵，不惧霜刀风险，不屈不挠，昂首怒放，独具风采在严寒中，梅开百花之先，独天下而春。
（2）阅读梅花和桃花最主要的区别。
梅花开放时无叶，桃花开放时有叶片同生。
梅花的枝干较粗糙，桃花的枝干较光滑。
梅花花期比桃花早，腊月梅花开，春季开桃花。
学具准备：阅读资料、国画梅花图片、笔、墨、纸、团扇、画稿、笔洗、墨盘、梅花教具。

五、教学过程

课前：①课前咏梅诗句配梅花视频小片播放。②阅读文字资料

【设计意图】通过视频咏梅、赏梅为画梅作铺垫，加强文化理解，在一定的文化情境中理解学习，激发兴趣，为后面学习做好铺垫。

环节一：情境导入

教师：哪幅图是梅花？（课前阅读学习单）

学生：桃花开放时花叶同生，梅花开放时无叶。桃花枝干较光滑，梅花枝干粗糙。春季开桃花，腊月梅花开。

【设计意图】通过对比观察获取梅花特点，便于后面的学习理解。

环节二：出示梅瓶

教师：梅花自古以来就深受人们的青睐，因此有许多诗人赞美它，梅花是文人墨客表现的题材之一。今天我们一起以笔为情，以墨为趣，笔情墨趣体验画梅，感受源远流长、博大精深的中国传统绘画。（板书课题）

教师：梅花有哪些品格呢？课前阅读，反馈汇报。梅花象征坚贞不渝、高洁、坚强、谦虚的品格，不惧风雪、顽强不屈、傲雪欺霜、傲骨、不怕天寒地冻、不屈不挠、昂首怒放，独具风采在严寒中，梅开百花之先，独天下而春，因此梅又常被民间作为传春报喜的吉祥象征。

【设计意图】通过阅读加深理解，深化情感，为后面的笔情墨趣做好准备。

环节三：走近梅花仔细观

梅花自古被人们称颂赞美，让我们走近梅花，仔细观察它。

问：梅花有几个花瓣？答：一般梅花由五瓣组成，梅花也有复瓣的，多的可达20余瓣。五瓣代表五福：快乐、幸运、长寿、顺利、和平。

问：梅花都有哪些颜色？答：红、黄、绿、白色等，多以红色、白色为主。

【设计意图】进一步了解梅花的特点，科学分析，为美术表现打基础。

环节四：教师初次演示点蕊法画梅花

点蕊画法：以点为主，花瓣不宜过圆，圆中见方，有大有小，有正有侧，有遮挡轻重。

【设计意图】直观演示，学生获取笔墨技法。

环节五：学生初次尝试点蕊画梅
教师：如何表现出梅花的不同姿态呢？
教师再次演示五笔画梅。

环节六：学生再次尝试
表现正侧偃仰不同朝向和梅花的姿态。
【设计意图】通过试笔、用笔表现，感受梅花的朝向姿态之美。

环节七：观察梅花枝干
问：仔细观察梅树枝干的特点？想一想怎样用笔墨表现它？
教师：梅树枝干由主干、小枝组成，质感粗糙，造型弯曲如龙盘卧，枝干挺劲犹如长枪大戟般，穿插交错有"无女不成梅"的说法。
教师：如何应用笔墨表现呢？

环节八：教师三次演示穿枝
据构图和花头的总体走势，用稍重墨色进行穿枝。穿枝时用笔要提按顿挫，线条遒劲有力，枝条间须有粗细长短之变化；枝条组合要合乎法度，穿插力求自然，表现方显灵动；枝花结合要紧密，能在疏密聚散和前后关系中注意变化，在变化中求得统一。

环节九：学生第三次尝试笔墨
在刚才练习画梅花的纸上继续填画枝干。
【设计意图】教师直观演示，学生观看感受笔法墨法，行笔提按顿挫，墨色浓淡干湿，体验领悟枝干穿插之美，激发学习兴趣，感受水墨韵味。
学生总结汇报绘画步骤。立干：主辅点花，有疏密深浅朝向。调整：勾蕊点苔调整。

环节十：对比发现

艺术作品和真实梅花对比，感受作品源于生活、高于生活，适当的概括取舍表现艺术之美。学生练习枝条穿插，适当留白。

【设计意图】对比发现艺术源于生活，高于生活，装饰美化生活。

环节十一：作品呈现形式

师生总结绘画步骤，教师出示中国画常见的表现形式。

教师：中国画作品呈现形式多种多样，有扇形、团形、斗方、玄关等。今天我们在团扇上来笔情墨趣画梅花。

教师：团扇又称宫扇，中国传统工艺品及艺术品，是一种圆形有柄的扇子。团扇起源于商代。

环节十二：教师第四次演示

在团扇上诗书画印完整作品。教师请出创作小助手，用空圆纸在提前准备好的资料图片上圈留创作部分。

【设计意图】动手动脑，帮助在名作中截取便于创作的部分进行绘画，提升学生审美。

环节十三：学生第四次艺术实践

实践内容：笔情墨趣在团扇上以国画形式表现梅花。实践要求：诗书画印完整作品，并关注笔法、墨法及梅花的朝向姿态。

环节十四：作品展示

教师为学生题诗盖章。

诗书画印完整呈现。

环节十五：师生三级评价作品

墨色干湿、枝干穿插、梅花正侧偃仰不同朝向。

【设计意图】提升学生鉴赏评述能力。

环节十六：拓展

（1）王冕的《墨梅图》，元代中国画，纸本水墨，纵 50.9 厘米，横 31.9 厘米，画幅中有作者题诗五首。文物原属清宫旧藏，现藏故宫博物院。

【设计意图】加深文化理解，增强对优秀传统文化的热爱。

（2）生活中的梅花：剪纸作品梅花、雕刻作品梅花、服装梅花等有关梅花的装饰，随处可见。

环节十七：小结

今天我们用笔墨一起情趣体验了诗书画印意写颂梅，沿着大师的足迹赏梅、写梅、画梅、咏梅，感受梅花的风骨，画梅雅趣，体验浓浓的水墨韵味。今天的课就到这里，但是中国优秀的文化传承永远没有结束，让我们一起吟诵王冕的诗句结束今天的画梅之旅。

吾家洗砚池头树，朵朵花开淡墨痕。不要人夸好颜色，只留清气满乾坤。

六、板书设计

```
一、技法：点虱
二、步骤：立干、主干、小枝
        点花
        调整
```

七、课后阅读资料

"名画名家"

王冕字元章，一字元肃，号煮石山农，别号很多，常见的有竹斋生、会稽山农、梅花屋主、饭牛翁等。少年时代的王冕读书十分勤奋，因家境贫困，无钱多买灯油，晚上他就到寺庙里去，借长明灯光读书达旦。安阳著名学者韩性听说后非常赞赏，收他为弟子。然而，王冕生不逢时，在经历三十年的蹭蹬生涯后，晚年举家隐居诸暨县九里山水南村，过着清贫的生活。他在绘画上专意于画梅花和竹子，自有着其深刻的含义所在。他笔下的梅竹形象，被赋予了高风亮节和坚贞不畏的人格意义。

《墨梅图》[1]是元代王冕创作的纸本墨笔画。在元代，画梅名手不乏，而卓然出众、最负盛誉的画家即为王冕。他善于吸收前人之长，同时深入观察自然物象，无论在构图还是在笔墨技法上都有独特的创造，自成一家风貌，并给后世以深远的影响，称得上是一位承前启后的画梅大师。明代画梅高手刘世儒、陈录、王谦、盛行之，清代金农、罗聘、李方膺，近代吴昌硕等无不受到他的艺术启示，然后有所生发。

元王冕《墨梅图》

《墨梅图》是王冕晚年的一件代表作品，此图作倒挂梅。枝条茂密，前后错落。枝头缀满繁密的梅花，或含苞欲放，或绽瓣盛开，或残英点点。正侧偃仰，千姿百态。白洁的花朵与铁骨铮铮的干枝相映照，清气袭人，深得梅花清韵。干枝描绘得如弯弓秋月，挺劲有力。作品整体神韵秀逸，令后人叹赏不已，对明清画坛产生了十分深远的影响。

---

[1] 王冕. 墨梅图 [EB/OL]. (2022−04−08). https://zhuanlan.zhihu.com/p/498281662.

长卷的"时"与"空"

赵燕京

一、整体设计思路

本节课的核心概念是"长卷的赏析与创作",从"欣赏长卷""分析长卷"到"创作长卷"三个维度进行设计。本节课紧紧围绕核心问题"怎样分析长卷"展开,引导学生运用描述、分析、解释与评价等方式,深入理解长卷"时间"与"空间"的概念,并能选择恰当的美术表现语言,巧妙运用布局方法体验长卷创作。通过本课的学习,学生能够认识到长卷对身边生活的独特价值,进一步产生持久的兴趣与信心。

二、教学目标

(1)知识与技能。了解长卷"移动观看"的观赏方式,理解长卷"时间"与"空间"的布局方法,分组完成"初中校园生活"主题长卷作品。

(2)过程与方法。在描述、分析、解释与评价等探究学习过程中,知道长卷"移动观看"的观赏方式,理解长卷"时间"与"空间"的概念,掌握长卷的布局方法并将其应用到"初中校园生活"主题长卷创作中。

通过教师的示范,学生借助照片素材"拼贴重组"的方法合理布局,完成

"初中校园生活"主题长卷创作。

（3）情感、态度与价值观。更加深入理解"传统长卷"与"现实生活"之间的联系，逐步形成热爱优秀传统文化、关注历史、关注社会、关注环境的价值观。

三、教学重点、难点

教学重点：理解长卷"时间"与"空间"的概念。
教学难点：如何运用长卷布局方法表现长卷。

四、课前阅读资料

图1 唐代张萱《捣练图》

《捣练图》是中国唐代名画，系画家张萱之作。它是一幅工笔绢本设色画，表现了宫廷贵族妇女捣练缝衣的工作场面。此图共描绘了十二个人物形象，刻画了捣练、理线、缝制和熨烫时的情景。

画家采用"散点透视法"进行构图，把整个捣练的劳动场面分三部分呈现在读者面前。同时，他不只是单纯地图解劳动的程序步骤，而是注重对劳动场面中流露情绪的细小动作的描绘，似求得更好地展示出笔下人物的性格和心理活动，这是画家熟悉生活、认真观察的结果，体现了唐代仕女画在写实方面取得的杰出成就。

思考：《捣练图》中不同人物出现的顺序可以更改吗？作者为什么这样安排？

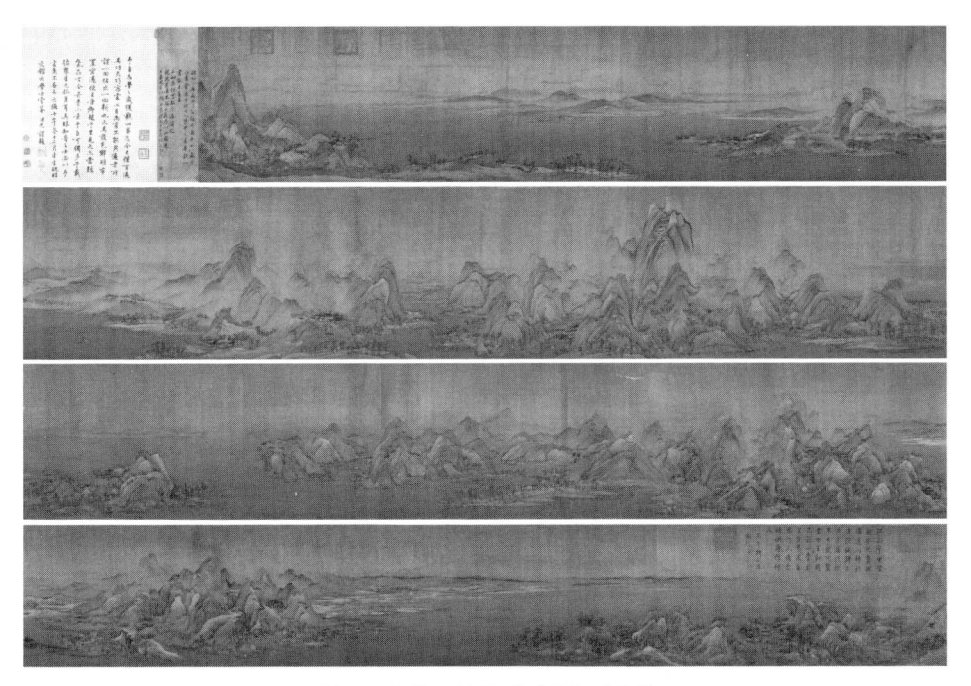

图2 宋代王希孟《千里江山图》

《千里江山图》是北宋宫廷画师王希孟在其18岁所作并且传世的唯一作品。此图描绘了北宋的锦绣河山。此卷以概括精练的手法、绚丽的色彩和工细的笔致表现出祖国山河的雄伟壮观，一向被视为宋代青山绿水中的巨作。在设色和用笔上继承了传统的"青绿法"，即以石青、石绿等矿物质为主要颜料，敷色夸张，具有一定的装饰性，被称为"青绿山水"。此种表现方法是我国山水画技法中发展较早的一种。

《千里江山图》在构图上充分利用传统的长卷形式所具有的散点透视之特点，在十余米的巨幅长卷中将景物大致分为五部分，每部分均以山体为主要表现对象，各部分之间或以长桥相连，或以流水沟通，使各段山水既相对独立，又相互关联，巧妙地连成一体，达到了步移景异的艺术效果。高远、深远、平远多种构图方式的穿插使用更使画面跌宕起伏，富有强烈的韵律感，引人入胜。

思考：《千里江山图》是通过什么手法体现画面"节奏感"呢？

五、教学过程

环节一：课前阅读

请学生带着两个问题阅读课前学习单。

【设计意图】通过阅读课前学习单，能够更深入地了解《捣练图》与《千里江山图》的背景知识，为课上深入探究长卷的"时间"特点做铺垫，提高课堂效率。

环节二：导入

请学生观看佛山版《核酸检测上河图》视频。

【设计意图】学生通过观看视频，感受"传统长卷"与"现实生活"之间的紧密关系，激发学生继续深入学习长卷艺术的兴趣。

环节三：长卷"观看方式"探究

展示古代和现代人观看长卷对比图片，并提问哪个才是观赏长卷最正确的姿势？

小结：观看长卷正确的方式是"移动观看"的视角。

播放陈丹青的视频。

小结：学生理解长卷"移动观看"的视角是世界上独有的艺术形式。

【设计意图】通过两个活动，学生真正认识到长卷"移动观看"的独特方式，是世界上独一无二的观看方式。

环节四：长卷"时"与"空"探究

提问：《捣练图》中人物出现的顺序可以更改吗？作者为什么这样安排？

小结：人物的顺序是不能更改的，《捣练图》通过讲故事将每个工序交代得清清楚楚，所以长卷是通过这种顺序体现出"叙事性"的。

活动1：请同学们将《千里江山图》的五段局部恢复成长卷原貌。

活动2：展示音乐中的波形图和《千里江山图》的山峰起伏线对比图，说说两者有哪些相似的地方。《千里江山图》到底是通过什么来体现"节奏感"的？

小结：长卷第一段用小桥连接；第二段和第三段中间用长桥连接；中间是整个画面最高峰的部分；卷尾的湖泊慢慢渐远，属于尾声，再结合波形图理解长卷是通过山峰的起伏体现出音乐般的"节奏感"。

【设计意图】通过对《捣练图》的探究，让学生理解长卷可以通过"顺序"体现"叙事性"；又通过还原《千里江山图》活动，让学生理解长卷也可以通过"起伏"体现"节奏感"，从而理解长卷是"时间的艺术"。

分三组分别对三幅长卷带着问题进行探究。

①《韩熙载夜宴图》是怎样分隔不同空间的，你认为作者处理的怎么样？

②为什么《虢国夫人游春图》中并没有刻画背景，而是选择留白，作者是有意而为之的吗？

③蒋兆和在他的作品《流民图》中是如何组织不同人物之间的关系的？

【设计意图】通过探究活动，让学生深入理解长卷以"分隔"区分空间，以"留白"体现想象空间，以"组合"体现多样统一，从而理解长卷也是"空间的艺术"。

环节五："拼贴重组"创作方式介绍

展示徐冰的《芥子园山水卷》并介绍"拼贴重组"的创作方法。

【设计意图】为接下来创作实践提供具体方法。

环节六：教师示范

播放《全民抗疫图》示范微视频。

【设计意图】通过观看教师示范，学生可以直观感受到创作方法与步骤，突破本课的难点。

环节七："初中校园生活"主题长卷创作及展示

运用所学知识，合作完成一幅以"初中校园生活"为主题的长卷作品，并分组上台展示。

【设计意图】通过设计以贴近学生生活经验的主题，激发学生的表现欲望，同时将所学知识运用到实践中，在展示汇报的过程中进一步掌握长卷的布局方法。

图3 学生作品《追梦者》

图4 学生作品《逐梦之园》

环节八：展示评价

根据评价要点进行自评、互评、师评。

【设计意图】通过多种评价方式和评价主体，体现"教、学、评"的一致性。

环节九：总结拓展

布置课后阅读徐冰的文章《中国绘画最核心的部分就是"符号性"》。

【设计意图】为学生推荐课后阅读材料，培养学生深度学习、终身学习的意识。

六、板书设计

移动观看	"时间的艺术"	"空间的艺术"	
	顺序—"叙事性"	"分隔"—区分空间	多媒体演示
	起伏—"节奏感"	"留白"—想象空间	
		"组合"—多样统一	

七、课后阅读资料

中国绘画最核心的部分就是"符号性"

《芥子园山水卷》是徐冰研习中国画著名图谱《芥子园画传》后，将其中的图画重组而成的一幅巨型山水画手卷，作品揭示出中国艺术的符号性和中国人概念化、符号化的思维方法。

徐冰认为《芥子园画传》这本古老的教科书，是中国绘画的精华与浓缩，最代表中国文化和艺术核心。中国画讲究纸抄纸，不讲究写生，过去都是靠临摹，到清代才总结出来。这就是为什么《芥子园画传》是集中了中国人艺术的核心方法与态度的一本书。

对他而言，中国绘画最核心的部分就是"符号性"，反映了中国人的思维、看事情的方法，以及审美态度。《芥子园山水卷》像连环画，从近郊到村庄、山脉、楼台又到林野，其中藏了各种各样的小人，仔细看这些小人的安排是很幽默的，但乍看上去和一幅山水卷一样，从《芥子园画传》到《芥子园山水卷》，画面形象也是同样大小。这么做是因为他觉得是给自己规定了更多的限定性，这种限定性本身使用好了就成为一种语言。

——引"艺术中国"

音乐阅读课例

在阅读中感悟新知，在演唱中提升素养

——《真善美的小世界》

李 茉

一、整体设计思路

本节课以《义务教育音乐课程标准（2011年版）》为指导思想和理论依据，突出"以音乐审美为核心、以兴趣爱好为动力""强调音乐实践、鼓励音乐创造"的基本理念，以及"培养学生对音乐持久兴趣"的课程总目标。在教学中注重审美感知和体验，以丰富多彩的教学内容和生动活泼的教学形式，激发学生对音乐学习的兴趣，进而提升音乐素养。

根据以上基本理念和目标，本节课教学中设计了"影子游戏""当个小老师""口风琴识谱吹奏"等活动，引导学生在逐步唱会歌曲的同时提升识读曲谱能力；通过"迪士尼小歌星选拔"活动，在唱好歌曲的同时培养学生的兴趣与表现力。力求做到以学定教，在丰富有趣的活动中提升学生审美情趣及听、唱、奏、演等音乐核心素养。

二、教学目标

"情感·态度·价值观"目标：

（1）在聆听、演唱的过程中感受歌曲对美好生活的热爱和赞美之情，并有

表情地演唱。

（2）能够循序渐进地感受和声均衡且和谐的美感。

"过程与方法"目标：

（1）通过聆听、感受、演唱、自主探究，明确歌曲结构，巩固弱起节奏，认识并掌握新知识 D.C. 反复记号。

（2）通过小组互相教唱、二声部口风琴合奏与表演唱等方式，提升识读乐谱的能力与兴趣，感受二声部的融合与统一。

"知识与技能"目标：

（1）正确理解并演唱"弱起小节"和"D.C. 反复记号"。

（2）能够用柔美、和谐的声音演唱二声部合唱，可以做到在演唱的同时学会聆听。

三、教学重点、难点

教学重点：

（1）能够用自然的声音有表情地唱出歌曲对于美好生活的赞颂。

（2）能够唱好歌曲中弱起节奏与 D.C. 反复记号。

（3）能够用和谐、柔美的声音唱好二声部合唱，并感受和声的美感。

教学难点：

（1）在聆听与演唱歌曲过程中，准确地感受、理解并唱好 D.C. 反复记号。

（2）能够用和谐、柔美的声音唱好二声部合唱，并感受和声的美。

四、课前阅读资料

影子游戏

第一关：请你识读节奏谱、模仿问好。

为影子米老鼠获得色彩吧！

同学 们 你好, 同学 你 好

李老　师　您　好, 老　师　您　好

第二关：请你识读和弦谱，跟琴模唱。
为米老鼠增添多彩的背景吧！

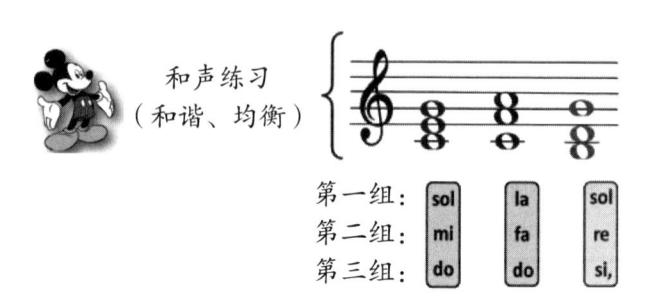

和声练习
（和谐、均衡）

第一组：sol / mi / do
第二组：la / fa / do
第三组：sol / re / si,

五、教学过程

环节一：导入（影子游戏）

【阶段目标】学生自主回忆并解决弱起小节的演唱问题；调整演唱状态，感受和声美，为后续合唱部分做好铺垫。

（一）模仿问好（识读节奏）

第一关：请你识读节奏谱、模仿问好，为影子米老鼠获得色彩！
（1）手指点拍，识读、模仿节奏并与教师相互问好。
思考：怎么确定强拍？要求：整齐地点拍并进入节奏。
（2）教师加入歌曲中的旋律问好，请学生模仿回应。

（二）听音模唱（视唱和弦）

第二关：请你识读和弦谱、分组模唱，为米老鼠增添多彩的背景！
（1）起立，调整演唱状态，分小组跟钢琴模唱。
（2）讨论：
①米老鼠来自哪里？（预设：迪士尼、童话）
②这个世界上的人有什么闪光点？（预设：善良、勇敢……）

（三）总结

今天我们就来学习一首赞颂迪士尼美好童话世界的歌曲《真善美的小世界》。

环节二：聆听感受

【阶段目标】聆听歌曲、划分乐段，自主探究"D.C. 反复记号与 Fine"的含义并熟悉演唱顺序。

（一）初听歌曲

（1）聆听歌曲并思考。

①你有什么样的感受？（预设：欢快、活泼）

引导：这首歌曲的情绪一直是欢快活泼的吗？有没有变化？（预设：欢快、优美、欢快）

②歌曲的演唱形式？（预设：齐唱、合唱、齐唱）

（2）根据歌曲的不同情绪、演唱形式为它划分乐段。（预设：三个乐段、A B A）

（二）再听歌曲

（1）出示曲谱聆听。

①曲谱中有一些没见过的符号，请你聆听并观察曲谱，猜一猜它们的含义？

（预设：D.C."从头反复"、Fine"到这里结束"）

②现在你对刚才的乐段划分，有不同想法吗？

（预设：分两个乐段 A、B，结尾 A 乐段进行了反复）

（2）再听歌曲，手指点拍小声跟唱歌曲。

环节三：学唱歌曲

【阶段目标】学生跟钢琴自主学唱 A 乐段，进一步强化解决弱起小节。分组视唱 B 乐段旋律，小组间互相教唱，自主唱好高声部旋律。

音乐阅读课例 267

（一）学唱 A 乐段

（1）跟钢琴演唱 A 乐段。（及时纠正演唱问题）

（2）回忆：怎样才能整齐地进入演唱？

（二）自主教唱 B 乐段（当个小老师）

（1）将 B 乐段旋律分为四小句，请学生发现规律。（预设：第一、三句旋律相同）

（2）教师用钢琴给各组第一个音，每组负责一条旋律，运用柯尔文手势调整音高唱准旋律。

（3）请小老师点拍教唱自己组的旋律，其余同学点拍学唱。（根据出现的问题及时纠正）

（4）跟钢琴放慢速度，小组接龙唱谱。

（5）加入歌词，全班完整演唱 B 乐段（图 1）。

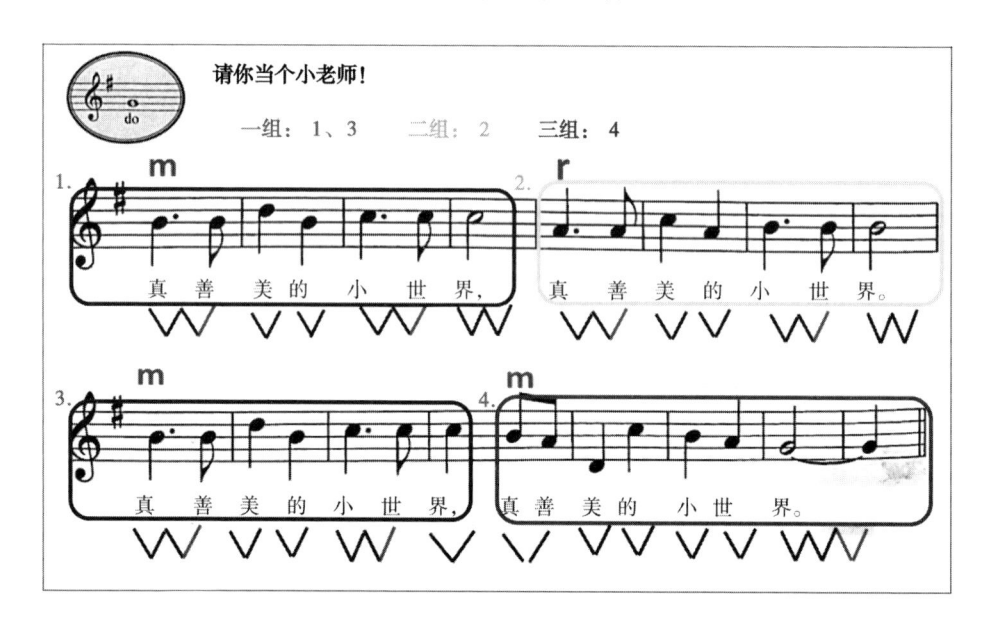

图 1　乐谱

（三）全体起立，完整演唱《真善美的小世界》高声部歌曲。（注意：气息、口型、状态）

环节四：二声部演唱

【阶段目标】通过口风琴吹奏解决 B 乐段低声部演唱的音准问题，并通过二声部演奏感受和谐、均衡的美感，进而唱好二声部合唱。

（一）口风琴吹奏（当个键盘手）

（1）在口风琴上找到 G 大调 do 音位置。（找到升那个音）

（2）出示低声部口风琴谱（图2），教师指导用口风琴吹奏低声部旋律。（注意：手型、节奏、换气）

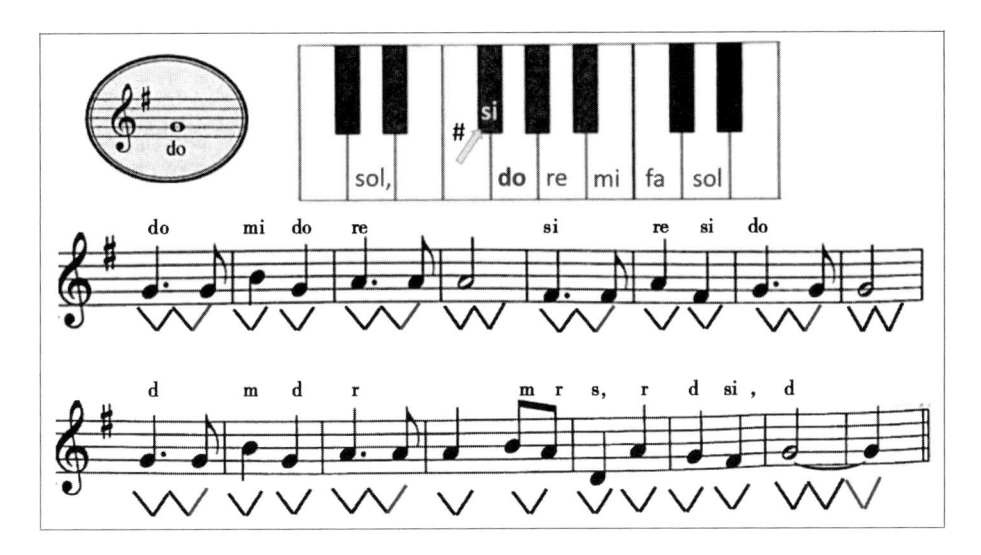

图2 低音口风琴谱

（3）学生口风琴齐奏 B 乐段低声部旋律，教师跟唱低声部歌词。（师生交换）

（4）学生口风琴吹奏低声部，教师吹奏高声部。（感受和声的和谐美）

（二）二声部演唱

（1）教师清唱高声部，学生清唱低声部。（提示：口型、气息）

（2）分组演唱二声部，请学生边唱边聆听，并对两个声部的演唱进行评价。

（3）调整站姿，原速完整演唱二声部歌曲。

环节五：歌曲表演唱

【阶段目标】在唱好歌曲的前提下，依照检测标准进行表演唱展示与自评。在明确演唱与评价要求的同时，提升学生歌曲演唱兴趣与表现力。

（一）唱好歌曲

（1）怎么用歌声表达歌曲两段的不同情绪？

（第一段：跳跃、轻巧；第二段：连贯、深情）

（2）调整站姿，完整演唱二声部歌曲，用歌声表达对美好世界的向往。

（二）表演唱展示

（1）评价检测：迪士尼小歌星选拔大赛。

出示表格评价标准（表1），以此为学生表演唱自评依据。

表1 评价标准

评价内容	评价标准	获得米奇勋章
演唱歌曲	可以运用正确的演唱方式（口型、气息、站姿）、准确的音准与节奏、自信自然且优美的歌声演唱歌曲	★★★
表现歌曲	能够用恰当的表情与情绪演唱歌曲，通过歌声表达出对真善美的热爱与赞美之情	★★★
聆听合唱	在和声演唱时可以聆听到两个声部的歌声，并可以用和谐、统一的声音演唱二声部合唱	★★★

（2）表演唱展示：教师手风琴伴奏，学生分声部进行歌曲表演唱展示。

（3）学生自我评价：得到6~9个米奇勋章，将获得"迪士尼小歌星"称号。

（4）讨论：演唱这首歌曲对你有怎样的启迪？

环节六：课后阅读

导语：这首能够传递幸福的歌曲是怎样创作出来的呢？请你读一读《真善美的小世界》背后的故事，并试着唱一唱英文版 *It's a small World*。

六、板书设计

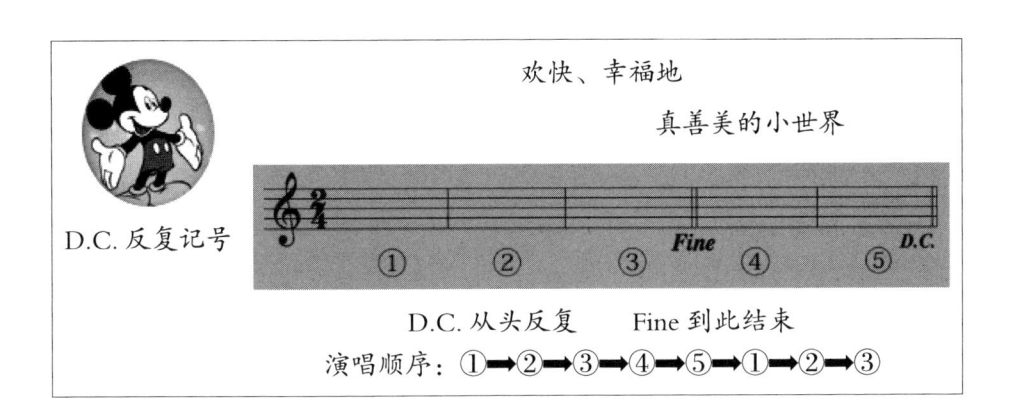

欢快、幸福地

真善美的小世界

D.C. 反复记号

D.C. 从头反复　　Fine 到此结束

演唱顺序：①→②→③→④→⑤→①→②→③

七、课后阅读资料

　　1964年的世博会在纽约举行，迪士尼公司承办其中的"世界儿童馆"。

　　原本的设计是，游客每进入一个国家的景点听到的是这个国家的国歌。华特·迪士尼去视察时发现很多国家的国歌混在一起互相干扰，效果不好，就请公司旗下的作曲家谢尔曼兄弟重新写一首。

　　他提了两个要求：①歌曲要像旋转木马那样可以循环播放；②歌词内容关乎和平与友谊，且易译成世界各国文字。谢尔曼兄弟将修改后的歌曲《这是一个小世界》拿给华特·迪士尼，他非常满意，他还把游乐馆的名字"Children of the World/ 世界儿童馆"改成和歌曲一样的名字"It's a small World/ 这是一个小世界"。

　　这首歌曲的中文版被译为《真善美的小世界》。

英文版歌词：

It's a small World

It's a world of laughter,

a world of tears.

It's a world of hopes,

and a world of fear.

There's so much that we share,

That it's time we're aware,

It's a small world after all.

It's a small world after all,It's a small world after all.

It's a small world after all,It's a small, small world.❶

---

❶ It's a small World［EB/OL］.（2022-04-06）.http://wmw.sohu.com/a/366675546121225.

小麻雀飞行记

——小学音乐唱歌课《飞飞曲》

时　颖

一、整体设计思路

《义务教育音乐新课程标准（2011年版）》指出，表现是学习音乐的基础性内容，是培养学生音乐审美能力的重要途径。本节课中注意培养学生的自信演唱、演奏能力，综合性艺术表演能力，以及在发展音乐听觉基础上的读谱能力。通过音乐实践活动促进学生能够用音乐的形式表达个人情感并与他人沟通、融洽感情。

《飞飞曲》是人音版二年级上册第六课唱歌课，《飞飞曲》是我国儿童歌舞作家黎锦晖作词作曲的一首儿童歌曲。全曲分两个角色演唱：小雀和老雀。曲调流畅，活泼又轻快，表现了小雀活泼、可爱，老雀技艺娴熟又自信的音乐形象。根据以上认识，本节课教师采用体验式教学方法进行教学，选择小麻雀为教学素材，通过图片、音频、视频、范唱、演奏等多种形式，丰富学生的感观，增强学生的审美意识。在教学中引导学生主动发现歌曲结构及乐段间情绪的不同。在学习中鼓励学生积极感受小麻雀坚韧勇敢、刻苦努力的可爱形象，主动模仿小麻雀学习飞行，并将优美的动作以律动的形式融入课堂之中。让学生沉浸在"跟着小麻雀学飞行"的情境中，见证小麻雀的飞行之路，在轻松愉快的氛围中进行歌曲学习。

二、教学目标

"情感·态度·价值观"目标：

通过聆听、演唱歌曲《飞飞曲》，感受歌曲欢快活泼情绪并感受小麻雀学飞的坚强勇敢、老麻雀悉心教导时生动温暖的氛围。

"过程与方法"目标：

（1）运用听唱法学唱歌曲并感受歌曲的旋律特点。

（2）用轻快、自然的声音演唱歌曲，并通过肢体律动表现歌曲。

"知识与技能"目标：

（1）明确八分休止符的唱法。

（2）能与人合作分角色边唱边律动表现歌曲。

三、教学重点、难点

教学重点：用轻快、自然的声音演唱歌曲。

教学难点：第二乐段前三个乐句下行旋律的演唱。

四、课前阅读资料

麻雀的介绍：

麻雀（Passer），雀科。麻雀属27种小型鸟类的统称。它们的大小、体色甚相近。一般上体呈棕、黑色的斑杂状，因而俗称麻雀。初级飞羽9枚，外侧飞羽的淡色羽缘（第一枚除外）在羽基和近端处，形稍扩大，互相骈缀，略成两道横斑状，在飞翔时尤见明显。嘴短粗而强壮，呈圆锥状，嘴峰稍曲。除树麻雀，雌雄均异色。

麻雀是国家二级保护动物。

五、教学过程

环节一：创设情境，复习导入

（一）复习聆听

阶段目标：利用复习导入创设情境，展开本节课《飞飞曲》的学习。明确八分休止符的使用，落实了本课目标中"知识与技能"目标。

教师播放歌曲《小麻雀》，学生一起演唱《小麻雀》。

（二）导入新课

小麻雀逐渐长大，想学习新本领，对妈妈唱了一支歌。

（1）明确八分休止符的使用。

（2）教师弹琴，学生用"噜"模唱。

（3）学生识谱演唱小麻雀的愿望。

环节二：器乐辅助，学唱歌曲

（一）初听歌曲

阶段目标：感受歌曲的情绪与节拍，为学生演唱歌曲做准备；落实教学"过程与方法"目标，运用听唱法学唱歌曲并感受歌曲的旋律特点。

教师提问：聆听歌曲，说一说你听到了哪些音乐信息？

学生感受歌曲的情绪：活泼、轻快。

歌曲的节拍：四二拍。

（二）复听歌曲

（1）出示歌谱，完整播放歌曲请学生根据音乐要素划分乐段。

（2）教师提问：每个乐段讲了什么？

学生总结：第一乐段讲小麻雀学飞，第二乐段讲老麻雀指导。

（三）学唱歌曲第一乐段

阶段目标：在此处教学目标中，明确八分休止符的唱法，用轻快、自然的声音演唱歌曲。

（1）出示两条旋律，教师弹琴，利用柯尔文手势带领学生视唱。

图 1　旋律 1

教师提问：A 和 B 哪条旋律更能表现小麻雀学飞的情景，为什么？

学生小组合作讨论教师提出的问题，得出结论：B 条旋律更适合小麻雀学飞的情景，因为小麻雀很轻巧，飞起来显得很稚嫩，并不连贯。

（2）出示第一乐段乐谱。

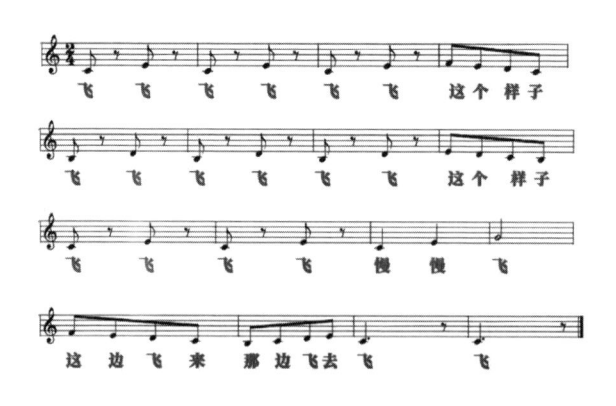

图 2　旋律 2

教师范唱，引导学生感受八分休止符的演唱方式。学生聆听教师范唱，感受八分音符与八分休止符交替出现的节奏型，在这里表现出小麻雀学习飞行的小心、轻巧的形象。

（3）请学生完整演唱歌曲第一乐段。

（四）学唱歌曲第二乐段

阶段目标：在歌曲学唱中，学生主动发现旋律变化，画出旋律线，加深印象，解决教学难点。

（1）请学生拿出口风琴，复习 C 音手位音阶。

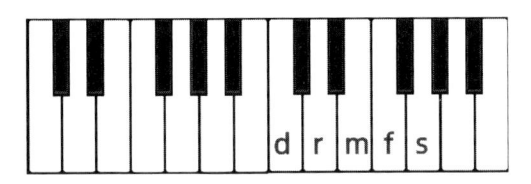

图 3　C 音手位音阶

（2）分层练习：请学生小组合作选择自己可以演奏的旋律进行练习。

（3）小组合作后，教师与学生接龙吹奏第二乐段。

图 4　第二乐段乐谱

（4）教师弹琴，学生学唱第二乐段。演唱过程中前两句为相似句，请学生聆听分辨。

图 5　学生学唱第二乐段

引导学生发现，第三句与第一句旋律相同，请学生跟随钢琴自主演唱。

（5）请学生完整演唱第二乐段。

环节三：聆听感受，唱好歌曲

（一）整首歌曲完整演唱

阶段目标：学生能用轻快、有弹性的声音演唱小麻雀，能用连贯而充满亲切的声音演唱老麻雀。

出示完整乐谱，教师弹奏，请学生进行演唱。教师提示学生注意演唱状态、姿势、咬字等。

第一乐段演唱中问题预设。

第一乐段八分音符与八分休止符交替的地方演唱的还不够轻巧。

第一乐段演唱问题的解决。

提示学生不断想象小麻雀形象的小巧和学飞时的稚嫩，八分音符要拎着唱，模仿小麻雀起飞。

第二乐段演唱中问题预设。

学生在第二乐段的旋律演唱中高音 do 音头的咬字会做不好，乐句演唱的感情不到位，旋律不够流动。

第二乐段演唱中问题解决。

前三句都是从高音 do 开始的下行旋律，唱高音 do 时声音要有气息支撑，口腔打开，高位置演唱。在每句高音 do 向下行旋律演唱时，做旋律的渐弱，为整段音乐增添起伏，更像是麻雀妈妈在空中飞翔的感觉。

（二）完整演唱

请学生跟随歌曲伴奏有感情地完整演唱歌曲。

（三）请学生分角色演唱

环节四：小组合作，表现歌曲

阶段目标：提升学生小组合作能力，加入律动，更好地激发学生的表现力，落实教学目标。

（一）介绍《飞飞曲》

《飞飞曲》是作曲家黎锦晖老师在1921年创作的儿童歌舞剧《麻雀与小孩》中第一场的一个唱段。

（二）欣赏舞剧中的《飞飞曲》

教师邀请学生欣赏儿童歌舞剧中《飞飞曲》的唱段，请学生跟随画面中的小演员，边演唱、边模仿表演。

（三）加入肢体律动表现歌曲

带领学生跟着视频分别学习小麻雀和麻雀妈妈的动作。

（四）小组合作分角色表演

请学生根据歌曲中角色的划分，小组合作练习，一位扮演小麻雀，一位扮演麻雀妈妈，分角色边演、边唱、边律动。

（五）集体演唱歌曲

请全体同学跟随伴奏，有感情地用自然轻快的声音演唱《飞飞曲》。

环节五：评价检测，德育升华

阶段目标：通过检测形式，培养学生学会评价。评价方式有自评、他评、小组评价，本节课更注重小组评价，同时提升学生学习的趣味性。

（一）评价检测

表1 评价标准

评价内容	评价标准	获得爱心鸟屋的数量
歌曲演唱	能用轻快自然的声音准确演唱歌曲	🏠🏠🏠
音乐表现	能通过演唱，表现出歌曲旋律特点、情绪的对比	🏠🏠🏠
小组合作	能与人合作，分角色边唱、边律动表现歌曲	🏠🏠🏠

以小组内为小麻雀捐献爱心鸟窝来进行自我评价：

歌曲演唱（优秀获得3座；良好获得2座；合格获得1座）

音乐表现（优秀获得3座；良好获得2座；合格获得1座）

小组合作（优秀获得3座；良好获得2座；合格获得1座）

（二）德育升华

教师寄语：本节课学习了歌曲《飞飞曲》塑造的小麻雀和老麻雀两种音乐形象。鼓励学生能像歌中的小麻雀一样，勇敢地飞翔，在学习和生活中成为不怕困难的强者。同时我们也要有爱心，要多亲近大自然，爱护小麻雀。

六、板书设计

断音唱法
声断气连

亲切的声音

温暖的氛围

小麻雀学飞

老麻雀教飞

连音唱法
声断气连

七、课后阅读资料

观看儿童歌舞剧《麻雀与小孩》

《麻雀与小孩》是黎锦晖（1891—1967）的第一部儿童歌舞剧，1921年首演。内容表现了一个顽童出于好奇心将一只活泼可爱的麻雀诱骗到家中，关进了笼子。小麻雀妈妈的母爱之心感动了小孩，他认识到自己行为的错误，遂放掉了麻雀。在这部歌舞剧中插入了《飞飞曲》的旋律，表现了麻雀妈妈教小麻雀飞行的场面，生动具体。同时这部歌舞剧也将小麻雀的形象直观地表现出来，通过欣赏让学生更好地感受到小麻雀活泼可爱的形象。

别样的图画展览会

阮晓园

一、整体设计思路

音乐欣赏，顾名思义，是欣赏者通过听觉对音乐进行聆听，并从中获得音乐美的享受、精神的愉悦和理性的满足。音乐欣赏是一种最直接、最具体的审美教育活动，它以选定的音乐作品为审美对象，以参与欣赏活动的人为审美主体，形成一种特殊的审美观。通过这种对音乐的聆听，实现对音乐美的感受，对音乐要素的掌握。本节课通过问题的精心设计，以及在小组合作的基础上达到自主互助学习的目的。随着本节课的层层深入，学生最终在拓展环节表演出符合音乐主题形象的片段，从而在本节课上使学生充分达到"听、唱、写、创"目标，进而提升学生的音乐素养。

本节课通过学生小组合作，课程相关阅读，按步骤聆听音乐，在情境中充分体验音乐要素对刻画音乐形象的作用。教师利用多种评价手段，补充阅读资料，扩展阅读视野，鼓励和激发学生的自信，引导学生结合音乐的意境来进行创编和表演，进而能够使学生通过阅读提高音乐理解深度，更好地理解音乐要素在音乐形象中的应用，提高学生的音乐欣赏能力。

二、教学目标

（1）聆听《图画展览会》，初步感受、体验乐曲中的音乐要素在刻画音乐形象中的作用，理解音乐的内容及意境。

（2）通过小组合作，在理解、想象音乐意境的基础上，能创编并自信地表演音乐中情景。

（3）通过欣赏、创编、表演，了解"交响音画"这一音乐体裁的含义及曲作家穆索尔斯基，提高学生的音乐欣赏能力。

三、教学重点、难点

教学重点：
（1）通过欣赏、体验音乐要素，感知音乐要素在刻画音乐形象中的作用。
（2）理解"交响音画"的内涵。

教学难点：
根据音乐情境，创造音乐形象并表演。

四、课前阅读资料

作曲家简介

莫杰斯特·彼得罗维奇·穆索尔斯基（1839—1881）是19世纪俄罗斯著名的作曲家，俄罗斯近代音乐现实主义的奠基人，俄罗斯民族乐派"强力集团"成员之一。穆索尔斯基1839年3月21日生于俄罗斯普斯科夫省托罗别茨基县的卡列沃村，他的童年是在农村度过的，民间的生活和民间的艺术给予他很深刻的印象。他5岁开始学习钢琴，9岁已能当众演奏协奏曲。由于其父不同意他成为职业音乐家，在他13岁时就被送进近卫军士官学校学习。1856年，18岁的穆索尔斯基结识了"强力集团"的成员，并成为他们的重要成员，开始跟随巴拉基列夫学习作品分析，后又向里姆斯基·科萨柯夫学习和声学。穆索尔斯基为创建俄罗斯古典音乐艺术做出了贡献，他创作的歌剧《鲍里斯·戈都诺夫》、管弦乐曲《荒山之夜》、钢琴组曲《图画展览会》、歌曲《跳蚤之歌》等都成为世界音乐宝库中的珍品。他的作品表现了威严的悲剧、嘲笑的幽默、辛辣的讽刺、热情的喜悦、狂放的热情、雄壮的史诗气魄。作品具有深刻的人民性，所以经常被沙皇查禁，但他绝不屈服，他说："如果今后他们继续查禁我的作品，我将百折不回地破除一切障碍，我不到声嘶力竭，绝不停止。"

曲目介绍

《图画展览会》作于1874年，是作者有感于亡友哈特曼的遗作展览而写。哈特曼是俄罗斯杰出的美术家和建筑家，与穆索尔斯基虽然从事不同的专业，却有着共同的思想志向和艺术情趣，在不同的领域执着地追求俄罗斯文化的民族风格，取得了卓越的成就，结下了亲密的友谊。1873年，由于生活的窘迫和折磨，39岁的哈特曼突然逝世。俄罗斯艺术家为纪念这位伟大的艺术家和建筑家，举行了"哈特曼遗作展览会"，展出了他的水彩画、素描、速写及建筑和舞台设计图。穆索尔斯基在参观后，根据画作中所描绘的一幅幅生动、鲜活的俄罗斯生活场景，写下了这部钢琴套曲来纪念自己的亡友。这一钢琴套曲，不仅是穆索尔斯基的代表性器乐作品，而且是19世纪俄罗斯最有独创性的92首乐曲之一。因此，这一首乐曲时至今日仍然很受欢迎，这种直截了当的表现方式，对后来的法国印象派有很大的影响。

五、教学过程

环节一：展目标
出示学习目标。

环节二：预习展示
（1）请同学们根据查找的资料来介绍一下《图画展览会》的曲作家和这部作品的创作背景。

（2）教师做适时的补充。

环节三：复习旧知

请学生根据原来所学，回忆音乐要素都包括哪些？

环节四：引导学新

（1）练唱一段《漫步》的旋律，同时共同跟唱两段《漫步》。结合音乐要素进行小组讨论。请大家想一想这三段乐曲的异同点，并简单记录在学案上。

（2）造成这种区别的原因是什么？

环节五：尝试实践

（1）聆听《图画展览会》中的《牛车》。根据乐曲旋律等要素，从音乐角度分析特点。

（2）组织学生讨论。展开想象对《牛车》这幅画面的感受，并推荐同学用语言表述出来。

环节六：归纳小结

引导归纳：以《牛车》为例，主要从旋律、音色、速度、力度等方面感受乐曲的特点，更主要的是体会音乐所表达的画面和作者复杂的心境。

环节七：课堂反馈

聆听音乐《两个犹太人》（教师介绍其中的小故事），从音乐要素的角度反馈所学内容。

环节八：反馈提升

（1）分组进行《两个犹太人》音乐哑剧的创编表演。

（2）小组间进行展示互评。选出优秀小组进行全班展示，同时为优秀小组和个人加分。

环节九：拓展总结

学生共同总结交响音画的概念内涵。

环节十：评价小结

征求学生对本节内容的问题和疑问。

环节十一：作业

（1）请课后绘制一幅课上所聆听的《牛车》或《两个犹太人》的画作，下周上交。

（2）网络搜集《图画展览会》套曲，继续进行聆听。

六、板书设计

交响音画——《图画展览会》
——穆索尔斯基

音乐 ——→ 交响音画 ←—— 美术

七、课后阅读资料

音乐要素是作品的灵魂，是塑造音乐形象的主要手段。目前出现了许多新的教学方法与形式，如达尔克罗兹教学法、柯达伊教学法和奥尔夫教学法。它们被称为"三大音乐教育体系"，又被称为"音乐新体系"，以鲜活的实例、丰富的知识内涵及精湛的理论打动了我们一线的音乐教师。"三大音乐教育体系"强调通过大量感受获得感受经验，再以经验提高感受能力。因此，教学中尝试通过身体的律动、歌声、器乐等形式来表现音乐，在整个音乐实践和音乐体验中，让孩子们全面感受音乐的快乐，进而获得音乐的审美满足。

在塑造人物形象时，音乐常用夸张的手法突出人物的某一特征。比如，用阴沉粗犷的低音、噪声形容恶魔，用雄壮、浑厚的旋律象征英雄，用明亮、高亢的小号代表红领巾少年，用柔美、抒情的小提琴表现女性之多情等。

1.《牛车》

两头驯服的公牛拖着一辆装有大车轮的、在波兰农村常见的、笨重而简陋的大货车蹒跚而过，这就是乐曲所要描绘的另一幅风俗画面。乐队中低声部的缓慢而沉重的和弦式进行，表现出沉重的牛车在不胜负担地艰难行进，而在这背景下由大号奏出的一支驾车人之歌，用悲戚的音调表达出农民对他们不自由的生活和没有欢乐的艰苦劳动的悲痛感受。这首乐曲的力度有着很大的变化。乐曲从极弱的音响开始，好像这负重的牛车从远处慢慢走过来。当音乐到达高潮时，又如牛车已经走到听者跟前似的。这时候还可以听到小鼓模仿牛车的吱吱嘎嘎声。后来，这驾车人之歌的余音又在带弱音器的法国号和低音单簧管上闪现，最后便在远处慢慢地消逝。

2.《两个犹太人》

撒姆耳·戈登堡妄自尊大，威风凛凛，又傲慢，又粗暴。穆索尔斯基用间歇的节奏、出人意料的重音、缓慢的速度，结合着每一个旋律音的意味深长的加重来表现它，好像这个人打着各种手势，指手画脚地不知是在威吓，还是在劝说什么人似的。这个主题由木管乐器组和弦乐器组的齐奏奏出。

什缪耶尔的性格在很多方面同前者截然相反，他机灵、神经质，在富人面前声音颤抖、曲意逢迎。什缪耶尔的主题由加弱音器的小号来演奏。

体育与健康阅读课例

趣学、乐学、善学

——篮球：行进间运球 　　　　　　　　　　　　　　　李　凤

一、整体设计思路

（一）篮球——行进间运球的锻炼价值及育人功能

篮球运动是一项具有综合效益的体育活动，篮球运动将游戏与竞赛、技术学习与身体锻炼、个人智慧与团结合作融为一体，使学生在学习中体会快乐，陶冶情操，磨炼意志，学会合作。

篮球——行进间运球是篮球项目的基本技术之一，也是用来作为发展学生基本活动能力的重要手段。篮球——行进间运球是队员带球移动的唯一方法，也是组织进攻摆脱防守的主要手段。此内容是学生最感兴趣的技术，学生通过学习与运用，发展身体协调性，增强下肢力量，同时培养学生的合作意识。

（二）篮球——行进间运球在学科体系中的纵横联系

根据小学生年龄特点，从一年级起开始安排小篮球教材，限于课时不多，主要是学生学会最基本、最简单的运球技术动作，但教学重点应以学习简单的基本技术和技能、提高身体基本活动能力为主，并在游戏和教学比赛中，让学生体验到篮球运动的乐趣。

在水平一阶段学生已经学习了原地运球，教学重点是抓好运球基本功的培养，先学原地运球，再学行进间运球。本教材就是在学习原地运球的基础上，进一步掌握运球技术，为学习行进间曲线运球和行进间投篮等技术打下基础。

本节课以"健康第一"为指导思想，以全校倡导的"以学生发展为中心，重视学生的主体地位"这一理念为理论依据，根据水平二目标的要求，遵循体育教学原则和运动技能形成规律及三年级学生的身心特点、认知规律，结合教材特点和陈经纶中学嘉铭分校场地器材情况，设计了本节课。

二、教学目标

（1）了解篮球运动的锻炼价值，激发与培养学生参加篮球运动的兴趣与爱好。

（2）初步学习行进间运球的动作方法，能够掌握正确运球手型、控制球的落点和反弹高度。

（3）通过观察、模仿、练习、游戏的学习过程，掌握动作方法，培养学生学习篮球的兴趣、学生团结合作的习惯及与他人合作的良好社会适应能力。

三、教学重点、难点

教学重点：手触球的部位和落点。
教学难点：能抬头运球及球与人节奏协调一致。

四、课前阅读材料

先来看看我们熟知的篮球明星：

（1）NBA（美国男子篮球职业联赛）：勒布朗·詹姆斯、凯文·杜兰特、斯蒂芬·库里、科比·布莱恩特、德怀特·霍华德。

（2）CBA（中国男子篮球职业联赛）：姚明、贝特尔、王治郅、易建联、孙悦。

篮球是谁发明的呢？很久以前，美国人詹姆士·奈·史密斯受儿童投准游戏启发，在健身房两头离地面 3.05 米高的墙壁上钉上盛苹果的竹篮子，用足球作为比赛工具，两组孩子抢球、运球、投篮。最初的篮子是竹子做的，所以命名为"篮球"。

篮球历史：篮球运动历经百年发展，在座的各位同学也参与其中。1891 年，发明篮球运动；1893 年，逐渐成形了篮板、篮筐、篮网、比赛用球和规则；1894 年，篮球运动传入中国；1904 年，男子篮球被列为奥运会表演项目；1936 年，男子篮球被列入奥运会正式比赛项目；1946 年，美国 NBA 成立；1976 年，女子篮球被列入奥运会正式比赛项目。

篮球比赛几个人打？比赛时间多长？篮球比赛在两队间进行，每队由 10~12 人组成，但每队上场比赛人数只限 5 人。比赛时间，每场比赛分两个半小时共 4 节，每节 12 分钟。在每节之间休息 5 分钟（NBA 为 130 秒），两半时之间休息 10 分钟。

运球在篮球训练或比赛中作用相当重要，它允许球员在不能传球给队友时可以自己带球向前进攻，带球移动至更有利的位置传球给队友，或等待队友到位接传球时控制住球，自己向篮筐方向运球并完成投篮或上篮。

运球应该用手指，而不是手掌。运球高度最好不要超过腰部（这样比较容易控制球）。运球时手腕要放松，用向下挤压动作拍球，而不是抽打动作。要训练两只手都能熟练地运球。开始先学习原地运球，熟练后可以一边运球一边走动。不要过多考虑运球时的移动速度，先掌握好运球技术。走动中的运球技术掌握好以后，再开始逐渐增加移动速度，直至全速。

五、教学过程

环节一：开始部分
课堂常规
（1）集合整队、师生问好。
（2）宣布课内容：篮球——行进间运球。
（3）队列练习：专项热身图形跑。

环节二：准备部分

（一）准备活动

（1）手指拨球。

（2）拨球8字。

（3）抛接球击掌。

（二）专项准备活动

原地高低运球。

环节三：基本部分

（1）复习旧知识：以小组为单位尝试体会行进间运球练习，学生初步感知行进间运球动作。（图1）

图1 运球方法

（2）传授新知识：教师示范、讲解行进间运球的技术动作方法，建立正确的技术动作概念。（图2）

口诀：按拍球的后上方，大步奔跑要跟上；边跑边运节奏好，抬头观察视野广。

图2 行进间运球

（3）组织学生再次体会练习。

（4）组织学生以小组为单位进行比赛"我最快"，认真进行游戏，进一步体会动作方法。

（5）教师总结要点，提示球的落点，组织学生进行围绕场地边线的运球练习。（无防守、有躲闪观察）

课中阅读：边跑边运节奏好，抬头观察视野广。

（6）巡视指导，强调动作要点。

（7）组织学生进行"抢车位"游戏，进一步体会行进间运球的动作方法。（无防守、有躲闪观察）练习队形：篮球半场散点。

（8）评价、总结方法与要点。

（9）讲解"我最棒"游戏的方法，组织学生进行游戏"我最棒"。场地内的散点，目的：强化巩固运球方法（有防守、有躲闪、有观察）。

（10）巡视、指导、提示，共同评价。

（11）附教材：游戏—运球投篮赛。结合运球和投篮技术完成投篮赛游戏，融入真实情境的小篮球比赛游戏。评价标准：完整速度快，投篮命中率高。

六、板书设计

（1）组织队形

☆☆☆☆☆☆　　——→　　　　⊖

☆☆☆☆☆☆　　——→　　　　⊖

☆☆☆☆☆☆　　——→　　　　⊖

☆☆☆☆☆☆　　——→　　　　⊖

（2）口诀：按拍球的后上方，大步奔跑要跟上；边跑边运节奏好，抬头观察视野广。

七、课后阅读材料

（一）篮球比赛过程中的违例

（1）队员出界或球出界违例。

（2）二次运球违例：漏接球可以再拿球。

（3）带球走违例：在传球或投篮时可抬起中枢脚。

（4）携带球违例：是指队员在运球时球在手上有明显的停留，当队员在场上持着一个活球，其一脚或双脚超出本规则所述的限制向任一方向非法移动是带球走。

（5）拳击球违例：用拳击球为违例。

（6）脚踢球违例：篮球是用手进行的运动项目，踢球或用腿的部分拦阻球为违例，脚或腿偶然的碰到是正常的。

（7）故意把球投进本方球篮违例：第二次这样做是技术犯规。

（8）干扰球违例：是指篮球比赛中非法干扰正在下降轨迹中，或在篮筐上的射球。若防守球员封阻的时间太迟，篮球已经过了最高点，或篮球已经碰了篮板，则为防守干扰违例，判进攻方成功得分。若进攻球员干扰（如射球后篮球还没有离开篮筐的上空便把篮球拨入），则判进攻方干扰违例，防守方得控球权。

（9）球回后场违例：控制球队队员在前场使球回到了后场，控制球队队员在后场又首先触及此球。

（二）篮球犯规的类型

（1）侵人犯规：不管是活球还是死球时，与对方队员发生非法接触的队员犯规。（阻挡、撞人、拉人、推人、非法用手、过分挥肘、非法掩护、从背后防守）

（2）技术犯规：指所有与对方没有身体接触的队员犯规。（队员技术犯规、教练员等人技术犯规、比赛休息时间内的技术犯规）

（3）违犯体育道德的犯规：不是在规则的精神和意图范围内合法地、直接地试图抢球而造成的侵人犯规。（违反体育道德的侵人犯规、违反体

育道德的技术犯规）

（4）双方犯规：2名对抗的双方队员同时发生接触的犯规。

（5）取消比赛资格的犯规：十分恶劣的不道德的犯规是取消比赛资格的犯规。（可能是侵人犯规，也可能是技术犯规）

（三）自测游戏

臂展长打篮球有优势，自测游戏。对大多数普通人而言，臂展的确等于身高，但在一项针对2012年NBA新秀的测量分析中，NBA新人的身高和臂展之比，达到了惊人的1∶1.06。（图3）

自测游戏

回家也自测一下吧☺

对于大多数普通人而言，臂展的确约等于身高，但在一项针对2012年NBA新秀的测量分析中，NBA新人的身高和臂展之比，达到了惊人的1∶1.06！

球员	身高	臂展
马克希尔	2.01米	2.21米
马·布鲁克尔	1.95米	2.16米
布兰德	2.06米	2.26米
布莱尔	1.98米	2.18米
约什·霍华德	1.98米	2.18米

图3　自测游戏

战在球场

——篮球"二攻一"配合战术　　　　　孙　帆　刘国良

一、整体设计思路

篮球运动深受广大青少年喜爱,是普及较好的体育运动之一。篮球技术动作,是由人体基本活动的跑、跳、投所组成。篮球运动是在快速、多变、攻防对抗中进行的,对于提高神经系统的灵活性、思维的敏捷性及应变能力都有积极的作用。对于发展灵敏、协调、速度、力量等素质有积极的作用,同时能培养学生合作、团队、大局等意识。

初中篮球教材是按照基本技术、基本战术等教学环节进行的。"二攻一"和"一防二"主要是基本战术中的内容。该战术是通过传球、跑位、运球、攻篮等技术结合起来的,它是快攻结束阶段以多打少的一种形式,也是比赛中常见的高效率进攻形式。

二、教学目标

(1)明白"二攻一"战术配合的技术要点和配合成功的关键。

(2)能够根据防守人的位置合理选择摆脱方法和传球方法,达到配合成功率50%以上。发展速度、灵敏等身体素质。

（3）培养积极主动、善于思考的优良品质和合作快乐的团队精神。

三、教学重点、难点

教学重点：根据防守人的位置选择跑动路线和传球方法。
教学难点：传球与进攻时机的把握。

四、课前阅读资料

1. 战术分类

篮球战术是篮球比赛中队员之间相互协同行动的方法，其目的是更好地发挥本方队员的技术与特长，制约对方，力争掌握比赛的主动权。依据攻守双方可将其分为"进攻战术和防守战术"。其中进攻战术包括传切配合战术、长传快攻战术、挡拆战术、低位进攻战术、三角进攻战术等；防守战术包括防守快攻、半场人盯人防守、紧逼防守、区域联防等。

2. "二攻一"配合战术

"二攻一"战术配合属于快攻战术中的一种，它是由防守转入进攻时，以最快的速度、最短时间超越对手，争取造成人数上的优势，以多打少。

当结束阶段形成二攻一时，两个队员应保持适当距离，依据防守队员的位置和防守情况进行配合。

如（图1）所示，④、⑤短传推进至前场，持球队员⑤，当防守队员④向前移动阻挠时，可乘机传给④上篮。

如（图2）所示，若防守队员④无意中途堵截⑤，而是紧逼防守④，则⑤应直接运球上篮。

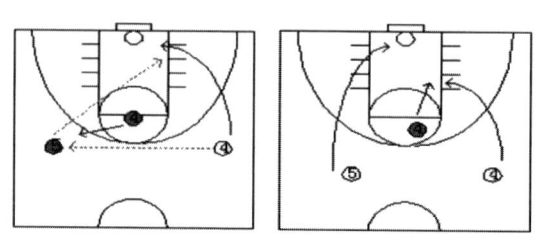

图1 "二攻一"配合战术1　图2 "二攻一"配合战术2

如（图3），如果④中途上来防守⑤，⑤则乘机分球给异侧切入的同伴④投篮。

图3 "二攻一"配合战术3

五、教学过程

环节一：热身部分

教师组织行进间运球练习，在行进间运球中进行急停、急起练习，并结合球操和行进间传接球上篮达到热身和复习效果。

【设计意图】通过篮球操的热身，充分活动身体各关节，避免受伤；同时复习篮球基本技术。

环节二：学练部分

（1）结合挂图讲解跑位时机和传球时机的结合点并进行提问传球时机如何把握。

【设计意图】学生带着课前阅读已掌握的信息，结合阅读挂图中的战术图，经过思考消化回答教师关于战术的问题，巩固"二攻一"配合时机。

（2）组织学生进行"二攻一"配合练习，结合短视频了解不同状况下"二攻一"配合的进攻方法。最后小组绘制不同时机下采用的"二攻一"配合战术图，教师点评并展示教师设计的战术图。

【设计意图】通过小组练习中出现的问题，结合短视频学习"二攻一"配合的动作要领，小组通过思考后进行绘制战术图，教师归纳总结不同情况下采用的"二攻一"配合方式，巩固战术配合的概念。

（3）小组全场"二攻一"配合，要求防守人靠前拉开快传，防守人靠后积极突破，最终进行优秀学生展示。

【设计意图】通过此前阅读战术配合图、短视频等资料，进行全场战术演练，掌握动作要领，并观察学习优秀学生练习方式，明确练习目标。

环节三：赛展部分

（1）全场"二攻一"比赛，要求推进速度快，动作连贯。
（2）半场3对3比赛，有"二攻一"配合进行额外加分。
【设计意图】通过比赛和实战检测学生学习成果，激发学生学练兴趣，增强学生团队合作意识。

环节四：放松与小结

（1）调节呼吸节奏，拉伸韧带。
（2）小结本课内容，寄予希望。
【设计意图】回忆本节课学习内容，激励学生，指出不足之处，将疑问带进下一节课解决，并强调比赛中的规则，增强规则意识。

六、板书设计

"二攻一"配合进攻要点归纳：
（1）两人拉开一定距离，球远离防守人，尽快结束进攻。
（2）判断防守队员位置，选择自己果断进攻或传球给队友。

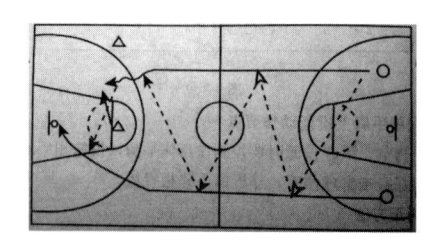

七、课后阅读资料

1.推荐观看视频，巩固篮球"二攻一"配合

2. 如何提高篮球快攻能力

接应第一传跑动路线的练习（如图4）。教师将球传给篮下的⑦，⑦用球碰篮板，⑥抢篮板球后将球传给同侧跑向边线附近接应的⑤，⑤沿边运球后传球给教师。教师接球后再传篮下⑥，⑥用球碰篮板，⑦抢篮板球后将球传给同侧跑向边线附近接应的④，④沿边运球后传球给教师，依据此连续进行练习。

要求：④、⑤掌握起动时间（⑥、⑦抢获篮板球为起动时间），侧身跑动，接运球要快速，符合规则要求。根据队员技术水平可要求用单手运球。⑥、⑦传球要快速、及时、准确。

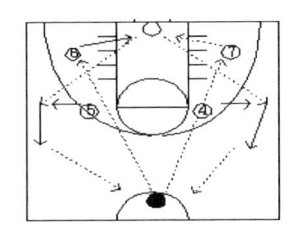

图4　传跑路线

提高接、运、传技术结合运用能力（如图5）。⑦自抛篮板球，⑤同侧接应，⑤接球后沿边线运球，传球给教师后切向篮下，接教师回传球，运球上篮。⑥抢篮板球后传给同侧跑向边线接应的④，④练习同⑤。练习后依次轮换位置，⑨至⑦，⑦至⑤，⑤至⑧。依次连续进行练习。

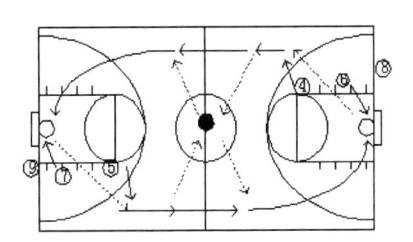

图5　全场接、运、传结合技术练习路线

花样跳绳

——合作跳绳

杨晶梅

一、整体设计思路

跳绳是小学生喜欢的一种体育活动，它是以下肢运动为主，结合上肢协调配合的一种身体活动，可以通过动作的繁简、控制速度的快慢，很容易达到调节运动量目的的一种运动，适合不同性别和年龄的学生。

"合作跳绳"是花样跳绳的入门动作，有效地进行两人合作摇绳跳，对于巩固两人一绳基础跳法，和进一步掌握更多的两人一绳花样动作有着积极的促进作用。在教学过程中根据学生的年龄特点，采用讲解、示范、启发诱导等教学方法，激发学生学习兴趣；有意识地对学生的想象力、创造力进行培养，教学中循序渐进、层层深入。学习过程中采用观察、模仿练习、小组合作等方式进行。通过学生间相互探讨、交流的形式领悟动作要领；通过展示、分析、评价、解决所发现的问题巩固所学内容；充分调动学生的学习积极性，养成良好的学习习惯和运动习惯。

二、教学目标

认知目标：了解花样跳绳两人一绳的跳绳方法，通过不同站位，拓展新的跳绳方法，并知晓两人一绳单人、双人跳的动作方法及要领。

技能目标：学生能够掌握两人一绳的摇绳同步，控制好摇绳速度，单人跳、双人跳与摇绳配合默契，在练习过程中发展学生跳跃的能力，提高学生的协调配合能力和灵敏素质。

情感目标：激发学生探究、创新和自主学习的能力。培养学生的自信心，增强学生互帮互助、互相尊重的团结协作意识，建立和谐的人际关系。

三、教学重点、难点

教学重点：摇绳速度，摇跳配合默契。
教学难点：跳绳在空中呈圆形姿态。

四、课前阅读资料

跳绳的运动价值功能

跳绳是我国传统的体育项目，具有较好的群众基础，它内容丰富，花式多样。需要的场地、器材简单，可以充分利用狭小空间进行运动。只需一根跳绳就可以跳出种类繁多的花样动作，并且具有很高的锻炼价值。

1.跳绳可以促进少年儿童生长发育。研究证明长期坚持跳绳可以推迟软骨钙化的年龄，使骨骼的生长期变长，从而促进身高；上、下有节奏的跳动还能促进脑细胞的生长，从而促进大脑的发育；经常跳绳还会提高少年儿童神经系统的灵敏度和反应能力，从而促进自身协调配合的能力。

2.跳绳对心脏机能有良好的促进作用。香港特别行政区1999年向全香港小学生推行"跳绳强心"计划，该计划通过教授花样跳绳、心脏健康教育和举办跳绳同乐日等活动，鼓励青少年参加运动、建立健康的生活方式，从而有效预防心脏疾病的发生。

3.跳绳能增进人体器官发育，有益于身心健康，强身健体，开发智力，丰富生活，提高整体素质。跳绳时全身运行及手握绳对拇指穴位的刺激，会大大增强脑细胞的活力，提高思维和想象力。因此，跳绳也是健脑的最佳选择。研究证明，跳绳时全身运动，人体各个器官和肌肉及神经系统同时受到锻炼和发展。

4.运动促进心理健康。中等强度的有氧跳绳锻炼能显著提高睡眠质量，有效的跳绳锻炼能改善人的心境状态，降低焦虑和抑郁，促进情绪积极，改善心境状态，有利于心理健康。

——全国体育联盟（教学改革）规划教材《花样跳绳》

五、教学过程

环节一：*课堂常规*

（1）集合整队，师生问好。

（2）宣布课内容：合作跳绳。

（3）队列练习：①原地转法；②原地踏步及走立定。

要求：转体时手臂贴近身体，踏步摆臂到位。

环节二：*热身活动：韵律绳操*

组织队形：四列横队成体操队形散开。

（1）上肢运动。

（2）体侧运动。

（3）体转运动。

（4）腹背运动。

（5）踢腿运动。

（6）整理运动。

（7）专项练习。听音乐进行有节奏的跳绳，并脚跳、开合跳、左右跳、单脚交换跳。

教法：教师提示持绳、摇绳方法，并提示在练习时动作到位，幅度大，动作与音乐节奏一致。

学练法：学生自查持绳、摇绳方法，与老师一起跟随音乐进行热身活动。

环节三：*新授学习*

（1）温顾旧知。复习已经掌握的"单摇一带一跳绳"。教师提示要点：配合默契，步调一致，达到 30 次为优秀。学生两人一组，练习"一带一"，跟跳者可采用手轻轻拽住跳绳者的上衣的方式跟跳。

（2）教师提问：同学们是如何完成"单摇一带一"跳绳的？你们的站位是什么样的？学生经过思考回答：两人前后站位，一人摇绳一人跟跳。教师追问：前后站位是以什么为标志的？请同学们体验后回答。学生经过自己体验、探讨得出结论：以摇绳方向为标志。

（3）教师出示图片启发新知：图片中的两人都想参加摇绳，他们应该怎么办呢？请同学们先自己试一试，将你们的经验告诉他们。学生两人一组体验并回答问题：两人站在跳绳的左右，向左右方向摇绳，摇绳时两个人分别是对方的左右手，摇绳节奏一致，跳绳在空中是圆形姿态。教师总结并鼓励学生。

（4）摇绳练习：请大家一起练习摇绳的方法，注意摇绳时跳绳在空中的姿态；学生两人一组，左右手体验并掌握摇绳动作方法；练习后分组展示成果，并学生互评。

（5）教师示范：同学们通过练习已经掌握了两人摇绳要领，下面老师也想展示一下。教师示范"合作跳绳"的动作方法。提示要点：摇绳速度，摇跳配合默契。

（6）学生摇跳练习：两人一组观察后模仿摇跳结合练习，教师捕捉课堂生成，激发学生思维，鼓励学生尝试创新多种多样的"合作跳绳"方法，提高学生的练习兴趣。

（7）教师评价总结：同学们通过认真观察、刻苦练习掌握了"合作跳绳"，更多的同学大胆开拓思维，勇于创新，又创编出了更多新的方法，希望你们能够将今天的所学所创传授给你的家人、朋友，让更多的人能够参与到跳绳锻炼身体的行列中来。

环节四：游戏：障碍赛跑

（1）教师讲解游戏方法：学生一路纵队，分成四组；教师统一发令，每组第一名学生迅速跑出，绕过障碍到达折返点，绕过标志桶，直线跑回，与第二名学生击掌，第二名同学迅速跑出，同样路线绕回。以此类推，哪组最先跑回为胜利。

（2）学生站好游戏队形进行游戏。

环节五：放松活动

听舒缓音乐进行放松：拉伸肌肉、韧带，促使心血管系统逐步恢复正常，减轻关节压力，促使身体尽快恢复正常状态。

六、板书设计

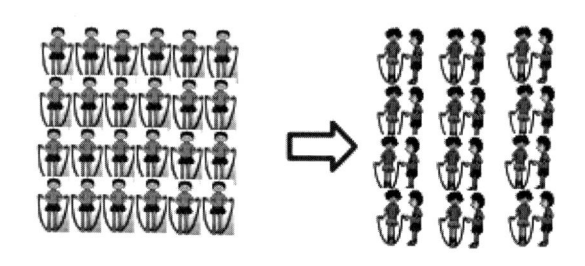

七、课后阅读资料

关于《花样跳绳》

跳绳运动已经有2000多年的历史。顾名思义，跳绳运动即"跳"与"绳"相结合的运动，需体现二者之间的关系。关于"跳"和"绳"，《辞海》中是这样释义的："跳"，动词，指蹦、跃，两脚离地全身向上或向前的动作，如跳远、跳高、跳绳等。"绳"：名词，是指用两股以上的棉、麻纤维或棕、草等拧成的条状物。此外，关于"跳"与"绳"的关系，可以理解为：以肢体完成的"跳"动作，必须与发生动作的"绳"器材之间，围绕人体三个运动轴产生动作。

作为跳绳运动的起源国，我国跳绳活动流传甚广，且多集中于单人绳方面。其中，尤以基础跳绳动作的计数形式最受大众欢迎。不论是街头巷尾、田间地头的儿童游戏，还是社区、学校、厂矿、乡野的运动较量，到处都能看到大众跳绳锻炼的场景。通过调查发现：中国民间跳绳技能技巧的内容丰富，形式活泼。其中既有单摇、双摇、三摇为代表的以增加摇绳次数为分类特征的动作；又有快花、直花、扯花、凤花、龙花等以交叉摇绳的排列顺序为分类特征的动作；还有短绳带人、长绳8字、交错绳、波浪绳等形式活泼的特色动作。这些跳绳动作或是基础技术，或是高级技巧，形成民间跳绳技术由基础而优化升级的体系。

民间自由开展的跳绳活动形成了三大主要民间流派，即陕西胡安民主导的"花样跳绳"、河北胡平生主导的"竞技跳绳"和北京王守中主导的网状绳表演。各个技术主导群体，各具风格特色、各有技术特长、各自独立发展，形成了各自不同的跳绳技术标准。例如，"花样跳绳"更注重跳绳动作与团体操的结合运用；"竞技跳绳"的不同动作，集中体现在交叉摇绳样式的排列变化；而网状绳表演则以多绳组合摇跳为主，突出形式的灵活和内容的活泼。

——全国学校体育联盟（教学改革）规划教材《花样跳绳》

书法阅读课例

与人为善

李永苹

一、整体设计思路

依据《中小学书法教育指导纲要》的要求:"中小学书法教育必须以中国传统经典碑帖为基本内容,加强对祖国文字的理解与热爱,以提高汉字书写能力和书法艺术审美能力为基本目标,以课堂教学与课外实践为基本途径,适当融入中国其他传统文化教育。"在课堂教学中,遵循"软笔适古,硬笔适今"的原则,面向全体,让每一个学生写好汉字;遵循书写规范,关注个性体验;加强技能训练,提高文化素养;以"一课一字,一字多得"为基本理念,提高课堂教学的实效性。

理论依据:书法教育是弘扬传统文化的主要突破口。几千年来,书法的学习方法就是通过对中国经典碑帖的临摹,得以继承和传播。临摹的目的就是从结构到笔画与古人求同求似。根据"先重结构,再重用笔"的原则,首先强调提高学生眼睛的观察力,然后才是手的表现力,只有"察之者尚精",才能"拟之者贵似"。本节课通过"摹临复合法",有效提高学生的观察能力,再通过"比较法",有针对性地练习,进而提高学生手的表现力。

本节课的学习,首先让学生掌握"善"字的含义,并进行立德树人的德育教育,其后通过读碑赏帖、小组合作及个人独立思考等方法,临摹楷书名碑名帖，在米字格中，把握好每一个笔画和正体字的间架结构，进行书法技能的训练，最后制作成小作品，感受汉字的魅力，体验成功的快乐。本节课主要教授如何写好"善"字。第一，遵从"软笔从古"的教学原则，但也要让学生知道古今的变化。第二，从整体到局部分析"善"字的笔画和结构，以及占格位置。第三，将临摹中满意的"善"字粘贴在背景纸上，制作一幅小作品，装点生活，体验成功。

二、教学目标

1. 知识与技能

加强基本笔画的训练，加强字形结构的分析，提高书写的技能技巧。

2. 过程与方法

通过猜字游戏，认识"善"字，激发兴趣；通过小组合作学习，分析汉字的笔画、结构和占格位置；通过教师演示学习"善"字的书写；通过临摹练习，掌握、提高书写水平。

3. 情感态度与价值观

体会中国汉字所蕴含的丰富内涵，培养学生说话温和，做善良之人、与人为善的美好品德。

三、教学重点、难点

教学重点：掌握欧体"善"字的基本写法。

教学难点：掌握"善"字的字形结构及各笔画间的关系（上下重心对正，有收有放）。

四、课前阅读资料

文房四宝之笔墨纸砚的故事：笔墨纸砚是中国独有的文书工具，即文房四宝。笔、墨、纸、砚之名，起源于南北朝时期。历史上，"笔、墨、纸、砚"所指之物屡有变化。在南唐时，"笔、墨、纸、砚"特指宣城诸

葛笔、徽州李廷圭墨、澄心堂纸、徽州婺源龙尾砚。今天就给大家说说文房中的四宝。

毛笔是我国传统书法的重要工具,可以说,汉字书法是毛笔发展的产物。中国的毛笔历史悠久,据考古发掘的资料表明,远在仰韶文化遗址的彩陶上的花纹有一些就是用毛笔绘制的;春秋战国时期各国都普遍使用毛笔,楚国叫"聿",吴国叫"不律",燕国叫"弗"。到了秦代才正式定名为"笔",并且一直沿用至今。据资料记载,1954年长沙左家公山古墓中出土了一支战国时期的毛笔,从发掘情况看,古今毛笔的结构差不多,只是制笔的材料不同罢了。

墨是用于书画的黑色材料。它与毛笔产生于同时代,殷商时代的甲骨文中已有类似的墨迹,不过那时的墨只是一种天然石墨。我国人工墨大约始于战国时代,从那时出土的竹木简来看,那时墨的质量已达到了一定的水平。随着汉代制墨规模的扩大,制墨作坊的规模也越来越大。三国时的书法家韦诞是我国记载的最早的制墨名家。随着时间的推移,到汉魏以后,制墨技术越来越发达,到宋朝徽州成了全国的制墨中心。这里产的"徽墨"名扬天下,制墨名家辈出,如胡开文、曹素功等,至今仍声名不衰。

纸是一种重要的书写材料,它是用植物类纤维加工制作而成。在没有纸的古代,人们把文字刻或书写在龟甲、兽骨、竹片、绢帛上。随着时间的推移,社会的发展,这样的书写材料显然不能满足社会发展的需要。西汉时期发明了造纸术,东汉时期蔡伦对造纸术的改进,为我国造纸业的发展开拓了广阔的前景。宋代以后，造纸技术日益提高，纸的品种也越来越多，纸张质量也得到大幅度提高。据书法家介绍，不仅清代民国时期的宣纸价格大涨，就连20世纪八九十年代生产距今不到30年历史的宣纸，一刀（即100张）价格也至少要在万元。

砚又称砚台、砚池等，它是磨墨不可缺少的工具，砚一般是用石块或耐磨材料制作的。砚的生产年代，目前尚难确定。从考古资料记载，新石器时代就有了研墨工具。但据《西京杂记》中的相关记载，砚始于汉代，主要是用瓷、陶、瓦等材料制作，外形如同盘子。磨墨不是直接用手拿墨在砚上磨，而是另用一块砚石，将墨压在砚台上研磨。到了唐朝，随着制砚技术的改进，就出现了石砚，并出现了名冠天下的端砚、歙砚等名砚。到了清朝，砚台趋渐工艺化、美术化，除了实用，还有收藏、观赏的价值。

勤劳智慧的华夏儿女将门出一宗的文房四宝及其衍生清供打造得百花争艳、精彩纷呈，笔之魁、墨之冠、纸之最、砚之首，开创了文房四宝的辉煌历史。虽然，使用笔墨纸砚书写历史的时代已经过去，但是，文房四宝仍是众多收藏家心中的宝贝，在拍卖会上炙手可热。

——《百度百科》

五、教学过程

环节一：经典阅读，导入新课

教师出示《孟子与公孙丑》中的经典语句"取诸人以为善，是与人为善者也。故君子莫大乎与人为善"，提问：你是如何理解这句话的？板书课题，揭示古今"善"字的区别。针对经典语句，学生各抒己见，发表自己的理解和感想，观察发现古今汉字的区别。从经典阅读入手，进行德育教育及导入新课。明确软笔写古，硬笔写今。

环节二：读碑赏帖，探究新知

教师板书汉字分析的三个方面（外形结构、笔画关系和占格位置），并让学生小组合作探究。

师生共同解析"善"字。

（1）外形结构。

（2）笔画关系。

（3）占格位置。

小组合作，从三个方面探究新知；汇报小组探究所得；培养合作学习能力，突破重难点。

环节三：示范与实践

教师在实投上示范书写，再次强调本节课的重难点及一些笔画的运笔，激励学生动手实践。学生观看教师的临摹书写，然后动手实践练习，在练习纸上临摹碑帖中的"善"字。挑选自己最满意的粘贴在背景板上，制作成书法小作品展示出来。此举的目的是培养学生的观察能力和动手实践能力，启发学生学以致用的思维方式。

环节四：快速阅读，完善作品

教师出示课后阅读资料——"王羲之卖扇子助人为乐"的故事，学生快速阅读并谈感受，教师对学生进行立德树人的教育。将书法与生活相联系，用我们的所长帮助别人，予人玫瑰，手有余香，用我们所学美化、装饰生活，传承发扬祖国的传统艺术。

六、板书设计

	写"善"字	
	外形结构	菱形
善	笔画关系	倾斜等距
	占格位置	横、竖中线

七、课后阅读资料

王羲之题扇的故事 ❶

　　据传，晋朝大书法家王羲之在绍兴任官时，一个炎热夏天的傍晚，访友归途，在一座桥上见一位老婆婆卖六角竹扇。中午王羲之过桥时就已见了这位老婆婆，于是弯腰拿起一把六角扇，问老婆婆多少钱。老婆婆见有人问价，目光里充满希望地回答："二十文钱一把，少几文也卖你。"王羲之就向老婆婆借了五把扇子，跑到附近一家酒肆里，向伙计借来笔墨，在这几把扇子上写下"清风徐来"四个行书大字，并落款署名，然后又把扇子送还给老婆婆。老婆婆见本来雪白的扇面被涂鸦得"黑里糊漆"的，就扯住王羲之的衣襟不放他走，并说："我全靠这几把扇子过生活，你在扇面上胡乱写了这些字，谁还肯买？"

　　王羲之见老婆婆不理解自己的用意，就笑着安慰她老人家："老婆婆别着急，谁再来买扇子，你对他说，这是王羲之亲题的字，售价一百文钱。"果然不出所料，不一会儿，桥上就挤满了买扇的人，顷刻间被抢购一空，老婆婆多赚了许多钱，解决了生计问题，对王羲之感激不尽。

　　后来，人们为了纪念王羲之做的这件善事，便把他题过扇的这座石桥改名叫"题扇桥"，在桥旁还立了一块"晋王右军题扇处"的巨碑。

---

❶ 王羲之题扇的故事［EB/OL］.（2022-04-23）. https://tnngxiehu.net/bm/609f0e0d28841.html.

综合实践阅读课例

"好书推介"方案设计

宫羽婷婷

一、整体设计思路

2017年9月教育部颁布的《中小学综合实践活动指导纲要》中指出：综合实践活动是从学生的真实生活和发展需要出发，从生活情境中发现问题，转化为活动主题，通过探究、服务、制作、体验等方式，培养学生综合素质的跨学科实践性课程。

（一）学情分析

（1）学生情况概述。已有基础的五年级学生已经初步具有自主探究能力，本年级学生先后体验了"多彩的传统节日""零食的学问"等研究实践活动，对研究性学习的基本流程及开展方式有一定的了解，具有一定的整理分析资料、动手实践、设计制作的能力。课前学生已经对喜爱的书籍进行调查，成立了好书推介研究小组，完成了阅读记录单。

（2）学生的学习障碍。调查发现，我校五年级73.5%的学生不知道校园电视台及校园德育专刊中"好书推荐"相关栏目，更不知道学校为学生们提供了好书推介平台。学生知道多种推介方式，但是没有选择合适的推介方式，将自己喜欢的书目推介给更多同学的意识，对于方案设计和具体内容的制作存在困难。所以本节课主要目的是引导学生选择适合小组推介书目的方式并展开方案设计，并初步完成展评及修改。

（3）分析突破途径或措施。教师拟定的指导策略是：本节课中，以学校校园电视台和专刊好书推介平台为任务导向，引导学生讨论都有哪些推介方式，进而思考适合小组所选书目的推介方式，再利用前期搜集、整理的资料，展开推介内容的设计，力求将资料物化成好书推介的成果，在方案展评会上学生汇报设计，组间互评。帮助学生体验阅读的过程，设计出好书推介方案。

（二）本课设计意图与阅读策略

本课设计意图：本课的设计目的主要是在学生分享好书的过程中提升自己的阅读体验。通过多种推介方式的选择，外化成学生不同的表达方式，提升学生语言表达、团队协作等方面的能力。在本主题活动中力求使学科知识在综合实践活动中得到延伸、综合、重组与提升。以学生的阅读兴趣为前提，以校园专刊征稿、校园电视台栏目为任务主线，发挥学生自主活动的创新性，在发现问题、解决问题的过程中，将内化的阅读理解与感受，外化成不同的推介方式和具体的实践活动。

基于阅读的设计思路：本课是教师自主设计的主题，以学生生活中喜爱的好书推介为出发点，课前学生以书为友自由结组，将小组确认的一本好书作为活动主题，完成阅读记录单（完成书名、作者、主要内容、精彩片段、心得体会、图片素材等内容）。课中，以校园电视台栏目和校园专刊稿件征集为任务主线，分析"我是领读者"栏目推介内容和方式，引导学生思考都有哪些推介方式，结合推介方式的阅读材料进行小组讨论，选择适合小组推介书目的方式，设计推介方案；进而利用方案展评会进一步完善推介方案，初步展示、物化推介实物。课后落实好书推介活动，从教师提供的好书推介单中，学生自主选择感兴趣的阅读书目，进行阅读和推介方案设计。

（三）本课教学方法

本节课主要采用创设情境、学生自主探究的教学模式。通过讨论和阅读材料，让学生对比不同推介方式，选择适合自己小组的推介方式进行好书推介的方案设计。通过观看视频、观察课件、自主讨论等教学手段，使学生体验不同的推介方式，从而自主发现、选择推介方式，讨论推介方案设计内容，进而将阅读书籍中的内容、感受、精彩段落等，初步物化成设计草图、展示方案、演讲稿等。

二、教学目标

（1）结合各组选择的推介书目及阅读记录单，进行推介方案设计和初步的制作，在活动中学习搜索、归纳、整理、分析的方法。

（2）通过对校园电视台"我是领读者"栏目的分析，能够尝试不同方式进行好书推介，设计出推介方案，并初步展示。

（3）通过好书推介的方案设计及展示，激发学生珍惜图书、热爱阅读的意识，能够客观地评价自己和他人。

三、教学重点、难点

教学重点：根据阅读书目，选择推介方式，初步设计一份推介方案。
教学难点：能够根据实际阅读情况选择恰当的推介方式。

四、课前阅读资料

学生自由结组，以书为友确认一本好书作为本活动的主题，并且在课前进行阅读，完成阅读手记。

阅读手记：

（1）学生小组选择阅读书目。
（2）书目的基本信息（书名、作者、选择推介原因）。
（3）小组成员对于书籍内容摘录、好词好句的摘抄或者画批。
（4）小组成员对于推介书籍的个人感受、一些与书籍有关的图片素材。

五、教学过程

环节一：活动准备阶段

【设计意图】以校园电视台、校园专刊进行征稿活动导入，激发学生兴趣，确定本次小组"好书推介"书目。

1. 活动回顾

学生小组汇报前期活动资料（确定书目、摘要、精彩段落、个人感受等）。

2. 校园电视台征稿活动，激发学生兴趣

同学们，你们知道吗？咱们的校园电视台和《紫藤德育》专刊正在向大家征集好书推介呢！你们想不想参加呀？

3. 引出课题，"好书推介"方案设计

4. 观看视频，初步思考如何推介

播放李校长《我是领读者》推介视频，引导学生思考：如何让我们把这样好的一本书推介给其他年级的同学呢？我们先来看看李校长是怎么做的？那你们喜欢她推介的这本书吗？她都推介了哪些内容？用什么样的方式进行的推介呀？

环节二：选择推介方式，小组制定推介方案

1. 讨论推介方式

同学们，想一想有哪些方式能够把这本书推介给咱们年级更多的同学呢？

学生各小组讨论好书推介方式。随机板书——"好书推介"方式：书签、海报、视频演讲、精彩表演……

2. 提供阅读资料单，组织阅读，了解推介方式的特点

《好书推介》课中阅读材料：

推介：指把好的人或事物向人或组织介绍，希望被任用或接受，有推广介绍之意。

书签（好书推荐卡）：利用小卡片或者书签，将想推介的内容写在上面，赠送给同学。可以夹在书中方便携带，具有一定的保存、实用性。由于空间限制，能设计的推介内容有限，可以根据推介内容设计成系列书签，图文并茂、精致实用，但是推广对象也受到一定限制。（见图1）

综合实践阅读课例 315

图 1　书签

宣传海报：小报或者大型宣传海报的形式，可以张贴在学校宣传栏、公告栏中，或者刊登在报纸上。相对于卡片和书签来说，随着篇幅的增加，可以设计的内容有所增加，但是由于要引人注目、吸引推广对象的注意力，排版不宜过于凌乱，简洁大方、颜色搭配合理；推广对象增多，但场地单一，不方便保存。（图2）

图 2　宣传海报

演讲：将推介内容实际讲给推广对象，需要准备一份演讲稿，可以有 PPT 辅助，也可以单独讲解，能够借助广播或者视频进行推广。相对纸质媒体（书签、卡片或者宣传海报），演讲是有感染力的，推广范围会加大，但是对演讲

人有一定要求,不易准备和制作。(图3)

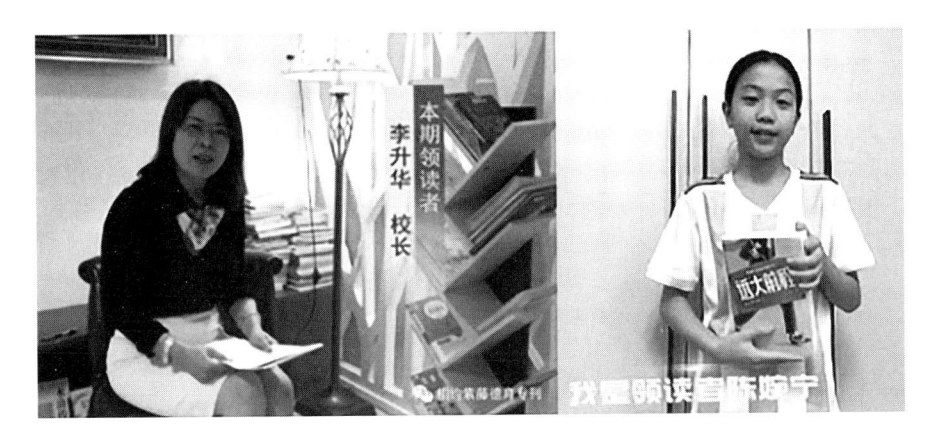

图3 演讲

精彩表演:对于推介书目的某一个精彩片段进行表演,需要准备剧本,小组成员分角色进行表演,最不易准备,对于小组成员的表演能力有要求,且只适用于可以进行表演的书目,具有一定的局限性。但是相对其他方式来说具有感染力、生动有趣,能够吸引推广对象,可以通过视频拍摄的方式扩大推广范围。(图4)

图4 表演

3.进一步讨论,利用阅读记录单和资料单设计推介方案

针对选择的方式,你们打算怎么利用手里的资料展开好书推介的设计呢?

利用这种形式来进行推介的话，我们可以从哪些方面进行书目推荐呢？要注意什么？介绍哪一段，为什么？选哪些内容去推介？

环节三：分组进行方案设计

初步完成方案设计，教师巡视交流，如表1。

各组指导推介方案的设计，根据学生实际情况，完成方案草图或者展示内容。

利用已有资料实施方案设计，初步形成展示内容。

表1 "好书推介"方案设计

学案：

第（　　）小组	成员：
推介的书籍	
推介理由	
阅读手记清单	
推介方式	
具体方案（推介方式及特点、推介内容、小组分工、可能出现的问题…）	

环节四："我是领读者——'好书推介'方案展评会"初步展示、评价

【设计意图】汇报评价、完善推介。全班交流，提出自己的看法。

（1）方案展评会展示，小组好书推介方案。

（2）组间互评。

环节五：活动拓展阶段

（1）我向校园电视台投稿件。

（2）通过课后阅读材料《好书推介单》，自主选择感兴趣的阅读书目，进行阅读和推介方案设计。

六、板书设计

```
              "好书推介"方案设计
    书签（推介卡）  宣传海报  视频演讲  精彩表演……
                                        ××小组
```

七、课后阅读资料

孩子们，著名文学家歌德曾说过：读一本好书，就是和一位品德高尚的人谈话。愿大家在今后的每一天里，以书为友，跬步前行。

——宫老师

【名家作品】

（1）《火印》：曹文轩谱写了一支精彩曲折、悲天悯人的人性赞歌。

（2）《汉字奇兵》：通过生动的形象、完整的结构、曲折的情节，巧妙地把文字基本知识融入其中。

（3）《不老泉系列》：《蟋蟀》《不老泉》《阿贝的荒岛》《苏菲的航海日志》等7本。

（4）《35公斤的希望》：生动又深刻地描述了一个孩子成长路途的艰难与辛酸。

（5）《自然之子黑鹤精品书系》：荒野、森林和动物世界"小百科全书"。

（6）《窗边的小豆豆》：连续13年雄踞全国童书畅销排行榜。

【知识拓展】

（1）《可怕的科学·经典数学系列》：孩子们能知道数学不再是毫无感情的冷血，有一些看似浅显的小窍门，学会了，可以受用一生。

（2）《希利尔讲世界史、世界地理、艺术史》：每一个喜欢读书、渴望了解世界的孩子课外读物。

（3）《德国少年儿童百科知识全书：什么是什么》：德国权威科普作家帮助孩子建立完整的自然科学和人文知识体系。

（4）《写给儿童的世界历史》：本套书共16册，以111个精彩单元，为孩子搭建起一座美不胜收的历史殿堂。

（5）《万物简史少儿彩绘版》：有关人类科学发展史的具有里程碑意义的名著。

【教辅】

（1）《给孩子的散文》：收录散文46篇，涉及45位作家，所选篇目，无论文风、样式，还是内容、题材、立意，无一不体现了作家们的郑重态度与高妙技巧。

（2）《给孩子的诗》：描绘了新诗版图，确立了经典标准，携带着思想、文学、文明的火种走进孩子的心灵。

垃圾分类我能行

——综合实践主题探究活动

石梦瑶

一、整体设计思路

当前,生活垃圾分类教育已成了社会各界的"热题"。如何开展学校生活垃圾分类教育,也引起了人们的广泛关注。围绕城市垃圾的处理问题展开学习,具有鲜明的社会性。学生通过初步了解垃圾分类,深入思考人们生活中的垃圾是怎样处理的,应该怎样妥善处理并探究其背后深远的社会意义等问题,从而思考这些公共事业在维持、改善人们的健康生活和良好的生活环境方面所起的作用,将低碳生活的理念内化为行为习惯和生活方式。

二、教学目标

(1)问题解决。学生在学习掌握垃圾分类知识的基础上,运用小组合作的形式开展探究活动,培养学生问题探究、合作交流能力。通过调查,更深入地挖掘问题,思考解决问题。

(2)价值体认。学生亲身开展垃圾分类活动调查,了解垃圾分类的必要性,同时,获得有价值的实践体验。

(3)责任担当。通过调查发现校内外存在的问题,思考如何通过自己的努力帮助社会养成环保的行为习惯。

（4）创意物化。学生通过运用上网查找、阅读资料、采访、问卷调查等方式对垃圾分类实行情况等相关问题的搜集、整理，将自行获取的信息形成探究问题。

三、教学重点、难点

教学重点：学生在前期学习、掌握垃圾分类知识的基础上，探究垃圾分类标准实施后的分类现状。学生通过探究，发现问题，思考解决问题的方法并实施。

教学难点：学生通过活动树立参与、协助、宣传垃圾分类的意识。

四、课前阅读资料

《垃圾分类标准》

五、教学过程

环节一：创设情境，引入主题

（一）教师活动

回顾 2020 年 5 月 1 日北京开始实施《城市生活垃圾管理条例》（以下简称《条例》）。

从颁布《条例》之后，在校园中，我们学习到垃圾分类的标准、收听垃圾分类的讲座、开展垃圾分类的活动，在学校教师、同学、保洁人员的共同帮助下，我们一直在对垃圾进行分类投放。

在校外，在街上，我们随处可见垃圾分类的宣传标语；在小区，我们可以看到摆放整齐的可以投放不同种类垃圾的垃圾桶。

垃圾分类开展了一年多的时间，校内外垃圾分类开展的情况如何。接下来就让我们一起去了解一下吧！

（二）学生活动

认真聆听教师回顾，通过对整体内容回顾，明确本节课探究的内容。

【设计意图】学生通过课前阅读等学习环节，对探究问题有所了解。学生从日常生活需要出发，引发对于垃圾问题的探究兴趣。

通过出示图片，让学生直观回顾前期开展的关于垃圾分类的活动，通过不同的图片内容，循序渐进地分层引发学生的思考。

环节二：探究问题，亲身实践

（一）教师提问

如果我们想了解校内外垃圾分类开展的情况如何，我们可以通过哪些方法进行了解？（大家可以举手说一说）

（二）学生回答预设

（1）实地观察。

（2）采访身边的人。

（3）上网查找相关资料。

（4）让同学完成调查问卷。

（三）教师提问

关于提出的问题，大家说了很多调查的方法。在课前，有些小学生已经通过不同的调查方法，了解到了垃圾分类现在进行的情况，我们请刘岱锟这一组的同学来说一说他们的调查情况。根据分享，经过同学们的补充，大家认识到在生活中垃圾分类还存在一些问题需要改进。

（四）学生活动

（1）学生以小组为单位，使用不同的调查方法，来了解垃圾分类实行的怎么样。

（2）小组成员在讲台上为大家讲解调查的方法，说出探究中发现的问题。

（3）其他同学根据自己小组的探究情况对问题进行补充。

预设问题：

（1）校园垃圾分类实行的情况较好。

（2）社区垃圾分类实行的情况不好，人们对垃圾分类标准不清晰，人们觉得垃圾分类比较麻烦，不认真分类，没有监管，不自觉分类等。

【设计意图】通过小组汇报，展示学生探究过程，学生通过探究过程发现问题，归纳总结问题。

环节三：探究问题，亲身实践

（一）教师活动

问题设置：作为一名小学生，一名少先队员，保护我们生活的环境，不让可回收的资源被浪费，我们能做哪些力所能及的事情，来更好地推进垃圾分类活动呢？

（二）学生活动

（1）小组讨论问题。作为小学生，我们能做哪些力所能及的事情，解决现有的问题，从而更好地保护我们生活的环境。

（2）学生讨论回答预设。

①可以画一些宣传画，张贴在垃圾桶旁，让人们更清楚地了解垃圾分类的标准。

②可以进行志愿服务活动，协助社区工作人员在垃圾桶旁边指导和监督大家进行垃圾分类。

③还可以在校园进行广播，让同学们回家给爸爸妈妈、姥姥姥爷进行垃圾分校的宣传。

环节四：思考问题，解决方案

教师活动

内容总结。同学们说得很好，我们在丢弃垃圾的过程中，可以将能够再回收利用的垃圾进行分类放置，将不能变成宝贝的垃圾进行处理，尽可能将垃圾污染最小化，从而保护环境。

【设计意图】根据问题，思考解决问题的办法。

六、板书设计

> 垃圾分类我能行
> ——问题聚焦
> 校内情况：明确分类标准、能够正确投放垃圾、能够互相监督、提示
> 校外情况：人们意识淡薄、出现投放不自觉的情况、监管力度还需提升

七、课后阅读资料

1. "光盘行动"（厨余垃圾）读本

使"光盘行动"得到传播，弘扬节俭之风。"光盘行动"提醒与告诫人们：饥饿距离我们并不遥远，即便时至今日，珍惜粮食、节约粮食仍是需要遵守的传统美德。

阅读拓展活动：

（1）"光盘行动"初始，由老师指导学生准备有关"光盘行动"的资料，在国旗下讲话，让全校师生更好地了解"光盘行动"的主旨与意义，调动全校师生参加此次活动。

（2）"光盘行动"启动后的第一天开始，需及时调配好人员在食堂进行监督、检查，如果遇到大量浪费饭菜的同学给予提醒，要做到不浪费、懂得节约。

（3）可以在楼道与食堂粘贴关于"节约不浪费""光盘行动"等活动海报，时刻提醒着同学们。

（4）各班也会以"光盘行动"的主题布置板报，让更多的同学参与活动。

2. 废物利用比赛（可回收垃圾）

（1）废物利用活动是通过比赛的形式，鼓励同学们将废物利用，增强动手能力与学生们的环保意识。

（2）学校内也放置了回收饮料瓶的机器，同学们可以将空饮料瓶放入其中，还可以给公交卡、饭卡充值，这让同学们更加积极地参与到回收饮料瓶的活动中。

（3）校内的绿色环保社团也会用瓶盖与瓶子做一些手工小物件，使废物回收后变得更有价值了。

（4）同学可自行制作用废品制作的小物件，然后在全校进行评比。（此次比赛可以以个人、团体、小组以及班级制作作品参赛）

3. 知识科普班会

开展此活动是为了让学生懂得、了解更多与生活紧密关联的常用实用小知识，对今后的学习生活与社会生活都十分有帮助，也让同学们开开眼界。

知识科普班会主要由班主任、学生、家长及专业人士参加。提前准备好资料或以 PPT 形式向全班同学介绍。强调方式多样，鼓励各班之间的交流演示（需做好充足准备，资料内容简洁明了）。

4. 捡拾垃圾志愿服务活动

使同学们更加了解垃圾的危害有多大，增强了绿色环保的社会责任感，亲自投入环保的行列中，为城市的环境做出贡献。

（1）捡拾垃圾的活动以班级为单位进行，需提前拟定活动计划。

（2）可选择在校内、实验室、学校周边以及小区等进行捡拾垃圾的活动。

（3）活动开始之前，由班主任或干部给班里的学生讲解关于垃圾的危害以及我们身边的有害垃圾。

（4）建议活动结束后班内进行汇报交流工作。（如去远地捡拾有害垃圾，需确定好地点与交通工具，注意出行安全，合理有效地处理捡拾的垃圾）

信息技术阅读课例

Scratch 克隆应用

——三国之草船借箭　　　　　　　　　　　　　　　乔丛田

一、整体设计思路

为了更好地实现中国传统文化与初中信息技术教育相结合，结合初中必修课中的"scratch 图形化编程课程"，我们尝试将古典文学名著《三国演义》中的三个经典故事"桃园三结义""三顾茅庐""草船借箭"，作为单元式教学项目带领学生进行学习。三个小项目编程难度逐渐增加，综合性逐渐增大，符合学生学习发展规律。让学生既学习了编程知识，又潜移默化地了解了《三国演义》这部文学著作。

本节课就是利用其中《草船借箭》的故事，将"草船借箭"设计为接箭游戏，玩家控制草船在河水中移动，接收岸边随机发射出来的箭，在规定时间内收集到一定数量的箭就获得成功。本课作为编程课的第三个项目，难度较大，综合性强，锻炼了学生整体编程能力。

知识点：变量模块、运算模块、侦测模块、分支结构、循环结构。

传统文化：诸葛亮在面对困难时沉稳冷静、机智聪慧，利用各种条件，机智地解决了难题。

二、教学目标

（1）了解克隆概念，理解克隆命令的功能和使用技巧。
（2）能够使用舞台坐标系确定角色区域随机位置。
（3）体会游戏设计的思路流程。

三、教学重点、难点

教学重点：熟练应用各种运动命令，控制克隆体按需求运动。
教学难点：在坐标系中控制角色在区域范围随机出现。

四、课前阅读资料

《草船借箭》节选

（周瑜）聚众将于帐下，教请孔明议事。孔明欣然而至。坐定，瑜问孔明曰："即日将与曹军交战，水路交兵，当以何兵器为先？"孔明曰："大江之上，以弓箭为先。"瑜曰："先生之言，甚合愚意。但今军中正缺箭用，敢烦先生监造十万支箭，以为应敌之具。此系公事，先生请勿推却。"

孔明曰："都督见委，自当效劳。敢问十万支箭，何时要用？"瑜曰："十日之内，可完办否？"孔明曰："曹军即日将至，若候十日，必误大事。"瑜曰："先生料几日可完办？"

孔明曰："只消三日，便可拜纳十万支箭。"瑜曰："军中无戏言。"

第一日却不见孔明动静；第二日亦只不动。至第三日四更时分，孔明密请鲁肃到船中。肃问曰："公召我来何意？"孔明曰："特请子敬同往取箭。"

是夜大雾漫天，长江之中，雾气更甚，对面不相见。次日五更时候，船已近曹操水寨。孔明教把船只头西尾东，一带摆开，就船上擂鼓呐喊。鲁肃惊曰："倘曹兵齐出，如之奈何？"孔明笑曰："吾料曹操于重雾中必不敢出。吾等只顾酌酒取乐,待雾散便回。"

却说曹寨中,听得擂鼓呐喊,毛玠、于禁二人慌忙飞报曹操。操传令曰:"重雾迷江,彼军忽至,必有埋伏,切不可轻动。可拨水军弓弩手乱箭射之。"少顷,旱寨内弓弩手亦到,约一万余人,尽皆向江中放箭:箭如雨发。

孔明教把船吊回,头东尾西,逼近水寨受箭,一面擂鼓呐喊。待至日高雾散,孔明令收船急回。二十只船两边束草上,排满箭支。

瑜大惊,慨然叹曰:"孔明神机妙算,吾不如也!"后人有诗赞曰:"一天浓雾满长江,远近难分水渺茫。骤雨飞蝗来战舰,孔明今日伏周郎。"

少顷,孔明入寨见周瑜。瑜下帐迎之,称美曰:"先生神算,使人敬服。"孔明曰:"诡谲小计,何足为奇。"

五、教学过程

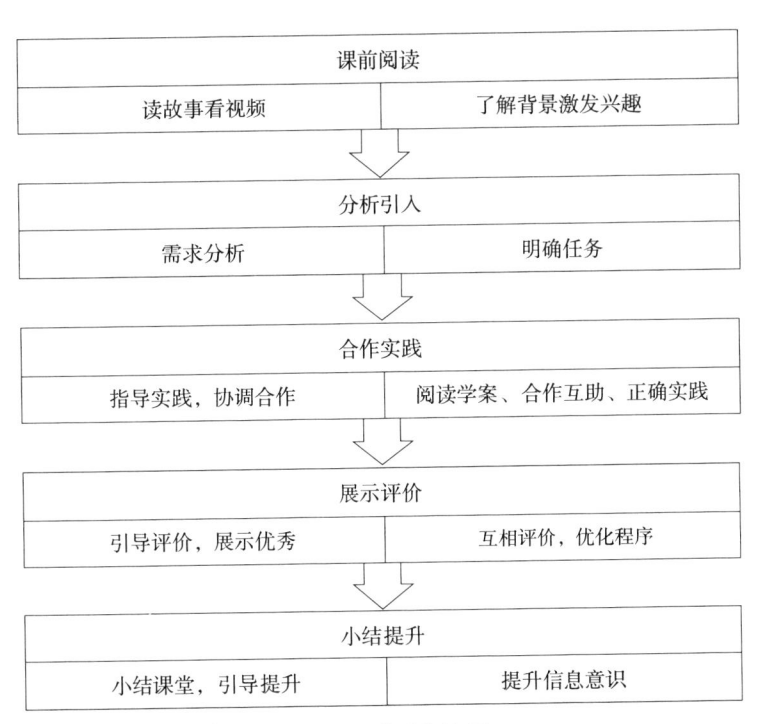

图1 教学过程流程

环节一：阅读导入

学生阅读学案上《草船借箭》的故事，分享三国故事，体会古人智慧，引出本课内容——"草船借箭"游戏。

【设计意图】通过阅读故事，让学生了解"草船借箭"的历史背景：周瑜故意刁难诸葛亮，让他在 10 天之内造出 10 万支箭，懂天象的诸葛亮一口答应 3 天后就可完成，于是他向鲁肃借了 20 条船，将船连接在一起并且都装上稻草人，利用大雾天气让曹操心甘情愿地交出了至少 10 万支箭，为之后的课程热身。

环节二：需求分析

演示游戏效果并提问：

游戏用了哪些角色和背景，角色动作是怎样的（自然语言描述），游戏规则是什么？

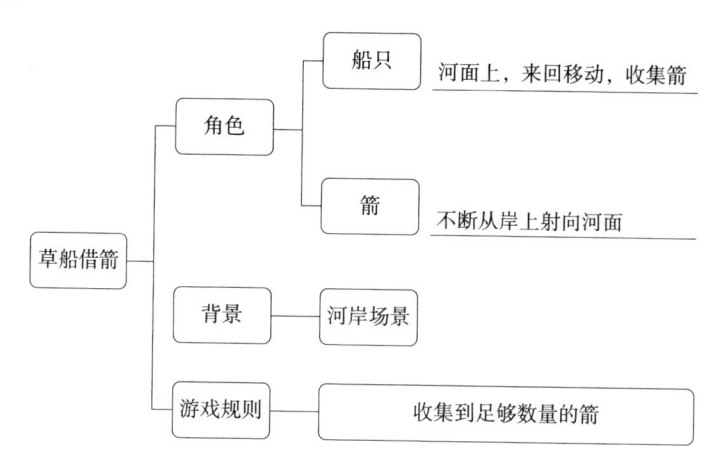

```
                    ┌─ 船只 ── 河面上，来回移动，收集箭
            ┌─ 角色 ┤
            │       └─ 箭 ─── 不断从岸上射向河面
草船借箭 ───┤
            ├─ 背景 ── 河岸场景
            │
            └─ 游戏规则 ── 收集到足够数量的箭
```

【设计意图】带领学生分析程序功能，明确制作目标：利用 Scratch 软件模拟"草船借箭"的过程，利用随机数实现箭从不同的地方射出的效果；利用克隆实现万箭齐发的效果；利用方向键控制船只的移动；利用变量统计收集到的箭的数量。

环节三：编写程序

（一）万箭齐发

教师活动：诸葛亮在 3 天内收集了 10 万支箭，我们怎么能在 1 秒钟内快速地制作出无数支箭呢？

学生活动：回顾克隆的相关概念及命令。

克隆三个命令：

所在模块	命令积木	实现功能
控制"控制"模块	克隆 自己	创建一个克隆体
控制"控制"模块	当作为克隆体启动时	控制克隆体执行某些操作
控制"控制"模块	删除此克隆体	将不需要的克隆体删除

实践操作一：

学生活动：学生尝试使用克隆命令给箭编写程序，并控制克隆箭运动，引出克隆体运动的问题：如何能让箭从河岸上（舞台顶端）源源不断地向河中间（舞台中间）射出。

教师活动：回顾舞台坐标系，讲解坐标系中的区域问题

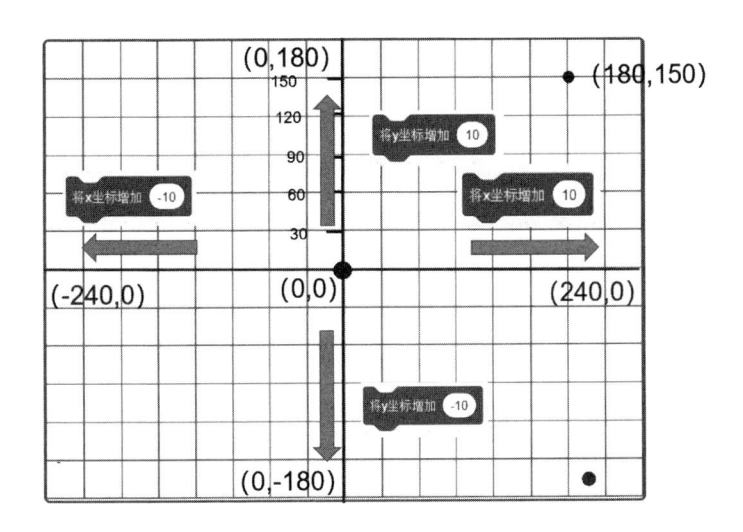

图2 舞台坐标系

实践操作二：

学生活动：学生通过学习，改写箭的程序，完成克隆箭的定位发射。

教师活动：教师巡视汇总问题。

【设计意图】根据现象让学生尝试先给出解决方法，发现问题，教师再给出提示信息，重点讲解，利用学案＋讲解突破本课难点，带领学生编程实现。

参考程序：当点击绿旗时，每隔0.1秒克隆一个箭；当作为克隆体启动时，箭显示在舞台顶端的任意位置，如果y坐标大于（–180），箭就一直向下移动，直到y坐标小于（–180）时才会删除此克隆体。

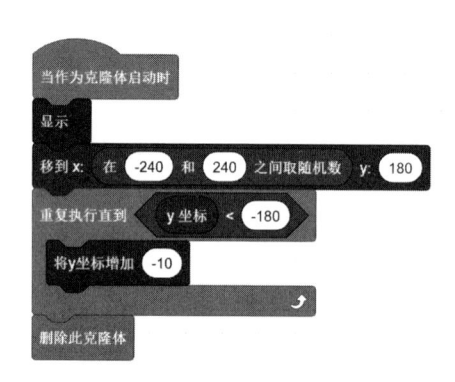

图3　发射程序1

（二）草船借箭

实践操作三：

学生活动：使用之前学过的运动模块让控制草船移动（鼠标键盘均可），并让箭碰到草船消失（接箭），计数器累加箭的数量。

【设计意图】通过实际操作复习分支结构及侦测命令和变量知识，使用分支结构和侦测命令编写草船借箭的效果。

参考程序：当绿旗被点击，如果按下向右的方向键，草船向右移动10个单位；如果按下向左的方向键，草船向左移动10个单位。如果箭碰到了草船，将变量值增加1，删除碰到草船的那支箭。

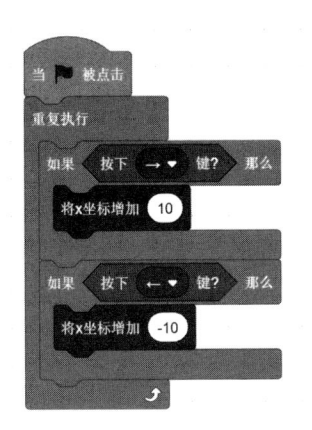

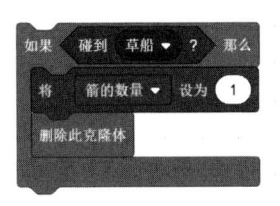

图 4　发射程序 2

（三）小组展示

组内推选优秀作品，分组展示。

小组互评，完成基础程序评价。（※ 组长互换填写评分表）

（四）小结提升

尝试修改游戏时间，增加挑战难度。

复习本课知识，渗透不怕困难、开动脑筋的德育教育。

六、板书设计

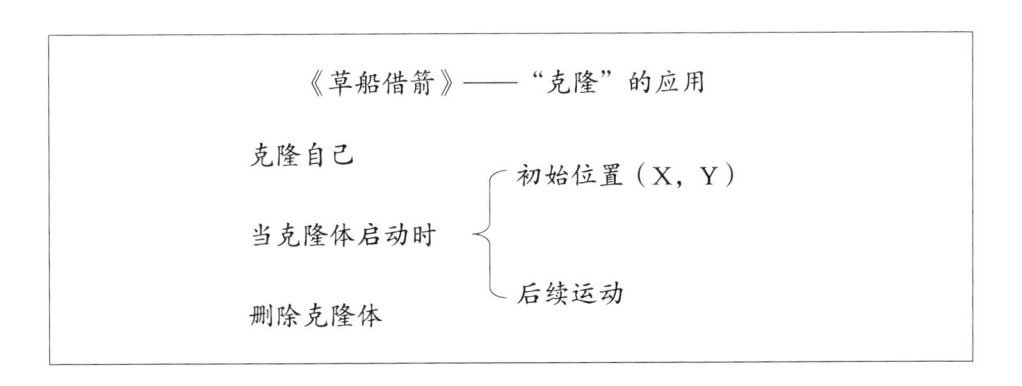

《草船借箭》——"克隆"的应用

克隆自己

当克隆体启动时 ｛ 初始位置（X，Y）

后续运动

删除克隆体

七、课后阅读资料

克隆的应用

今天我们学习了克隆的相关操作,其实很多地方都能够用到克隆,像舞台上面下一场大雪、子弹在屏幕间乱飞、游戏中随机出现的小妖怪等。

劳动技术阅读课例

设计"相框挂饰"外观

毛红梅

一、整体设计思路

《通用技术课程标准（2017年版）》中提出了学科核心素养的育人要求，即技术意识、工程思维、创新设计、图样表达和物化能力。本节课为"相框挂饰"项目的第1课时《设计外观》内容，学生以自主阅读、合作设计的学习方式参与实践课堂任务，充分展现设计才能、锻炼图样表达能力，形成初步工程思维，体现技术解决问题的意识。

本节课阅读资料主要有文字、图片两类，内容包含了相应的设计方法、设计案例、参考图例等，分为课前阅读、课上阅读和课后拓展三方面，有助于扩宽学生的知识面，提升学生的理解力、综合运用能力和自主学习能力。阅读形式为个人自主阅读理解，小组讨论确定方案，锻炼了学生阅读能力，提升了学生合作意识。

二、教学目标

知识与技能：明确"相框挂饰"外观设计内容，依据设计流程，巧用中华传统元素，合作完成相框外观设计任务，绘制相框外观草图，使学生形成初步工程思维，提升学生技术意识和创新设计意识，锻炼其阅读理解、快速提取信息、自主解决问题、图样表达与合作能力。

过程与方法：经历阅读、讨论、绘画等设计"相框挂饰"外观的过程，熟悉基本设计流程，学会设计一般方法。

情感态度、价值观：理解图案寓意，感受中国人民美好生活愿望，弘扬中华优秀传统文化。

三、教学重点、难点

教学重点：设计"相框挂饰"外观，绘制草图。
教学难点：巧用中华传统文化元素设计"相框挂饰"外观，表达美好寓意。

四、课前阅读资料

设计"相框挂饰"外观课前阅读

（一）外观设计概念❶

外观设计内容为对产品的形状、图案色彩相结合所作出的富有美感的新设计。

形状是指对产品外观的设计，即对产品的结构、外形等同时进行设计、制造的结果。图案是指由任何线条、文字、符号、色块的排列或组合而在产品的表面构成的图形。色彩是指用于产品上的颜色或者颜色的组合，制造该产品所用材料的本色不是外观设计的色彩。

---

❶ 外观设计.［EB/OL］.（2022-03）https://baike.baidu.com/item/%E5%A4%96%E8%A7%82%E8%AE%BE%E8%AE%A1/1615705?fr=aladdin 2022年3月

（二）设计案例❶

以城市发展中的中华智慧为主题，表现出了"东方之冠，鼎盛中华，天下粮仓，富庶百姓"的中国文化精神与气质。

上海世博会中国馆的设计的特点：

1. "中国红"展民族形象。大红外观、斗拱造型——上海世博会中国国家馆，是五千年中华文明奉献给159年世博会历史的"中国红"，是坚持改革开放的中国呈现给世界的"中国红"。

2. 极具中国特色的"东方之冠"的外形设计。中国馆以"城市发展中的中国智慧"为主题，由于外形酷似一顶古帽，而被命名为"东方之冠"。

图1　上海世博会中国馆

3. 篆体的二十四节气印于其上。既突出"冠"的古朴，又可以让人们饶有有兴趣地辨识这48个字。

4. 设计者采用中国古老的文字——篆书来记录中国漫长的朝代，传达中华人文地理信息。在外墙上还会适时地镶嵌一个2.7米见方的窗口，用简称来标明墙体后面展馆所属的省份。建筑边界引入江南园林的理念，以现代园林空间圆柔化建筑与城市的关系。

---

❶ 上海世博会中国馆 [EB/OL].(2022-03-18).https://baike.baidu.com/item/%E4%B8%AD%E5%9B%BD2010%E5%B9%B4%E4%B8%8A%E6%B5%B7%E4%B8%96%E5%8D%9A%E4%BC%9A%E4%B8%AD%E5%9B%BD%E5%9B%BD%E5%AE%B6%E9%A6%86/11045959?fromtitle=%E4%B8%8A%E6%B5%B7%E4%B8%96%E5%8D%9A%E4%BC%9A%E4%B8%AD%E5%9B%BD%E9%A6%86&fromid=11202965&fr=aladdin.

（三）中国传统图案寓意[1]

在漫长的岁月里，我们的祖先创造了许多向往美好生活、寓意吉祥的图案。这些图案巧妙地运用人物、走兽、花鸟、日月星辰、风雨雷电、文字等，以神话传说、民间谚语为题材，通过借喻、比拟、双关、谐音、象征等手法，创造出图形与吉祥寓意完美结合的美术形式。我们把这种具有历史渊源、富于民间特色，又蕴含吉祥企盼的图案称为中国传统吉祥图案。

图2 喜报三元

图案：喜鹊、三个桂圆或三个元宝。

解题：三元，喻"连中三元"。用三个桂圆或三个元宝喻"三元"。"喜报三元"即"三元及第"。这是对参加科举的人的吉利赠言或贺词。

图案：金鱼数尾

解题：金鱼，亦称"金鲫鱼"。鲤科。由鲫鱼演化而成的观赏鱼类。鱼与"余"同音，隐喻富裕、有余。年画多喜欢这个题材。"金玉满堂"，言财富极多。

图3 金玉满堂

（四）中国传统五色[2]

中国传统的五色体系把青、白、红、黑、黄视为正色，分别代表着东、西、南、北、中这五个方向，也对应着木、金、火、水、土五行。

黑色在《易经》中被认为是天的颜色，是北方的象征，代表五行中的水，是五色之一。白色是西方的象征，代表五行中的金。在中国传统戏剧的脸谱中，白色还代表着奸诈多谋和刚愎自用。红，象征着吉祥喜庆，在五行中代表火，方向代表着南方。黄色是高贵的颜色象征大地的颜色，五行中代表着土，方向代表中心方位。青色，代表着五行中的木，在方位中代表东方，在我国古代文化中有生命的含义，也是春季的象征，它象征着坚强、希望、古朴和庄重。

---

[1] 搜狐网.中华传统图案及其寓意[EB/OL].(2022-03-18). https://www.sohu.com/a/121788991_558480.

[2] 搜狐网.中华传统五色[EB/OL].(2022-03-18).https://www.sohu.com/a/235725069_100186743.

```
┌─────────────────────────────────────────────┐
│              ┌──────────┐                   │
│              │   北方    │                   │
│              │水，黑色，玄武│                 │
│              └──────────┘                   │
│  ┌──────────┐  ┌──────────┐  ┌──────────┐  │
│  │   西方    │  │    中    │  │   东方    │  │
│  │金，白色，白虎│  │ 土，黄色  │  │木，青色，青龙│  │
│  └──────────┘  └──────────┘  └──────────┘  │
│              ┌──────────┐                   │
│              │   南方    │                   │
│              │火，红色，朱雀│                 │
│              └──────────┘                   │
└─────────────────────────────────────────────┘
```

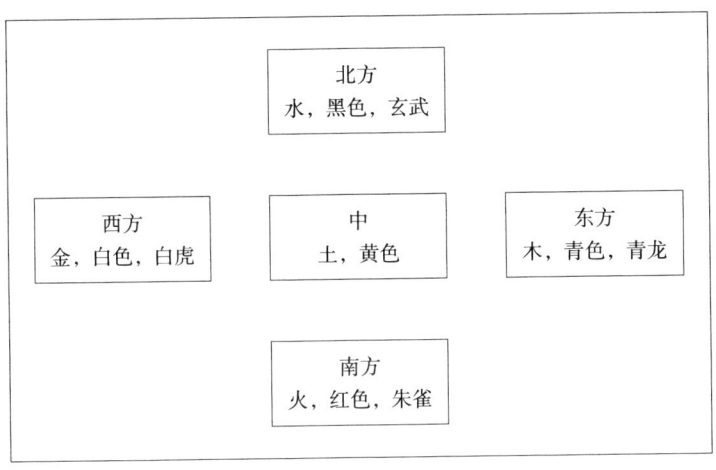

图 4　中国传统五色

五、教学过程

环节一：情境引入

教师活动：引导学生分享生活中最喜欢的创意产品，分析其外观设计内容，体会设计意义。依据设计制作流程，引出本节课相框外观设计任务并展示学习目标。

学生活动：分享生活中最喜欢的创意产品，分析其外观设计内容，体会设计意义。依据设计制作流程，引出本节课"相框挂饰"外观设计，明确学习目标。

【设计意图】明确学习目标，理清学习思路。

环节二：阅读主导

教师活动：教师精选文字及图片相关阅读资料，引导学生自主阅读，确定相框外观设计内容，分析传统图案寓意，选定图案主题。

学生活动：学生自主阅读学案资料，以小组为单位分析、讨论相框外观设计的内容、形状、图案、色彩，理解传统图案寓意，选定外观图案主题。

【设计意图】提升阅读、合作能力，培养创新设计意识。借用文字资料及图片示例，明确设计内容，为实践设计、绘画草图做好准备，增强学生对中华传统图案的理解，有助于学生对图案的巧用设计，突破难点。

环节三：合作实践

教师活动：教师协调小组分工合作状态，指导学生完成实践任务。

学生活动：学生以小组为单位，依据设计流程，按照选定设计内容，合作绘画相框外观草图，体现设计意图。

【设计意图】提升小组合作、图样表达及实践制作能力。绘画草图，体现设计意图，便于发现问题，改良设计，落实重点。

环节四：展示评价

教师活动：教师引导组内、组间进行评价学习，展示富有创意的、美观的"相框挂饰"设计。

学生活动：学生进行组内、组间互评、展示学习，相互促进。

【设计意图】锻炼评价能力，创设多角度发现设计问题的机会，促进改良设计。

环节五：小结归纳

教师活动：教师引导学生小结设计流程和学习体会。

学生活动：学生小结设计流程，归纳学习体会。

【设计意图】梳理设计流程，明确正确设计方法。

六、板书设计

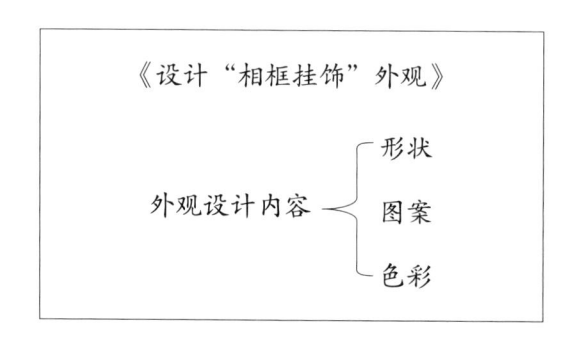

```
《设计"相框挂饰"外观》

                    ┌ 形状
    外观设计内容 ────┤ 图案
                    └ 色彩
```

七、课后阅读资料

《设计"相框挂饰"外观》课后阅读

（一）《平面设计常用标准尺寸》篇 ❶

1. 常用印刷品尺寸（单位：mm）

普通宣传册　标准尺寸：(A4) 210mm × 285mm

招贴画　标准尺寸：540mm × 380mm

挂旗　标准尺寸：8 开 376mm × 265mm，4 开 540mm × 380mm

手提袋　标准尺寸：400mm × 285mm × 80mm

2. 照片规格，(英寸)(厘米)数码相机类型

1 寸 2.5 × 3.5cm；2 寸 3.5 × 5.3cm；5 寸 5 × 3.5；6 寸 6 × 4；

7 寸 7 × 5；8 寸 8 × 6；10 寸 10 × 8；12 寸 12 × 10；15 寸 15 × 10

1 寸（是指英寸）=2.54cm

（二）《尺寸标注》篇 ❷

1. 尺寸标注意义：

图样除了画出物品及其各部分的形状外，还必须准确地、详尽地和清晰地标注尺寸，以确定其大小，作为加工时的依据。

2. 尺寸标注要素

（1）尺寸数字（2）尺寸线（3）尺寸界线

3. 尺寸标注图例

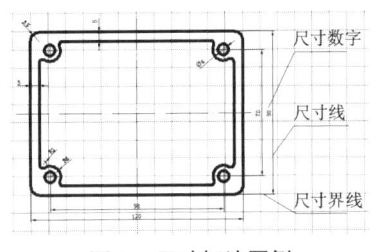

图 5　尺寸标注图例

---

❶ 平面设计常用尺寸 [EB/OL].(2022-03-18).https://baike.baidu.com/item/%E5%B9%B3%E9%9D%A2%E8%AE%BE%E8%AE%A1%E5%B8%B8%E7%94%A8%E5%B0%BA%E5%AF%B8/9554183?fr=aladdin.

❷ 尺寸标注 [EB/OL].(2022-03-18).https://baike.baidu.com/item/%E5%B0%BA%E5%AF%B8%E6%A0%87%E6%B3%A8/10010900?fr=aladdin

后 记

全学科阅读将阅读融入学校教育工作的各个层面。学校通过构建全学科阅读体系，加强全学科阅读指导，丰富全学科阅读活动和开发全学科阅读评价平台四个方面，深化素质教育，促进学习方式变革，营造阅读氛围，实现阅读活动常态化。该成果在不减少学生常规学科的学习和增加其学习任务的前提下，培养了学生的阅读能力和兴趣，让阅读逐渐成为学生的内在需求。

陈经纶中学嘉铭分校通过学校的主流阅读力量引导、劝导、感召学生，在尊重个人选择的前提下，让学生越来越多地阅读，读得越来越深，阅读力也就在这个过程中得到真正的提升。嘉铭分校推广的全学科阅读的教学体系，营造了学校的阅读氛围，关注了课内外阅读活动的持续开展，保证了阅读时间的持续性及阅读内容的选择性和完整性。阅读的主题明确，教师对阅读策略的指导，避免了学生的浅阅读现象和阅读的随意性，有效避免了碎片化阅读的现象。